Militärgeschichtlicher Reiseführer

VERDUN

HORST ROHDE · ROBERT OSTROVSKY

Militärgeschichtlicher Reiseführer
VERDUN

2., überarbeitete Auflage

SEIT 1789

Verlag E. S. Mittler & Sohn · Hamburg · Berlin · Bonn

Die Deutsche Bibliothek – CIP-Einheitsaufnahme

Rohde, Horst:
Militärgeschichtlicher Reiseführer Verdun / Horst Rohde ;
Robert Ostrovsky. – 2., überarb. Aufl. –
Hamburg ; Berlin ; Bonn : Mittler, 1996
(Militärgeschichtlicher Reiseführer)
ISBN 3-8132-0521-5
NE: Ostrovsky, Robert:

ISBN 3 8132 0521 5

Bildnachweis: Robert Ostrovsky (47), Horst Rohde (4)
Zeichnungen: Robert Ostrovsky
Mitarbeit: Armin Karl Geiger
Umschlaggestaltung: Wolfgang Ronstadt, unter Verwendung von zwei
Fotos aus dem Archiv Robert Ostrovskys
Produktion: Alexandra Busch
Gesamtherstellung: Humbach & Nemazal Offsetdruck GmbH, Pfaffenhofen
Printed in Germany

I. Zu dieser Reihe

Das Erscheinen dieses Buches als erster Band einer neuen Reihe wird sicherlich die Frage aufwerfen, ob man denn tatsächlich noch eine weitere Art von Reiseführern benötigt. Herausgeber und Verlag meinen, darauf uneingeschränkt mit »ja« antworten zu können und dafür auch eine ganze Anzahl guter Gründe an der Hand zu haben:

In den bisher vorliegenden Darstellungen von Sehenswürdigkeiten einzelner Regionen fehlt die militärgeschichtliche Komponente fast ganz. Das ist zweifelsohne ein Mangel, weil auch die »Überreste« militärischer Vergangenheit – unabhängig von Form und Charakter – ein unentbehrlicher Teilaspekt der historischen Entwicklung sind. Ihre Ausklammerung würde eine wesentliche Einengung unseres Geschichtsbildes zur Folge haben und den Blick für die Gegenwart trüben.

Absicht und Ziel unserer Reiseführer ist es, den Leser zunächst an das historische Umfeld heranzuführen und ihm dann zu eigener Anschauung Wege durch den Ort des Geschehens praktisch aufzuzeigen. Dadurch sollen Vergangenheit und Gegenwart in einen »lebendigen Dialog« treten können, der es dem Besucher erlaubt, seinen Standpunkt zu finden und daraus Lehren für die Zukunft zu ziehen. Es gilt also nicht nur, die Spur zu finden, sondern sie auch zu deuten. Dazu will diese Reihe eine Hilfestellung geben.

Es braucht daher auch nicht sonderlich betont zu werden, daß mit dieser neuen Art von Reiseführern keineswegs einer neuen Ära der unkritischen oder gar beschönigenden Betrachtung von militärgeschichtlichen Zeugnissen Vorschub geleistet werden soll. Im Gegenteil: Gerade weil wir das Glück haben, in der längsten Zeit ununterbrochener Kriegslosigkeit in unserer Geschichte zu leben, bedarf es dauernder »Friedenserziehung«, um vor allem der jüngeren Generation den unschätzbaren Wert eines solchen Zustandes überzeugend vor Augen zu führen und auch die ältere, noch »kriegserfahrene« Generation immer wieder in diesem Bewußtsein zu stärken. Was wäre dazu wohl besser geeignet als die Begegnung mit Stätten militärischer Auseinandersetzungen von gestern und vorgestern? An Orten, wo einst in unvorstellbarem Maße und in oft aberwitzigen und sinnlosen militärischen Operationen Menschen heute befreundeter oder zumindest miteinander kooperierender Völker starben, ihre Gesundheit einbüßten oder unbeschreibliches Leid durchzustehen hatten, von dem kein Erholen und Vergessen möglich war, wird die Friedensliebe immer wieder neu geweckt und aufgerüttelt.

Es war vor allem die »Besonderheit« der Schlachten des Ersten Weltkrieges, die für die physisch Überlebenden von einer unentrinnbaren Eigentümlichkeit war und sich tief in ihre Seelen eingraben sollte. Sie prägte die individuelle wie kollektive Entwicklung aller betroffenen Völker in einer Weise, daß deren Verständnis ohne Kenntnis dieser Voraussetzungen als geradezu ausgeschlossen angesehen werden muß. Widmet nicht Erich Maria Remarque sein bekanntestes Werk eben jener Generation, die »... den Granaten des Weltkrieges entkommen ist«? Unter anderem aus diesem Grund werden anfänglich Ereignisse der Jahre 1914-1918 im Vordergrund stehen.

Nirgendwo anders als an militärgeschichtlich bedeutsamen Stätten wird aber auch anschaulicher verdeutlicht, was Soldatsein immer wieder zu einer der tragischsten und damit schwersten Herausforderungen im menschlichen Dasein macht: Funktion und Ausbildung fordern den Einsatz des eigenen wie auch die Bedrohung oder gar Vernichtung des »gegnerischen« Lebens. Sie beinhalten sowohl den Mißbrauch des Militärs durch verantwortungslose oder unfähige Befehlshaber und Staatsführer als auch die Opferbereitschaft für individuelle und kollektive Werte.
Verstehen, lernen, verzeihen, so kann man daher wohl die wichtigsten Anliegen dieser neuen Reihe militärgeschichtlicher Reiseführer überschreiben.

Horst Rohde · Robert Ostrovsky

II. Vorwort zur 1. Auflage

Der Name »Verdun« hat noch heute jedem von uns etwas zu sagen. Dies hängt sicherlich überwiegend mit den tragischen Ereignissen während des Ersten Weltkrieges und deren Folgen zusammen:

Insbesondere im Jahre 1916 tobte in der Region an der Maas, zwischen Woëvre-Ebene und Argonner-Wald, zwischen Combres und Stenay, eine der grauenvollsten und zugleich fragwürdigsten Schlachten der Weltgeschichte. Zwar wird niemals genau ermittelt werden können, wie viele Gefallene, wie viele Vermißte und wie viele Verwundete es dort auf beiden Seiten gegeben hat, so daß auch diesbezügliche »Superlative« nur mit Vorsicht zu gebrauchen sind. Mit Sicherheit gebührt den Kämpfen um Verdun zwischen 1914 und 1918 aber das schlimme Prädikat, der Kriegsschauplatz mit den meisten Opfern pro Quadratkilometer gewesen zu sein. Ebenso unzweifelhaft ist auch, daß die »Mühle an der Maas« das deutsche und französische Heer erheblich geschwächt und somit den weiteren Verlauf des Ersten Weltkrieges wesentlich beeinflußt hat, obwohl dort nie eine direkte Entscheidung hinsichtlich seines Ausganges gefallen ist.

Jene Jahre haben aber auch die Landschaft, die Struktur, die Menschen um Verdun für alle Zeiten umgeformt. Unzählige Denkmäler, Friedhöfe, Museen, ja sogar für immer »zerstörte Orte« (»Villages détruits«) prägen beide Ufer der Maas und nähren einen »Schlachtfeld-Tourismus«, der – und hier sei doch einmal ein Superlativ verwendet – wohl nirgendwo sonst überboten wird. Dabei soll der Begriff »Schlachtfeld-Tourismus« durchaus nicht nur negativ gemeint sein. Zwar gibt es viele unterschiedliche Motive, welche die Menschen hierher führen. Doch ebenso sicher ist auch, daß die überwiegende Zahl von ihnen bereit ist, sich ernsthaft mit der Problematik, die dort auf Schritt und Tritt sichtbar wird, auseinanderzusetzen.

Dieser nun vorliegende militärgeschichtliche Reiseführer wurde vor allem aus den oben geschilderten Gründen als der erste in der neuen Reihe ausgewählt. Es geschah allerdings auch aus praktischen Erwägungen: Hierzu gehören insbesondere das weiterhin starke Interesse der Öffentlichkeit an dem Thema »Verdun« und das Fehlen entsprechender Publikationen.

Vorwort zur 2. Auflage

Wir freuen uns, nunmehr die 2. Auflage dieses Reiseführers vorlegen zu können. Hinsichtlich der gesamten Reihe, deren Schwerpunkt auf dem Gebiet der Militärgeschichte moderner Prägung liegt, fällt die Bilanz durchaus positiv aus.

Inzwischen sind weitere Bände erschienen, die ebenfalls eine hohe Akzeptanz bei einem breiten Leserkreis gefunden haben.

Die Gründe für den Erfolg des »Verdun«-Bandes sind sicherlich ebenso in der gleichbleibenden Aktualität und Attraktivität des Themas wie auch in der modernen Konzeption unseres Militärgeschichtlichen Reiseführers insgesamt zu suchen. Dies wurde uns in zahlreichen Zuschriften bestätigt, die zugleich aber auch eine ganze Reihe von Verbesserungs- oder Ergänzungsvorschlägen enthielten.

Wir sind sehr dankbar für alle Mitteilungen, zumal unser Reiseführer dadurch lebendig und aktuell bleiben kann. Daher haben wir auch sämtliche Bemerkungen sorgfältig geprüft und – wenn irgend möglich – in der 2. Auflage berücksichtigt. Bei der Auswahl kam es vor allem darauf an, diesen Militärgeschichtlichen Reiseführer weiter zu verbessern. Dagegen konnte es nicht das Ziel sein, den Umfang wesentlich zu erweitern oder den Charakter des Buches maßgeblich zu verändern. Dieser »Verdun«-Band kann und soll eben nicht eine leider immer noch schmerzlich vermißte wissenschaftliche Untersuchung des Themas »Verdun« ersetzen.

So hoffen wir, daß unsere Leser uns weiterhin gewogen bleiben und uns auch in Zukunft unterstützen werden.

Horst Rohde *Robert Ostrovsky*

III. Darstellung der historischen Ereignisse

1. Verdun vor dem Ersten Weltkrieg

Verdun ist eine der ältesten Siedlungen Frankreichs. Durch ihre geographische Lage war sie im Laufe ihrer Geschichte immer wieder das Ziel feindlicher Einfälle. Sie sollten die Pforte ins Herz Frankreichs mit Gewalt aufbrechen. Dem konnte durch die Anlage von Befestigungen in einem hierfür ideal geeigneten Gelände häufig ein wirksamer Riegel vorgeschoben werden.

Als »Virodunum Castrum« (»Lager Virodunum«) tritt das befestigte Verdun nach Cäsars Gallischem Krieg zum ersten Mal historisch in Erscheinung; seine Vorgeschichte reicht allerdings weit in vorrömische Zeit zurück. Die ältesten Teile lagen auf dem Höhenrücken, auf dem sich heute noch die gesamte Altstadt befindet. Sie sind vermutlich etwa im 3. Jahrhundert vor Christus erstmals besiedelt und zu einer gallischen Trutzburg ausgebaut worden. Der Name Verdun stammt aus dieser Zeit und bedeutete: »starke Festung«.
In römischer Zeit dehnte sich der Ort rasch bis weit in das Maas-Tal aus. Von dort bis zum Hügel entstand ein Geschäftsviertel, dessen Lebensmittelmarkt (lateinisch: macellum) der heutigen Rue Mazel den Namen gegeben hat. Auch die heute »Gros Degrès« und »Rue Châtel« genannten Straßen führten damals bereits auf den Hügel der Altstadt.

Auf seinem Zug nach Westen, der in der Schlacht auf den Katalaunischen Feldern sein unvergessenes Ende fand, stand der Hunnenkönig Attila im Jahre 450 vor den Toren der Stadt. Sein vergeblicher Einnahmeversuch hinterließ nach zeitgenössischen Schilderungen ein wie ». . . von Ebern und wilden Tieren umgewühltes Feld . . .«.
Es sollte dies die erste von zehn Belagerungen in der Geschichte Verduns sein.

Im 4. Jahrhundert wurde die Stadt zunächst zu einem von Trier abhängigen Bistum (zusammen mit Metz und Toul) und fiel dann unter die Herrschaft der fränkischen Karolinger. Bekannt wurde es vor allem durch den Vertrag des Jahres 843. Mit ihm teilte man das bisherige geschlossene karolingische Herrschaftsgebiet in drei neue Reiche auf. Das mittlere, zu dem Verdun gehörte, erhielt Kaiser Lothar I. Er verstarb jedoch bereits 855. So wurde sein Territorium noch einmal unter seine drei Söhne

aufgeteilt. Dabei bekam König Lothar II. das Gebiet von der Nordsee bis zu den Maas- und Moselquellen, also auch Verdun. In dieser Zeit entstand der Name »Lothari regnum« (»Reich des Lothar«), aus dem Lotharingien und dann später Lothringen wurde. Lothar II. starb 869. Daraufhin eigneten sich seine Nachbarn in West und Ost sein Herrschaftsgebiet an, und Verdun kam 870 erstmals, wenn auch nur für zehn Jahre, an das entstehende Frankreich.
Nach zwischenzeitlicher Zugehörigkeit zum werdenden Deutschland geriet diese Region 911 erneut in den Einflußbereich Frankreichs; doch schon 925 konnte Kaiser Heinrich I. Lothringen wieder unter deutschen Einfluß bringen. Dies blieb so bis 1552, wobei Verdun (985 bis 987 noch einmal französisch) in dieser Zeit erst weltlichen Herren gehörte, deren letzter der berühmte Gottfried von Bouillon war, und dann mehreren Kirchenfürsten und Bischöfen. Noch im 10. Jahrhundert erreichte es Bischof Haimon von Verdun, daß der damalige Graf ihm seine Rechte abtrat. Dieses wurde sogar von Kaiser Otto III. bestätigt; aber die Erben des Grafen stritten sich dennoch in den folgenden Jahren mit den Bischöfen um die Stadt. Auch die Bürger selbst opponierten danach – in teilweise blutigen Kämpfen – gegen die Bischöfe. Unter diesem Druck wurde um die Mitte des 13. Jahrhunderts die geistliche Herrschaft aufgehoben.
Verdun entwickelte sich zu einer unmittelbaren und freien Reichsstadt.

1544 versuchte Kaiser Karl V. zum wiederholten Male, in seinem inzwischen schon mehr als zwanzigjährigen Krieg gegen Frankreich, endlich den entscheidenden Durchbruch zu erzielen. Seine Truppen konnten sich dabei unter anderem auch in Verdun festsetzen; doch das angestrebte Ziel Paris wurde nicht erreicht. Der französische König Heinrich II. sah sich zwar veranlaßt, zunächst einen Kompromißfrieden zu schließen; aber bereits acht Jahre später geschahen einschneidende Veränderungen: Die Nachwirkungen der Reformation und innenpolitische Auseinandersetzungen führten zu einer Fürstenverschwörung im Heiligen Römischen Reich Deutscher Nation. Deren maßgebliche Vertreter verbündeten sich mit Frankreich und waren deshalb auch zu territorialen Zugeständnissen bereit. So kam Verdun an Frankreich (de facto; de jure: 1648). Heinrich II. verlieh der Stadt daraufhin eine Reihe von Rechten, die durch seinen Nachfolger Franz II. später bestätigt wurden.

Während der kurz darauf folgenden, sogenannten »Religionskriege« stand Verdun auf seiten der Katholischen Liga. 1589 unternahmen die Hugenotten den Versuch, die Stadt zu überrumpeln. Doch die Bürger konnten sich dagegen mit Erfolg zur Wehr setzen. Sie öffneten auch erst ihre Tore für den Abgesandten König Heinrichs IV., nachdem dieser zum Katholizismus übergetreten war, und schworen ihm dann 1601 als Herrscher von Frankreich die Treue.

Schon seit 1567 waren die ersten Teile einer Zitadelle in Verdun gebaut worden. Dies geschah auf Anregung des ersten Gouverneurs von Verdun, des Feldmarschalls Tavannes (s.a. »Verdun von A – Z, Tavannes«). Ab 1624 sorgte Feldmarschall de Marillac dafür, daß der Bau der unterirdischen Befestigungen beschleunigt und erweitert wurde. Der berühmte Festungsbaumeister König Ludwigs XIV., Vauban, ließ die gesamte Anlage ab 1664 noch einmal erheblich vergrößern und nicht nur die schon bestehenden oberirdischen Teile, sondern dort auch noch neu errichtete Werke in die Festung einbeziehen.

Fast 200 Jahre später, während der »Koalitionskriege« gegen das revolutionäre Frankreich, griff die preußische Armee 1792 die Festung an und beschoß sie. Deren Kommandant, Beaurepaire, verfügte nur über 32 Kanonen und 44 Artilleristen. Ein in der Stadt eingesetzter Verteidigungsrat sprach sich daraufhin unter dem Druck eines Großteils der gegen die Revolution eingestellten Bevölkerung für die Übergabe von Verdun aus. Der Kommandant fand im Rathaus den Tod, wobei ungewiß geblieben ist, ob durch Selbstmord oder durch fremde Hand. Nachdem die Besatzung abgezogen war, behielten die Preußen die Festung noch sechs Wochen in ihrer Gewalt.

Gut 80 Jahre danach verteidigte sich Verdun mit mehr Erfolg gegen die Deutschen: Die Truppen des damaligen Kronprinzen von Sachsen marschierten im August 1870 mit rund 10.000 Mann im Osten der Festung auf, zu deren Verteidigung knapp 1.500 Mann regulärer Truppen, unter ihnen 50 Artilleristen, zur Verfügung standen sowie ferner rund 2.000 Mann der Mobilgarde und 1.400 Mann der örtlichen Nationalgarde. Die Besatzung besaß 20 Mörser, 21 Haubitzen und 90 Kanonen, von denen allerdings nur 46 über ein gezogenes Rohr verfügten. Die Führung hatte General Guérin de Waldersbach, der dabei von General Marnie unterstützt wurde.

Der relativ kleinen Zahl der Verteidiger gelang es unter anderem im August 1870, einen Sturmangriff der Belagerer erfolgreich abzuwehren und dadurch die geforderte Übergabe der Stadt zu verhindern. Mehr noch: Im September 1870 unternahm die Besatzung, verstärkt durch 2.000 bei Sedan entkommene französische Soldaten, sogar mehrere Ausfälle und Handstreiche gegen die Deutschen, die Verdun später völlig einschlossen und die Bewohner der umliegenden Dörfer nötigten, sie zu unterstützen. Dennoch überraschten in der Nacht vom 19. zum 20. Oktober 1870 französische Pioniere, Artilleristen und Infanteristen zwei deutsche Geschütz-Batterien auf der zwischen Thierville und Regret gelegenen Heyvaux-Höhe links der Maas und machten nach einem Handgemenge deren Geschütze ohne Ausnahme unbrauchbar.

Erst nach der Kapitulation von Metz ergab sich auch die Festung Verdun, die mittlerweile von 15.000 Mann und 140 Geschützen großen Kalibers und von weiteren Kanonen belagert worden war, am 8. November dem Gegner mit militärischen Ehren. Bis dahin war sie dreimal beschossen worden, so am 24. August mit etwa 2.000 Granaten. Am 25. September gingen während einer fünfstündigen Beschießung noch einmal rund 1.200 Geschosse auf die Stadt nieder. Eine erhebliche Steigerung brachten die Tage vom 13. bis zum 15. Oktober mit sich, als innerhalb von knapp 55 Stunden 20.000 bis 25.000 Granaten die Festung an der Maas trafen, wobei insbesondere die Oberstadt und die Zitadelle in Mitleidenschaft gezogen wurden.

Anschließend erhielten Verdun und das Maas-Departement einen deutschen Präfekten namens von Bethmann Hollweg.

Erst 1873 zogen die letzten deutschen Besatzungstruppen aus der Stadt an der Maas ab. Sie gehörten vor allem dem Infanterie-Regiment 24 aus Neuruppin an, das auch im Jahre 1916 wieder an der Offensive teilnehmen sollte.

Nach dem Deutsch-Französischen Krieg wurde als Konsequenz aus der deprimierenden Niederlage das gesamte Militärwesen Frankreichs grundlegend erneuert und verändert. In diesem Zusammenhang ist von besonderem Interesse, daß unter anderem ein Festungssystem vor dem deutschen Nachbarn schützen sollte. Mit seiner Errichtung wurde General der Pioniere Séré de Rivières beauftragt. Er ließ – bei Belfort im Süden beginnend – eine Doppelkette von großen Forts und anderen Befestigungsanlagen bauen, die entlang der Vogesen und der Mosel bis Epinal verlief, dann eine Lücke offen ließ, um nördlich Toul an der Maas entlang fortgesetzt zu werden und bei Verdun zu enden. Daran schlossen sich als natürliche Hindernisse die Argonnen und die Ardennen an, die damals noch als so gut wie unüberwindlich galten.

Die etwa 60 Kilometer lange Unterbrechung der Festungslinie zwischen Epinal und Toul war beabsichtigt. In dieses »Loch von Charmes« (»Trouée de Charmes« – benannt nach dem gleichnamigen Städtchen an

der Mosel, das etwa in der Mitte der Lücke lag), sollten die deutschen Angreifer hauptsächlich gelockt werden, um dann von den Verteidigern wie in einem Sack gefangen zu werden. Als Antwort auf diese zeitweilige französische Verteidigungskonzeption entstand in Deutschland der Schlieffen-Plan (s.a. folgendes Kapitel).
Auf Grund seiner besonderen Lage und seiner Rolle als wichtigster Eckpfeiler des französischen Verteidigungssystems fiel Verdun eine entscheidende Rolle zu. So wurden die Stadt und das sie umgebende Gebiet bis zum Beginn des Ersten Weltkrieges als Festungsregion ständig weiter ausgebaut und modernisiert. Im Jahre 1914 galt die gesamte Anlage als eine der stärksten Bastionen der Welt.
Grundlage dafür war – wie schon in den Jahrhunderten zuvor – die Beschaffenheit des Geländes: Vor allem im Osten, wo primär ein Angriff des Hauptgegners Deutschland zu erwarten war, stellten die mehrfach abfallenden und wieder aufsteigenden Maas-Höhen einen nachhaltigen Riegel dar. Hier konnten mindestens vier wirksame Verteidigungslinien hintereinander errichtet werden. Unzählige kleinere und größere Schluchten, die in unterschiedliche Richtungen verliefen, ermöglichten es den Verteidigern, sich zu verbergen, den Angreifer überraschend unter Feuer zu nehmen und ihn zu bekämpfen.

Verdun selbst, im stark gewundenen Flußtal der Maas gelegen und fast vollständig von Hügeln umgeben, konnte sogar dann noch wirksam verteidigt werden, wenn der Gegner die Maas-Höhen überwunden oder umgangen hätte; denn er wäre in ein vernichtendes Flankenfeuer von den umliegenden Erhebungen, die ineinander übergehen, sich überschneiden oder fast parallel verlaufen, geraten.
In der »Naturfestung« Verdun waren darüber hinaus fast sämtliche Höhenzüge auch noch mit Befestigungen bestückt. Ihre Zahl dürfte nie ganz exakt zu ermitteln sein; deutsche Quellen sprechen für das Jahr 1914 immerhin von 20 Forts und etwa 40 Zwischenwerken (»ouvrages«). Sie verteilten sich links der Maas auf zwei Ringe, deren äußerer mit fünf Befestigungsanlagen entlang der Höhe des Bois Borrus verlief und mit den Forts Douaumont und Souville östlich des Flusses zusammenwirken konnte. Auf dem rechten Maas-Ufer gab es sogar drei Befestigungsringe, deren äußerster hauptsächlich durch Douaumont, Vaux und Moulainville gebildet wurde. Dahinter lagen die Festungsgürtel von Souville bis Tavannes und von Belleville über St. Michel bis hin nach Belrupt. Hinzu kamen zahlreiche weitere Anlagen südlich der Stadt.
Forts und Zwischenwerke waren selbstverständlich hervorragend dem Gelände angepaßt und außerdem so angelegt, daß nirgendwo ein »toter Winkel« entstand. Im Gegenteil: Sollte irgendwo eine Anlage ausfallen, waren die verbleibenden Befestigungen in der Lage, ihren Beobachtungs-

und Feuerbereich mit zu übernehmen. Dies galt vor allem für den gegenseitigen Schutz der Festungsanlagen.

Ein besonderes Merkmal, zumindest der moderneren Forts und Werke, waren gepanzerte Beobachtungs- und Geschütz- bzw. Maschinengewehrtürme. Diese ließen sich in einigen Fällen heben und versenken, so daß sie unzerstörbar schienen. Sämtliche Anlagen waren überdies mit bis zu fünf Kilometer tiefen Graben- und Stacheldrahtsystemen in ihrem Vorfeld gesichert. Dies schloß auch eine Unzahl kleinerer Feldstellungen, Bunker, Unterstände und ähnliches ein, die den deutschen Angreifern im Jahre 1916 besonders zu schaffen machen sollten, weil man zum Teil nicht mit ihnen gerechnet hatte.

Da die Deutschen gleich zu Beginn des Ersten Weltkrieges ähnlich starke Festungen in Belgien und den französischen Grenzgebieten (z.B. Manonviller, 12 Kilometer östlich von Lunéville) schnell bezwingen konnten, verlor die militärische Führung in Paris zunächst weitgehend den Glauben an Verdun. Als dann 1915 zusätzlich ein beträchtlicher Engpaß an Artillerie auftrat, war man sich schnell einig, ihn mit Hilfe der vielen und ungenützt an der Maas herumstehenden Geschütze zu beseitigen. So wurden zwischen Juli und Oktober 1915, mit Ausnahme der fest in den versenkbaren Türmen installierten Kanonen, fast sämtliche übrigen Geschütze ausgebaut und abtransportiert. Außerdem reduzierte man die Besatzungen und die Munitionsbestände. Somit war die Festungsregion Verdun zu dem Zeitpunkt, als die deutschen Angriffsvorbereitungen Ende 1915 begannen, erheblich geschwächt.

2. Verdun im Ersten Weltkrieg

Bis zur Marne-Schlacht

Am 3. August 1914 begann der deutsche Angriff gegen Frankreich. Er beruhte im wesentlichen auf dem Plan des bis 1905 als Chef des Generalstabes des Feldheeres tätigen Generalfeldmarschalls von Schlieffen. Dieser sah vor, mit Hilfe eines sehr starken rechten Flügels, der durch das neutrale Belgien vorstoßen sollte, den linken Flügel der Franzosen und der bis dahin eingetroffenen Teile der britischen Expeditionskräfte zu umfassen. Dadurch würde der Weg nach Paris frei sein. Die französische

Hauptstadt sollte nach der ursprünglichen Absicht Schlieffens westlich umgangen werden. Sein Nachfolger, Generaloberst Helmuth von Moltke, war sich aber darüber im klaren, daß die deutschen Kräfte dazu nicht ausreichen würden. So sah denn der letztgültige Plan vor, daß die deutschen Armeen östlich von Paris nach Süden einzuschwenken hatten. Dreh- und Angelpunkt der Gesamtbewegung sollte Verdun sein.

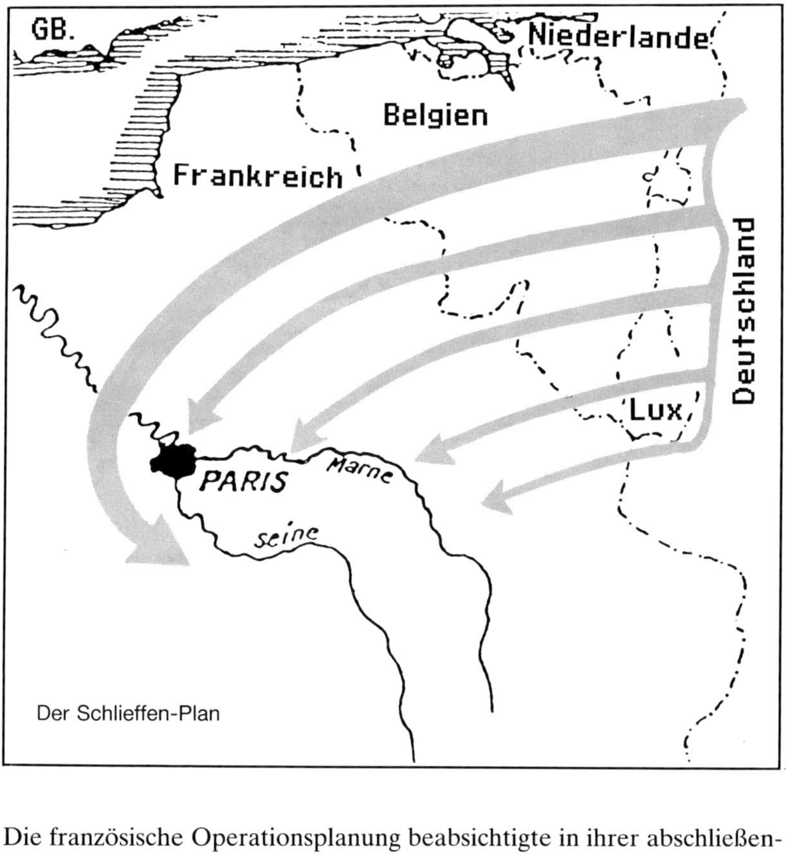

Der Schlieffen-Plan

Die französische Operationsplanung beabsichtigte in ihrer abschließenden Form, mit einer südlichen Heeresgruppe, bestehend aus zwei Armeen, zwischen Nancy und Toul sowie zwischen Epinal und Belfort aufzumarschieren, um mit ihnen von Beginn an offensiv vorgehen zu können. Die Masse der französischen Truppen sollte sich dagegen im Raum westlich von Metz versammeln, um dann – je nach Lage der Dinge – nördlich oder südlich dieser Stadt anzugreifen. Da das deutsche Vorgehen in Belgien erwartet wurde, wollte man ihm mit einer entscheidenden Schlacht in Lothringen die Stoßkraft nehmen.

Der Monat August 1914 sah die Streitkräfte des kaiserlichen Deutschlands an der Westfront in unaufhörlichem Vormarsch: Die 1. und 2. Armee auf dem rechten Flügel eroberten die größten Teile Belgiens, führten dann die vorgesehene Schwenkung nach Süden durch und näherten sich bereits Ende August der französischen Hauptstadt. Die 1. Armee stand zum damaligen Zeitpunkt etwa im Norden an der Oise, die 2. Armee östlich an der Marne. Daran schlossen sich weiter nach Osten die 3. und 4. Armee an; entlang der mittleren Maas und in den Argonnen befand sich die 5. Armee des Kronprinzen Wilhelm von Preußen. Sie sollte später vor Verdun die Hauptrolle spielen. Ende August ordnete ihr Oberbefehlshaber ebenfalls die Verfolgung des Gegners an. Ganz im Süden hatten zunächst Teile der 7. Armee französische Einbrüche in das Elsaß zurückgeschlagen. Ende August

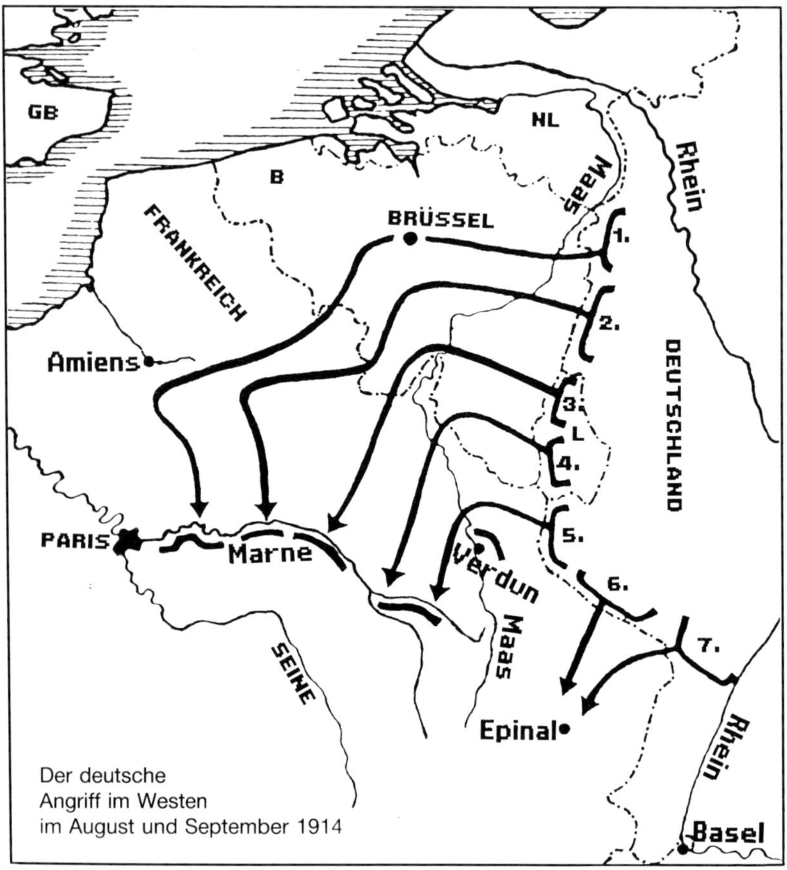

Der deutsche
Angriff im Westen
im August und September 1914

lieferten dann die Masse der 7. sowie die 6. Armee den Franzosen die von ihnen gesuchte Schlacht in Lothringen, in deren Rahmen sie bis zur Linie Toul – Nancy vorstoßen konnten.

Frankreich hatte nach dem Mißlingen seiner Operationen an der Grenze konsequent den Kampf abgebrochen, um sich vor allem der drohenden Umfassung zu entziehen. Der Oberbefehlshaber, General Joffre, befahl einen allgemeinen Rückzug bis zu dem Moment, da die beabsichtigte Neugruppierung der französischen Streitkräfte beendet sein würde.

Danach galt es für sie, eine günstige Gelegenheit abzuwarten, um die gegnerischen Truppen zunächst zum Stillstand und dann zum Rückzug zwingen zu können. Im einzelnen bestand der französische Plan nun vor allem darin, einen speziellen Verband zur Verteidigung von Paris aufzustellen, der unter dem Kommando von General Gallieni stand. Ferner wurde mit der neuaufgestellten 6. Armee unter General Maunoury eine zusätzliche Manövriermasse gebildet, die im geeigneten Moment den rechten deutschen Flügel umfassen sollte, während gleichzeitig alle übrigen französischen Kräfte von Paris bis zur Schweizer Grenze zum Angriff oder zumindest zum erbitterten Widerstand überzugehen hatten.

Anfang September 1914 war es dann soweit: Bei den deutschen Armeen, vor allem bei denjenigen, die auf dem rechten Flügel operierten, zeigten sich infolge der anstrengenden Vormärsche zusehends Abnutzungs- und Ermüdungserscheinungen. Sie führten – zusammen mit anderen Schwierigkeiten – dazu, daß sich zwischen der 1. und 2. Armee nördlich und nordöstlich von Paris erstmals eine verhängnisvolle Lücke auftat. Um diese zu schließen, verlegte der Oberbefehlshaber der deutschen 1. Armee, General von Kluck, Kräfte nach Südosten in Richtung auf die 2. Armee und bot dadurch den Truppen Gallienis und Maunourys eine lange, ungeschützte rechte Flanke dar.

Am 5. September meldete Gallieni diese Lage. Der günstige Augenblick für eine französische Gegenoperation war gekommen; und so befahl Joffre denn auch die allgemeine Offensive. In deren Rahmen griff bereits am 6. und 7. September die französische 6. Armee den rechten Flügel der Deutschen an, so daß von Kluck zur Abwehr dieser Flankenbedrohung drei seiner Korps ins Gefecht schicken mußte. Das wiederum begünstigte die Vorstöße der britischen Armee unter General Fremel und der französischen 5. Armee unter General Franchet d'Espérey, die mit Schwerpunkt bei Château-Thierry vom 7. September an in eine erneut aufgerissene Lücke zwischen der deutschen 1. und 2. Armee hineinstießen. Dies bewirkte, daß vom 9. September an die Verbindungen zwischen den beiden Verbänden gänzlich unterbrochen und sie in der Flanke und im Rücken angegriffen werden konnten. Diese Bedrohung, verbunden mit den erwähnten Abnutzungserscheinungen sowie Führungs- und Kommunikationsschwierigkeiten bei den Deutschen, führte schließlich zu dem berühmten »Wunder an der Marne«, in dessen Verlauf sich die deutschen Truppen zu einer überstürzten Rücknahme ihrer auf Paris gerichteten Front genötigt sahen.

Die Marne-Schlacht am 9. September 1914

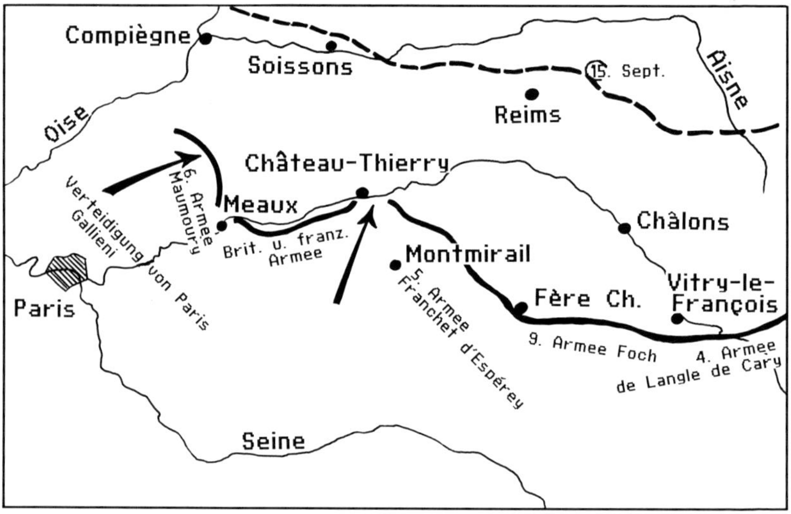

Weiter östlich, im Raum Verdun, operierten die französische 3. Armee und die deutsche 5. Armee. Erstere hatte nach den Grenzschlachten ebenfalls den Rückzug auf das linke Maas-Ufer angetreten. Dort nahm sie ihren linken Flügel zurück, konnte sich aber mit ihrer rechten Flanke auf die Festung Verdun stützen und legte des öfteren Halte ein, um die Verfolgung durch die Kronprinzen-Armee zu verzögern.

Zwischen dem 6. und dem 8. September griffen der sich westlich an die deutsche 5. Armee anschließende linke Flügel der 4. Armee unter dem Prinzen von Württemberg und der rechte Flügel der Kronprinzen-Armee konzentrisch die ihnen gegenüberstehenden Teile der französischen 4. Armee unter General de Langle de Cary bzw. die 3. französische Armee unter General Sarrail an. Dieser gemeinsame Vorstoß durch eine Lücke bei Revigny, die Täler des Ornain und der Saulx hatte die Zerstörung des »Gelenkes« der französischen Stellungen westlich von Verdun zum Ziel. Vor allem Sarrail sollte isoliert, dann auf den Maas-Höhen in der Flanke angegriffen, eingekreist und schließlich zur Kapitulation gezwungen werden. Der erfolgreiche Widerstand des linken Flügels der französischen 3. Armee, verstärkt durch Teile der rechts von ihr eingesetzten 2. lothringischen Armee unter General de Castelnau, verurteilte dieses Unternehmen allerdings zum Scheitern.

Der Frontverlauf im Raum Verdun während der Marne-Schlacht am 9. September 1914

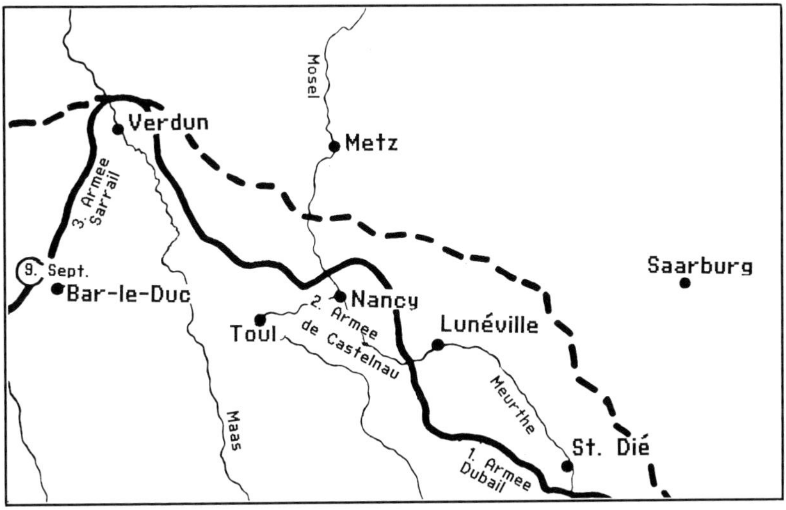

Am 9. September kämpfte die französische 3. Armee weiterhin mit ihrem linken Flügel erfolgreich gegen die 5. deutsche Armee. Ihr rechter Flügel hingegen mußte sich mit letzter Kraft verteidigen, befand er sich doch in einer kritischen Lage durch Bedrohungen in der Flanke und im Rücken. Obwohl General Sarrail von seiner vorgesetzten Führung die Genehmigung erhalten hatte, notfalls seinen rechten Flügel zurückzunehmen und statt dessen die weitere Abwehr der Garnison von Verdun zu überlassen, dachte der Oberbefehlshaber der 3. französischen Armee nicht daran aufzugeben, zumindest so lange nicht, wie die Deutschen in diesem Abschnitt am Überschreiten der Maas gehindert werden konnten. Dieses gelang auch noch am 10. September, als vor allem die Forts von Troyon und Génicourt trotz der Beschießung durch schwere deutsche Artillerie weiterhin erfolgreich Widerstand leisteten. Um auch in der Folgezeit dem

Gegner standhalten zu können, ließ Sarrail zwei zusätzliche Divisionen in die Gegend westlich von St. Mihiel verlegen.

Vom 11. September an erreichten die am rechten deutschen Flügel schon am 9. September begonnenen Rückzugsbewegungen auch die 4. und 5. Armee. Sie sahen sich, wenn auch widerstrebend, gezwungen, ihre Truppen staffelweise zurückzunehmen. Die ihnen gegenüberstehenden französischen Verbände setzten sofort nach. Dabei benutzte deren 3. Armee Verdun als Angelpunkt, schwenkte ein und folgte dem Gegner bis in die Argonnen.

Folgen der Marne-Schlacht

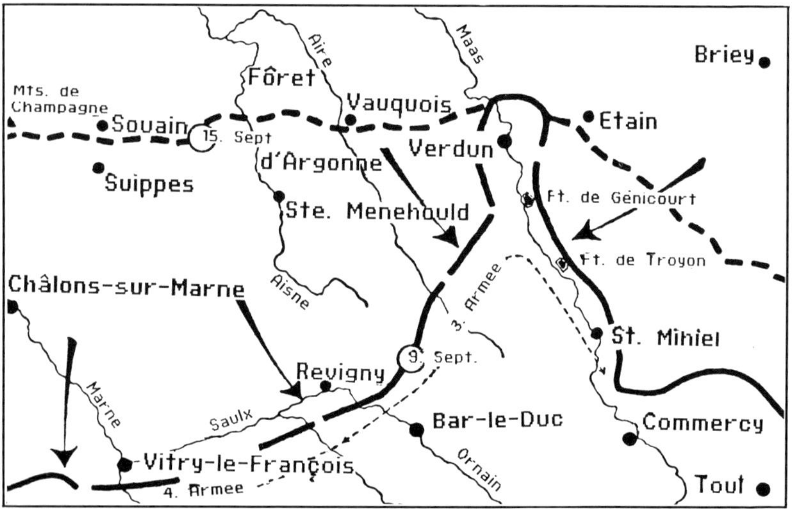

Von der Marne nach Verdun

Die deutsche 5. Armee bezog im September 1914 zunächst eine Verteidigungsstellung nördlich von Verdun in der Linie Ornes – Brabant – Malancourt – Avocourt. Weiter südlich griff das bayerische III. Armee-Korps an, stieß zwei Tage später bis auf die Höhe von Thiaucourt – Vigneulles – Combres vor und konnte von dort die nächstgelegenen französischen Forts beschießen. Am 25. September gelang es den deutschen Truppen in diesem Abschnitt, sogar auf den Maas-Höhen Fuß zu fassen, von dort gegen St. Mihiel vorzustoßen und diesen Ort zu nehmen. Am nächsten Tag überschritten sie schon die Maas und drangen auf die Hügel in Richtung des Aire-Tales vor. Daraufhin warfen ihnen die Franzosen ein neues Korps aus Nancy entgegen, das die Deutschen in die Umgebung von St. Mihiel zurückdrängte. Der deutsche Brückenkopf konnte allerdings nicht beseitigt werden. Am 29. September verlief die Front von Combres über Chauvancourt – Apremont – Flirey bis zum Priester-Wald. Damit entstand der sogenannte »Keil von St. Mihiel« und als Folge davon auch der ausgeprägte französische Frontvorsprung von Verdun. Beide sollten bis kurz vor Kriegsende bestehen bleiben.

Der Frontvorsprung bei Saint-Mihiel September 1914

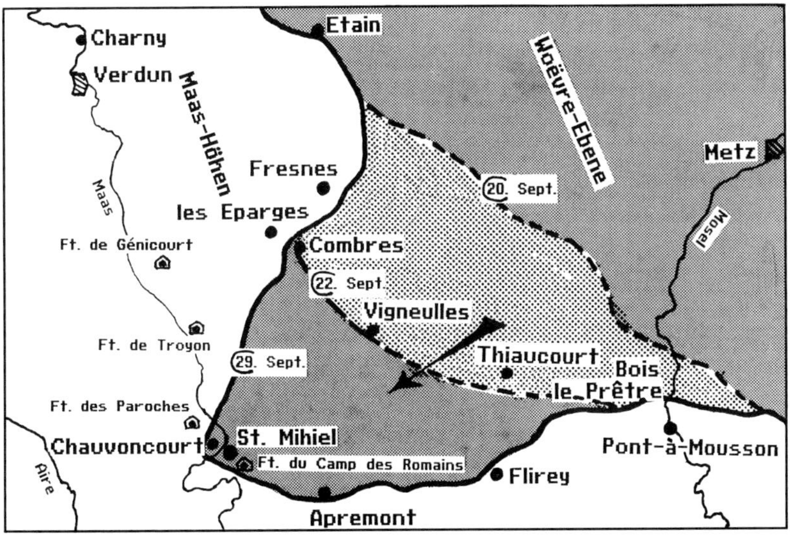

Dennoch gingen die Kämpfe in diesem Raum ohne Unterbrechung weiter. Ein besonderer Schwerpunkt kristallisierte sich dabei im Raum von Les Eparges heraus: Den dortigen Höhenkamm hielten die deutschen Truppen seit September 1914 besetzt. Zahllose und heftige Gegenstöße, die später auch mit Hilfe unterirdischer Sprengungen geführt wurden, waren die Folge. Sie fanden ihren Höhepunkt im April 1915 mit französischen Angriffen, die Teil eines allgemeinen alliierten Durchbruchversuches an der Westfront waren. Sie hatten nach über einem Monat insofern Erfolg, als den Deutschen Beobachtungspunkte abgenommen werden konnten, die Ausblicke nach Norden ermöglichten. Dem schlossen sich im April und Mai wiederum starke deutsche Konterattacken an, die allerdings nichts Wesentliches mehr zu ändern vermochten. Die Kämpfe wurden aber dennoch unerbittlich, ja geradezu mörderisch fortgesetzt.

Überhaupt war der gesamte Frontvorsprung von Verdun auf beiden Seiten seiner Basis dauernd heftig umkämpft. Die Franzosen befürchteten, die Deutschen könnten diese Ausbuchtung von beiden Seiten eindrücken, um ihre Front wesentlich zu verkürzen und zugleich die Festungsregion Verdun in ihren Besitz zu bringen – eine Sorge, die nicht unberechtigt war, wie sich noch zeigen sollte. Umgekehrt waren sich die Deutschen aber auch darüber im klaren, daß ihr Gegner an den

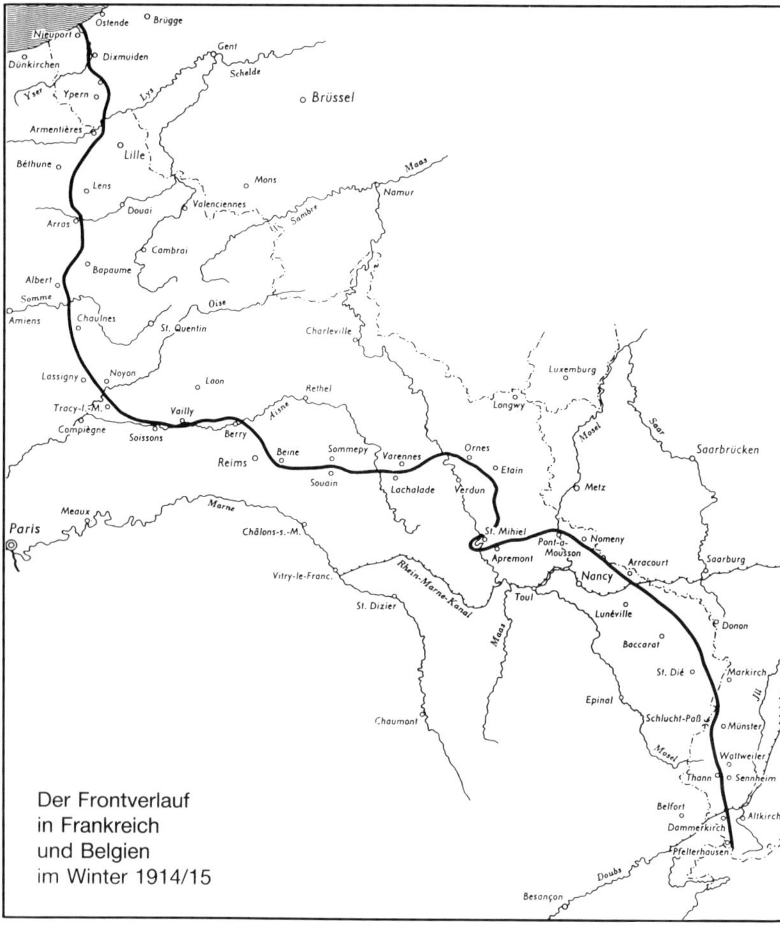

Der Frontverlauf in Frankreich und Belgien im Winter 1914/15

entsprechenden Stellen äußerste Anstrengungen unternehmen würde, um seinen Frontvorsprung zu halten, ihn zu sichern und durch eine Ausweitung nachhaltig zu schützen. Auch dieses konnte jeweils am besten an der Basis der Ausbuchtung geschehen. So wurde im Südosten das Gebiet von St. Mihiel – und hier insbesondere die schon erwähnte Höhe von Les Eparges – zum Schauplatz langjähriger, verlustreicher und letztendlich für beide Seiten erfolgloser Kämpfe und Leiden. Darauf wird noch zurückzukommen sein (s. »Verdun von A – Z, Les Eparges«). Im Nordwesten waren es abbildgleich die Argonnen, vor allem der Kulminationspunkt von Vauquois (s. »Verdun von A – Z, Vauquois«).

Selbst unter Einbeziehung der geschilderten Ereignisse um Verdun blieb das Deutsche Reich im Jahre 1915 an der Westfront im wesentlichen in der Defensive. Da aber nur dort der Krieg gewonnen werden konnte und daher auch ständig mit entscheidungssuchenden Gegenangriffen der Alliierten zu rechnen war, galt es nach anderen Lösungen Ausschau zu halten, um 1916 endlich zum entscheidenden Durchbruch zu gelangen. So beschlossen die Westalliierten, im Sommer eine gemeinsame Offensive an der Somme zu starten.

Doch die Deutschen kamen dem zuvor: Bei ihnen war nach dem Scheitern der Schlacht an der Marne Helmuth von Moltke durch Generalleutnant Erich von Falkenhayn ersetzt worden. In dem neuen Generalstabschef des Feldheeres, der das Wohlwollen des Kaisers besaß, vereinigte sich Rücksichtslosigkeit mit Unentschlossenheit und übertriebener Vorsicht. Hinzu kam ein unverständlicher Geheimhaltungstrieb, der selbst dem Historiker bis heute immer noch Rätsel aufgibt, welche Absichten den Generalstabschef bei seinen Angriffsplänen gegen Verdun wirklich geleitet haben. Alles in allem waren diese Eigenschaften Falkenhayns ein wesentlicher Grundstein für die bald darauf folgende deutsch-französische Tragödie an der Maas.

Im Dezember 1915 verfertigte er eine Denkschrift für Kaiser Wilhelm II., die schon mit einem schwerwiegenden Irrtum begann: »Frankreich ist militärisch und wirtschaftlich – dies durch dauernde Entziehung der Kohlenfelder im Nordosten des Landes – bis nahe an die Grenze des Erträglichen geschwächt.« – Trotz alledem: Falkenhayn ging es angeblich gar nicht so sehr um Frankreich, sondern um die Ausschaltung Englands. Ein solches Argument mußte ihm bei seinem Monarchen Gehör und Sympathie verschaffen, weil dieser eine schon fast krankhafte Abneigung gegen die Landsleute seiner Mutter hegte. Da diese jedoch auf dem Kontinent direkt kaum besiegt werden konnten, mußte ihnen ihr »Festlandsdegen« Frankreich aus der Hand geschlagen werden. Dafür hatte der deutsche Generalstabschef ein neues vermeintliches Patentrezept: »Das zweifelhafte und über unsere Kraft gehende Mittel des Massendurchbruchs ist dazu nicht nötig. Auch mit beschränkten Kräften kann dem Zweck voraussichtlich Genüge getan werden. Hinter dem französischen Abschnitt der Westfront gibt es in Reichweite Ziele, für deren Behauptung die französische Führung gezwungen ist, den letzten Mann einzusetzen. Tut sie es, so werden sich Frankreichs Kräfte verbluten, da es ein Ausweichen nicht gibt, gleichgültig, ob wir das Ziel selbst erreichen oder nicht. Tut sie es nicht und fällt das Ziel in unsere Hände, dann wird die moralische Wirkung in Frankreich ungeheuer sein. Deutschland wird nicht gezwungen sein, sich für die räumlich eng begrenzte Operation so zu verausgaben, daß alle anderen Fronten bedenklich entblößt werden. . . Die Ziele, von denen hier die Rede ist, sind Belfort und Verdun. Für beide gilt das oben Gesagte. Dennoch verdient Verdun den Vorzug.«

Falkenhayn begründete seine Entscheidung für die Festung an der Maas damit, daß von dort aus jederzeit die gesamte deutsche Position im Westen mit relativ geringem Kräfteansatz in Gefahr gebracht werden könne. Dieses war jedoch so gut wie ausgeschlossen, weil der Frontbogen von

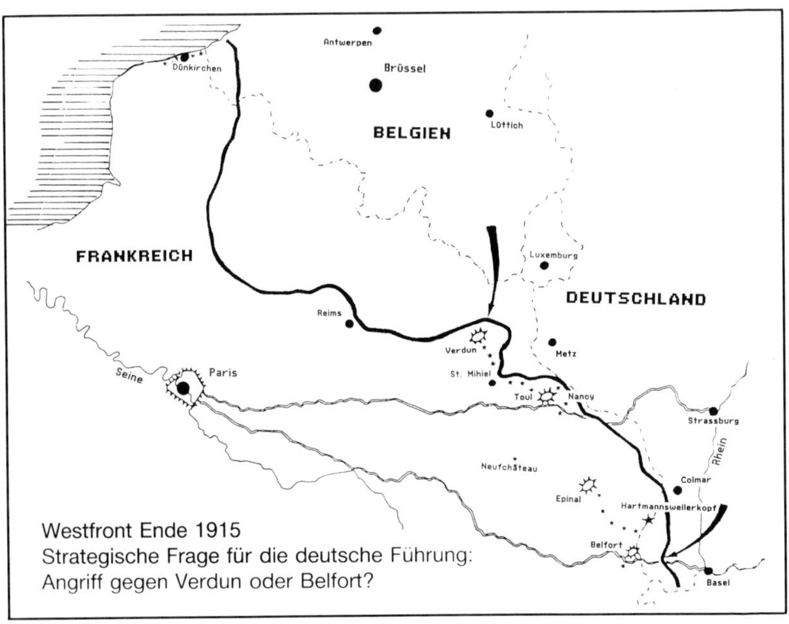

Westfront Ende 1915
Strategische Frage für die deutsche Führung:
Angriff gegen Verdun oder Belfort?

Verdun zu drei Vierteln von den deutschen Truppen eingekreist war und deren Artillerie jede Kräfteansammlung des Gegners in kürzester Zeit ausgeschaltet hätte.

Umgekehrt mußten die Franzosen viel eher befürchten, daß mit der Einnahme der Festungsregion an der Maas ihr gesamter rechter Frontflügel bedroht werden würde. Außerdem hätten die Deutschen dann das gegenüberliegende wichtige Erzbecken von Briey, das sich zwar in ihrem Besitz befand, aber durch die Frontnähe stets gefährdet war, besser absichern können. Nicht zuletzt wäre die Eroberung von Verdun für die Angreifer der von Falkenhayn propagierte große moralische Erfolg und für die Unterlegenen wahrscheinlich die entscheidende Niederlage gewesen.

In der Tat bot der schon erwähnte Frontvorsprung von Verdun die beste Voraussetzung für einen Angriffserfolg; er war das lohnendste Ziel für zusammengefaßte Offensiven und für Feuerkonzentrationen. Außerdem mußten die französischen Verteidiger auf dem rechten Maas-Ufer mit dem Fluß im Rücken kämpfen. Das dicht bewaldete Gelände eignete sich besonders gut für Kräfteverschiebungen und Artillerie-Konzentrationen, ohne daß der Gegner sie rechtzeitig ausmachen konnte. Ein dichtes Eisenbahnnetz mit 14 Strecken sowie die Nähe der großen Festungsgarnison Metz begünstigten außerdem deutsche Truppen- und Materialtransporte, während die Franzosen nur noch über eine große Eisenbahnlinie verfügten. Sie führte von Verdun nach Ste. Menehould und konnte leicht durch Beschießungen unterbrochen werden, was später auch geschah. Übrig blieben schließlich nur die leistungsschwache Maastal-Bahn (»Chemin de fer Meusien«) und die kleine Straße, die ebenfalls nach Bar-le-Duc führt und in die Geschichte als »Heilige Straße« (»Voie sacrée«) eingehen sollte.

Immerhin schrieb die Denkschrift des deutschen Generalstabschefs auf einzigartig negative Weise Kriegsgeschichte; denn wann kam je ein Truppenführer oder ein Militärtheoretiker auf die Idee, den Gegner durch langsames Verbluten besiegen zu wollen?

Wie stellte sich Falkenhayn die Durchführung der neuartigen Operation vor? Die Deutschen beabsichtigten, die Franzosen vor Verdun mit artilleristischen Mitteln zu erschlagen, um eigene Menschenopfer soweit wie möglich zu vermeiden. Falkenhayn rechnete sogar aus, daß bei konsequenter Durchführung seines Planes auf jeweils zwei gefallene oder schwerverwundete Deutsche etwa fünf Franzosen mit dem gleichen Schicksal kommen könnten. Zu dieser Prognose, die makaber genug war, gelangte er infolge der Über- oder Unterschätzung verschiedener Faktoren. Gemeint sind hier insbesondere die zu positive Bewertung der Artillerie-Wirkung insgesamt, das mangelnde Verständnis für die eigene Infanterie sowie die Mißachtung der durchaus vorhandenen Erkenntnisse über den hohen Gefechtswert der Festungsregion von Verdun. Im Zusammenhang mit der späteren Schlacht wird darauf noch detaillierter zurückzukommen sein.

Oberbefehlshaber der vor Verdun stehenden und für die Großoffensive vorgesehenen 5. deutschen Armee war nach wie vor der Kronprinz von Preußen. Hierin lag ein weiterer Grund, um den Kaiser für Falkenhayns Plan einzunehmen. Wilhelm II. hoffte, mit einem Sieg seines Sohnes das durch die Stagnation der Kriegführung ramponierte Ansehen des Hohenzollern-Hauses wieder aufbessern zu können.

Dennoch gingen der Kronprinz und sein Generalstabschef, General Schmidt von Knobelsdorf, offensichtlich nicht völlig mit Falkenhayn konform, das heißt, sie kannten entweder die Weihnachtsdenkschrift gar nicht oder nur in Teilen. So entstanden voneinander abweichende oder sich widersprechende Planungen. Dieses galt unter anderem für das Tempo des beabsichtigten Angriffs, seine räumliche Aufteilung auf die beiden Maas-Ufer oder für den Einsatz der Reserven. Jedenfalls wurden eindeutige und übereinstimmende Entscheidungen in diesen und ähnlichen Fragen nie gefällt. Da Falkenhayn jedoch in fast allen Fällen den längeren Arm hatte, kam es durch ihn häufig zu diktatorischen Anordnungen, die meistens auch noch zu spät ergingen. Das zeitigte nachteilige Folgen. Insgesamt kann man sich nicht des Eindrucks erwehren, als ob der deutsche Kronprinz und sein Generalstabschef durch Falkenhayn mehr oder minder getäuscht worden seien, ein Vorgang, der nicht nur in der deutschen Militärgeschichte seinesgleichen suchen dürfte.

Die umfangreichen deutschen Angriffsvorbereitungen an der Maas seit der Jahreswende 1915/16 blieben natürlich trotz aller Gegenmaßnahmen den Franzosen nicht gänzlich verborgen. Sie reagierten darauf, indem sie unter anderem einige der früher abgerüsteten Forts wieder stärker mit Personal und vor allem mit Geschützen ausstatteten. Außerdem bauten sie die schon begonnenen Feldstellungen um die einzelnen Festungsanlagen weiter aus. Gerade diese sollten später den deutschen Infanteristen besonders viele Schwierigkeiten bereiten, weil sie mit ihrem Vorhandensein in dieser Form nicht gerechnet hatten. Auch wenn alle französischen Maßnahmen unter starkem Zeitdruck standen, sah das Kräfteverhältnis bei Beginn der Offensive für die Verteidiger doch schon um einiges günstiger aus als am Jahresende 1915.

Unter Berücksichtigung vieler unterschiedlicher Beurteilungen kann man davon ausgehen, daß die Deutschen zu Beginn ihres Angriffs etwa 1.400 Geschütze (einschließlich Minenwerfern) und die Franzosen etwas weniger als die Hälfte davon besaßen. Die Zahl der verfügbaren Kampfbataillone dürfte ungefähr im Verhältnis zwei zu eins gestanden haben. Dabei darf freilich nicht vergessen werden, daß eine Truppe, die sich verteidigt, im allgemeinen günstigere Bedingungen als der Angreifer hat, weil sie den Vorteil sicherer Deckung und besser geschützter Feuerkraft genießt. Dieses galt ganz besonders für die so stark befestigte Region um Verdun.

Wegen plötzlich einsetzender starker Schnee- und Regenfälle mußte der Angriffstermin, der zunächst auf den 12. Februar festgesetzt worden war, mehrmals verschoben werden. Diese zusätzliche Zeit gab den Franzosen Gelegenheit, sich weiter zu verstärken. Die Schlacht um Verdun begann am 21. Februar. Hauptträger der deutschen Offensive waren anfangs nur drei Korps der 5. Armee, die auf einer Breite von rund 13 Kilometern im Raum nordwestlich von Ornes bis nordwestlich von Brabant-sur-Meuse bereitstanden. Sie griffen direkt den französischen Festungsschwerpunkt an, anstatt eine der schwächeren Flanken, zum Beispiel in der Woëvre-Ebene, zu wählen. Dies ist bis heute – selbst bei völliger Akzeptanz der Falkenhaynschen Ausblutungstheorie – nur schwer nachvollziehbar.

Neuere Forschungen (z.B. Afflerbach) zweifeln die Existenz der sogenannten Weihnachtsdenkschrift des deutschen Generalstabschefs allerdings an. Sollten sie sich als richtig erweisen, würde dies in der Tat so manchen Widerspruch in der deutschen Haltung hinsichtlich Verduns auflösen, zugleich jedoch auch eine ganze Reihe neuer Fragen aufwerfen.

Frontverlauf vor Verdun bis Februar 1916

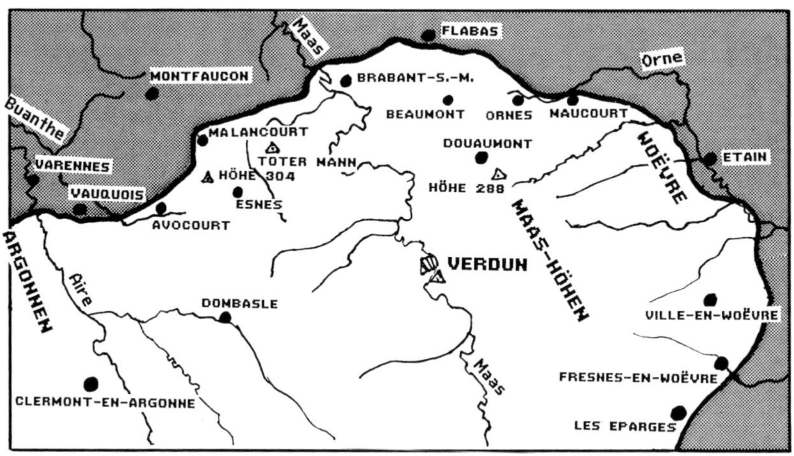

Am 21. Februar 1916 setzten in den frühen Morgenstunden(08.12 Uhr) die deutschen Artillerievorbereitungen zu beiden Seiten der Maas auf einer Breite von rund 40 Kilometern ein, hielten nicht nur ohne Unterbrechung an, sondern steigerten sich immer mehr, um zwischen 16.00 und 17.00 Uhr vor Anbruch der Winterdämmerung ihren ersten Höhepunkt und Abschluß zu erreichen. Dann stürzte die Infanterie von einer Linie nordwestlich Ornes bis südwestlich von Flabas aus ihren Gräben durch die Sturmgassen in den eigenen Hindernissen. Der Befehl der 5. Armee sah vor, daß die drei Korps am ersten Tag nur Patrouillen entsenden sollten, um getreu der Falkenhaynschen Absicht vorsichtig vorzufühlen, wie weit die eigene Artillerie den Sturmweg freigeschossen hatte. Zwei Armeekorps hielten sich an diesen Auftrag und warfen die Masse ihrer Truppen erst am folgenden Tag in den Kampf. Am rechten Flügel ließ das VII. Reservekorps dagegen bereits am 21. Februar seinen Stoßtrupps die eigentlichen Angriffstruppen folgen und stellte damit den Ausblutungsplan schon am ersten Tag in Frage. Auf jeden Fall hatte man sich auf deutscher Seite das Terrain, das den französischen Forts vorgelagert war, nach zehnstündigem Trommelfeuer leichter passierbar vorgestellt. Es zeigte sich hier bereits, daß die Artillerie zwar mit Geschützsalven, wie sie bisher noch nie dagewesen waren, »geklotzt«, dabei aber oftmals das Punktschießen aus dem Auge verloren hatte. Obwohl das gesamte französische Grabensystem unter dem Geschoßhagel eingeebnet, die Wälder zu einem Wirrwarr von zersplittertem Holz und die Dörfer zu Ruinen oder bloßem Schutt geworden waren, fanden sich dennoch überall verrammelte Waldstellungen, verschachteltes Gestrüpp mit Hindernissen und Maschinengewehrnestern, die noch einsatzbereit waren und den Angreifern große Verluste bereiteten. Hinzu kam, wie schon erwähnt, daß die Franzosen gerade in den letzten Wochen und Tagen vor Beginn der Offensive an ihren Feldstellungen vor den einzelnen Werken noch erhebliche Verbesserungen vorgenommen hatten, die den Deutschen teilweise oder gänzlich verborgen geblieben waren. Die dadurch möglichen, unerwarteten Feuerüberfälle der Verteidiger verursachten zusätzliche schmerzliche Opfer unter den anstürmenden Truppen.

Trotzdem gelang den zunächst angreifenden deutschen Soldaten der Durchbruch durch das erste Stellungssystem; aber die zweite Linie wehrte sich so erfolgreich, daß bis zum Abend nur an einer Stelle ein tiefer Einbruch erzielt werden konnte.

Auf französischer Seite war es vor allem das 30. Korps, das den deutschen Stoß auffing und drei Tage lang das Eintreffen der eigenen Verstärkung deckte. Als außergewöhnlich tapfer erwiesen sich während des in diesem Ausmaß noch nie dagewesenen Artillerie-Trommelfeuers die zwei Jäger-Bataillone des Oberstleutnant Driant, die im Caures-Wald in ihren Stellungen ausharrten und jeden Fußbreit Boden zäh verteidigten. Von den deutschen Truppen tat sich das VII. Reservekorps besonders hervor, das vor allem wegen seines massierten Infanterieeinsatzes den Haumont-Wald nahm. Im Vergleich zur hohen Verlustrate waren jedoch selbst bei ihm, aber erst recht bei den beiden benachbarten Korps, die Geländegewinne viel zu gering. So endete eigentlich schon der erste Angriffstag mit einer großen Enttäuschung für die deutsche Seite: Trotz der nicht zu verkennenden Anfangserfolge war die sogenannte »alles vernichtende Wirkung« der Artillerie ausgeblieben. Die französischen Stellungen mußten – wie in jeder anderen Schlacht auch – durch die Infanterie regelrecht erobert werden. Nach Falkenhayns Plan sollte aber diese nur »dosiert« eingesetzt werden und in gänzlich umgepflügte und so gut wie waffenleere Räume einmarschieren. Die Materialschlacht hatte zu arbeiten, nicht die Schlacht der Menschen. Das war nicht gelungen, so daß man den ganzen ersten Tag der Offensive fast umsonst aus 1.400 Rohren gefeuert hatte. Dies führte einerseits zu der Erkenntnis, daß man die Wirkung der eigenen Artillerie überschätzt hatte, zumal es ihr auch nicht gelungen war, die gegnerischen Geschütze hinreichend auszuschalten. Andererseits war aber auch spätestens jetzt das Überraschungsmoment gänzlich verlorengegangen. General Herr, der damalige Gouverneur von Verdun, fand weiterhin Zeit, mit Hilfe seiner Reserven und neu herbeigeholter Verstärkungen die vorderen Stellungen noch widerstandsfähiger zu machen. Die französische Paradefestung wurde also tatsächlich schon zu Beginn der Schlacht für die Franzosen zur nationalen Prestigefrage.

Doch der gewaltige Beschuß durch die deutsche Artillerie ging an den folgenden Tagen weiter, und auch die Infanterie der beiden anderen Angriffskorps begann nun, in gewohnter Manier zu stürmen.

Am 22. Februar leisteten vor allem die Jäger Driants im Caures-Wald den nunmehr zahlenmäßig überlegenen Angreifern weiterhin erbitterten Widerstand, obwohl sie von zwei Seiten eingeschlossen waren. Erst als Driant fiel, gingen seine Männer auf Beaumont zurück.

Während des 23. Februars steigerte sich der Kampf weiter. Die Lage wurde trotz tapferer Gegenwehr für die Franzosen sehr ernst: Nach blutigen Kämpfen gelang es den Deutschen, dem gegnerischen Infanterie-

Regiment 351 den Ort Brabant abzuringen. Die Verteidiger setzten sich in der folgenden Nacht in den Ruinen von Samogneux fest. Weiter im Osten tobten die Gefechte noch heftiger: Erfolglosen Gegenangriffen der Franzosen im Caures-Wald standen deutsche Attacken im Herbebois gegenüber. Die französische 51. Infanterie-Division mußte zwar den Rückzug antreten; aber auch die Deutschen bezahlten ihr Vordringen in Richtung auf den Fosses-Wald mit hohen Verlusten. Immerhin konnten sie in der Nacht noch Samogneux nehmen. Am Abend verlief die Front von Ornes über Beaumont nach Samogneux.

Am 24. Februar vermochten die deutschen Truppen noch einmal Verstärkungen heranzuholen. Ihre Führung forderte die letzten Anstrengungen von ihnen, und so gelang es, trotz heftigen französischen Artilleriebeschusses, vor allem vom linken Maas-Ufer her, die Höhe 344 östlich von Samogneux, den Fosses-Wald, den Chaume-Wald und den Ort Ornes zu nehmen. An diesem Tag trafen allerdings auch die ersten französischen Verstärkungen unter Befehl von General Balfourier ein, der zunächst das Kommando über das Gebiet von der Maas bis zur Woëvre-Ebene übernahm. Zur selben Zeit wurde beschlossen, General Pétain mit seiner 2. Armee, die momentan in Reserve lag, nach Verdun zu verlegen. Schon am folgenden Tag, mit seinem Eintreffen in Verdun, wurde Pétain auch der Oberbefehl über den gesamten Abschnitt übertragen. Er und andere, ihm unterstellte Generale begaben sich unmittelbar an die Front und sorgten so mit dafür, daß auf französischer Seite jeglicher Gedanke an einen begrenzten oder gar totalen Rückzug von der Maas ausgelöscht wurde. Aber die Deutschen griffen weiterhin an, auch wenn sie bis Ende Februar nur noch eine frische Division als Verstärkung erhielten.

Der 25. Februar brachte den ersten Höhepunkt der Schlacht, der zugleich aber auch die erste große Krise für beide Seiten bedeutete: Obwohl die französische 37. Infanterie-Division, die mit der Verteidigung des Talou-Rückens und des Dorfes Louvemont beauftragt war, dem deutschen Ansturm immer noch widerstand, gelang es den Angreifern schließlich doch, rechts davon zunächst den Vauche-Wald zu besetzen. Außerdem drangen sie gegen das Dorf Douaumont vor. Aber mehr noch: Die Deutschen vermochten durch mehrere, im Grunde genommen zufällige und überraschende Handstreiche das stärkste Festungswerk des Raumes Verdun, das Fort Douaumont, praktisch ohne Kampf zu besetzen. Die psychologische Wirkung dieser Eroberung war in Frankreich bedeutend. Falkenhayn wurde erneut bestätigt: Von französischer Seite aus würde man noch stärker als bisher gewillt sein, alles an Truppen, was irgendwie verfügbar war, in den »unersättlichen Höllenschlund« von Verdun zu werfen.

Doch den Siegern dieser Tage ging es auch nicht besser: Von einem dosierten Einsatz menschlicher Kräfte konnte keineswegs die Rede sein, mithin auch nicht vom Gelingen der Materialschlacht. Im Gegenteil: Das Kampfgeschehen begann, sich alsbald gegen die Angreifer zu wenden. Deren Kommandeure forderten immer wieder, daß ihre Truppen abgelöst werden müßten. Dies geschah jedoch so gut wie nicht, weil nur wenige Reserven vorhanden waren und der Plan Falkenhayns diese auch nicht für erforderlich hielt. Da die vorne eingesetzten Regimenter jedoch seit vier Tagen ununterbrochen gekämpft hatten, waren sie zahlenmäßig zu schwach und physisch am Ende. An ein weiteres Vorstoßen war somit nicht zu denken. Das erklärt, warum die Angreifer die großen Chancen, die sich ihnen aus dem kampflosen Rückzug der Franzosen von einigen wichtigen Höhen nordwestlich von Douaumont und aus der Inbesitznahme des Forts selber boten, nicht nutzen konnten. Sie blieben an diesem Tag zwischen der eroberten Superfestung und dem Pfeffer-Rücken liegen. Auch die Attacken gegen das Dorf Douaumont scheiterten am französischen Widerstand, vor allem an dem der 31. Brigade. Die erwähnte Räumung weiter nördlich war nur durchgeführt worden, um nicht abgeschnitten zu werden.

Diese Situation war typisch und die logische Folge der in Theorie und Praxis widersprüchlichen deutschen Operationspläne. Nach Falkenhayns Vorstellungen sollte die zermürbende Offensive schnell oder langsam, auf jeden Fall aber nur mit begrenzten eigenen Kräften geführt werden. Die Artillerie hatte praktisch alleine die Last des Kampfes zu tragen, die Infanterie dagegen sozusagen nur die reifen Früchte zu ernten. Jetzt versagte jedoch die deutsche Feuerunterstützung – allerdings nicht schuldhaft, wegen schlechter Ausbildung, Unsicherheit oder schwacher Führung, sondern weil sie nicht die Wirkung erzielen konnte, die von ihr gefordert wurde. Die Infanterie wiederum kam zwar relativ sparsam zum Einsatz, mußte aber dennoch von vornherein hohe Verluste hinnehmen, weil eben die eigenen Geschütze ihnen nicht die vorhergesagten entscheidenden Breschen schlagen konnten. Hinzu kam, daß die Sturmtruppen selbst dort, wo es die Lage erlaubt hätte, nicht hinter den verhältnismäßig langsam nach vorne wandernden Feuerwellen ihrer Artillerie zurückblieben. Sie lehnten sich auch zu Recht gegen das Paradoxe dieses Verlangens auf. Der Infanterist war und ist durch überfallartiges Vorpreschen und eigene Feuerunterstützung auf Zupacken und Erobern der gegnerischen Stellungen eingestellt. Nur Zeitsparen und Deckungssuche helfen ihm dabei, schlimmere Verluste zu vermeiden. In Verdun sollte alles umgekehrt verlaufen: Die stürmenden Truppen hatten nur allmählich vorzugehen, und – wenn die Lage es gebot – auf freiem Feld oder an einem Vorderhang – wie auf einem Präsentierteller – so lange liegenzubleiben, bis das eigene Geschützfeuer eine Fortführung der Attacke erlaubte. Hielten sich die Infanteristen nicht an diesen Plan, liefen sie entweder in das eigene Feuer hinein, das gerade weiter nach vorne verlagert worden war, oder sie wurden Opfer eines kampfbereiten Gegners, den die deutschen Geschütze noch nicht voll erreicht hatten.

Wenn der Einsatz der Technik und der entsprechende Einfluß auf die Menschen die Erwartungen nicht erfüllte, gab es nur die Möglichkeiten, entweder die Schlacht abzubrechen oder sie mit Infanterie-Angriffen herkömmlicher Art, also mit stärkstem Aufgebot von Soldaten, vielen Reserven und einem Vorgehen, dem tempomäßig keine Zügel angelegt waren, fortzuführen. Daran hinderte die zuständige deutsche Führung auf Weisung ihres Generalstabschefs jedoch die örtlichen Stäbe ständig und nachdrücklich. Sie riskierte kaum etwas und wollte dennoch – trotz gegenteiliger Bekundungen und des Falkenhaynschen Planes – Verdun überrennen. Das waren zu viele Wünsche auf einmal, als daß auch nur ein Teil von ihnen hätte in Erfüllung gehen können.

In der Zwischenzeit nützten die Franzosen die Gelegenheiten, die ihnen die deutschen Schwächen boten: Sie schafften vor allem Artillerie herbei, so daß sie bald über mehr als 1.900 Geschütze verfügten und damit erheblich stärker als die Angreifer waren. Außerdem hatten sie den Vorteil, beinahe überall aus gut geschützten Stellungen feuern zu können.

Der deutschen Materialschlacht stemmte sich also eine ebensolche französische entgegen, so daß von einem dosierten Einsatz der Soldaten weniger als je zuvor die Rede sein konnte. Hinzu kam, daß die Franzosen fast alle ihre Kräfte aus der Woëvre-Ebene in den Ring um Verdun warfen. Ferner wurde die noch im Süden stehende II. Armee General Pétains nun blitzschnell mit allen erdenklichen Mitteln herbeigeführt. Auch Unmengen von Material liefen zu. Das alles erfolgte über die einzige Straße, die noch offengeblieben war und wegen ihres schlechten Zustandes dauernd instand gesetzt werden mußte. Sie erhielt später den bezeichnenden Namen: »Voie sacrée«, also: »Heilige Straße«.

Noch am 25. Februar 1916 verlegten die französischen Verteidiger ihre Front in der Woëvre-Ebene, die dort einen sehr gefährdeten Vorsprung bildete und nur von schwachen Kräften gehalten wurde, an den Fuß der Maas-Höhen zurück. Diese Absetzbewegung verschleierten sie mit Hilfe von Deckungstruppen, die zudem durch Rückzugsgefechte Zeit für den Ausbau der neuen Stellungen schufen.

Deutsche Geländegewinne zwischen dem 21. und 25. Februar 1916

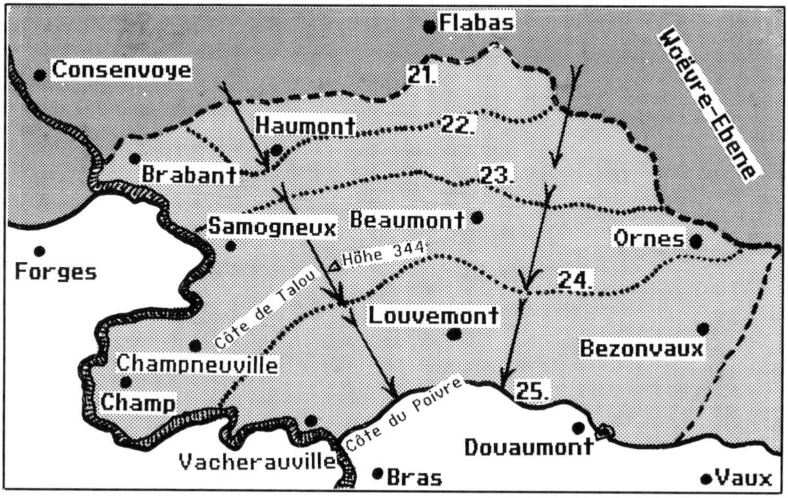

Die erste Phase der Schlacht um Verdun endete am 4. März, als das völlig zerstörte Dorf Douaumont fest in deutsche Hand gelangte. Damit kam die Offensive jedoch fast völlig zum Erliegen, weil die 5. Armee auch ihrerseits schon ausgeblutet war und ihre nur gering oder nicht verwundeten Soldaten an totaler Erschöpfung litten. Hinzu kamen erhebliche Probleme im Nachrichten- und Meldewesen, von denen vor allem die Verständigung mit der eigenen Artillerie betroffen war. Außerdem mußten die Deutschen daran denken, ihre Geschütze wegen der relativ weit vorgeschobenen eigenen Front Stellungswechsel machen zu lassen. Das war aber wegen des fast nur noch aus Trichtern bestehenden, völlig verschlammten Geländes so gut wie unmöglich. Viele Kanonen und Mörser blieben stecken, waren somit dem gegnerischen Feuer ausgeliefert und fielen aus. Besonders schwer wog der hohe Verlust an Pferden, die allein in der Lage waren, die Artillerie zu bewegen.

Das größte Hindernis für ein weiteres Vorstürmen der deutschen Truppen stellte indessen das flankierende Geschützfeuer der Franzosen vom linken Maas-Ufer dar. So entschloß sich die deutsche Oberste Heeresleitung, diese Gefahr zunächst auszuschalten. Dies war zwar von Fachleuten bereits zu Beginn der Schlacht um Verdun gefordert, von Falkenhayn jedoch abgelehnt worden. Es paßte nicht in sein Konzept. Außerdem hätte es zusätzliche Kräfte erfordert und damit die Entwicklung an anderen Frontabschnitten nachteilig beeinflußt. So blieb es bei der schmaleren Angriffsfront östlich der Maas. Als diese dann aber zum Stillstand kam, zeigte sich erneut, wie sehr der deutsche Generalstabschef zum Gefangenen seines eigenen Planes geworden war: Er brach die Schlacht nicht ab, wie es nur konsequent gewesen wäre, sondern ließ jetzt auf dem linken Maas-Ufer weitere Truppen eingreifen. Damit gab er zu, daß die bisherigen Verluste im Angriffsstreifen rechts des Flusses zu großen Teilen die Folge einer falschen Konzeption waren. Ferner nahm Falkenhayn damit bewußt weitere hohe Verluste an eigenen Gefallenen, Verwundeten und Gefangenen sowie vermehrte Schwachpunkte an anderen Frontabschnitten in Kauf. Wenn die Ausblutungs-Theorie überhaupt je einen Sinn gehabt hätte, dann verlor sie spätestens Anfang März 1916 ihren Sinn, als das Ringen um Verdun praktisch in eine »normale Abnutzungsschlacht« einmündete.

Nach entsprechenden Artillerievorbereitungen griffen vom 6. März 1916 ab die deutsche 22. Reserve-Division und die 12. Division zwischen Forges und Béthincourt die 67. französische Division an. Der erstgenannte Ort wurde am selben Tag genommen; aber dann blieb die Offensive schon am Hohen Gänse-Rücken stecken. Dieser fiel – ebenso wie der Raben-Wald – zwar am 7. März in deutsche Hand. Doch dann kam es zum Stillstand: Das Dorf Cumières wurde heftig umkämpft, blieb jedoch vorläufig noch in französischem Besitz. Ähnliche Szenen spielten sich weiter westlich ab, wo die Höhe »Toter Mann« zum ersten Mal in den Annalen der Schlacht um Verdun auftauchte.

Am 8. März verlief das Kampfgeschehen nahezu völlig umgekehrt: Auf dem linken Maas-Ufer eroberten die Franzosen den Raben-Wald zurück. Dagegen starteten die Deutschen erstmals wieder östlich des Flusses einen größeren Angriff mit Teilen von fünf Armeekorps, der allerdings nur wenig vorankam. Der einzige Erfolg dieses wiederum für beide Seiten sehr verlustreichen Gefechtes bestand darin, daß die Deutschen bis an den Rand des Dorfes Vaux gelangten.

Am 9. März vermochten die deutschen Truppen dann auch auf den Hängen des Toten Mannes Fuß zu fassen. Auf ihrem äußersten linken Angriffsflügel war ihnen dagegen noch kein Erfolg bei der Eroberung von Fort Vaux beschieden.

Am folgenden Tag besetzten sie allerdings wieder den Raben-Wald und zwangen die Franzosen, ihre Stellungen auf die Linie Béthincourt – Toter Mann – Südrand des Raben-Waldes – Südrand des Waldes von Cumières zurückzunehmen. Das Ringen um Dorf und Fort Vaux hielt dagegen unverändert an.

Um diese Zeit trat eine Zäsur in den Kämpfen um Verdun ein: Die Deutschen mußten ihre großangelegten Angriffe zunächst einmal beenden. General Joffre, Oberbefehlshaber der französischen Streitkräfte, rief daher seinen Soldaten in und um Verdun zu: »Seit drei Wochen erfolgt gegen euch der fürchterlichste Ansturm, den der Gegner bisher gegen uns gewagt hat. Deutschland rechnete mit dem Erfolg dieser Anstrengung, die es für unwiderstehlich hielt und für die es seine besten Truppen und seine wirksamste Artillerie bereitgestellt hatte. Es hoffte, die Einnahme von Verdun würde den Mut seiner Verbündeten wieder festigen und die neutralen Länder von der deutschen Überlegenheit überzeugen. Es hatte die Rechnung ohne Euch gemacht. Das Vaterland richtet seine Blicke auf Euch. Ihr werdet zu denen gehören, von denen es heißen wird: ›Sie haben den Deutschen den Weg nach Verdun gesperrt‹«.

In den folgenden Wochen und Monaten traten an Stelle der Offensiven auf breiter Front zahlreiche räumlich begrenzte Attacken, die allerdings kaum weniger heftig waren. In ihrem Verlauf konnte die 12. Reserve-Division des Kronprinzen am 14. März die Höhe 265, die den Nordteil des Toten Mannes bildet, einnehmen. Am Südteil dieses Hügels widerstanden die Franzosen dagegen zunächst allen weiteren Anstürmen.

Am 20. März 1916 vermochten dann Truppenteile die Wälder von Avocourt und Malancourt zu besetzen. Schlesische Einheiten eroberten am 31. März das Dorf Malancourt und am 8. April Béthincourt.

Auf dem rechten Maas-Ufer umgingen die Deutschen zunächst Dorf und Fort Vaux und drangen durch den Caillette-Wald bis zur Bahnstrecke Vaux – Fleury vor, wurden aber kurz darauf von der französischen 5. Division wieder zurückgedrängt.

In der zweiten Märzhälfte 1916 versuchten die Deutschen ihr Glück mit Hilfe neuer Kommandostrukturen: Am 19. März übernahm General von Mudra alle Truppen rechts der Maas als »Angriffsgruppe Ost« (geläufigste Bezeichnung), und am 28. März entstand links der Maas eine »Angriffsgruppe West« (General von Gallwitz). Daraufhin kam es am 9. April wieder zu einem Großangriff: Westlich der Maas stürmten insgesamt fünf deutsche Divisionen gegen die französischen Stellungen an, ohne jedoch entscheidend durchbrechen zu können. Lediglich auf dem Toten Mann mußten die Franzosen mit ihrer 42. Division dem Angreifer die Nordosthänge der südlichen Höhe 295 überlassen. Östlich der Maas konzentrierte sich die deutsche Offensive auf den Pfeffer-Rücken, ohne daß ihr allerdings Erfolg beschieden war. Auf dem linken Flügel konnte das Dorf Vaux Haus für Haus genommen werden.

Am 10. April erließ General Pétain seinerseits einen berühmt gewordenen Tagesbefehl: »Der 9. April ist ein glorreicher Tag für unsere Waffen. Die gewaltigen Angriffe der Soldaten des Kronprinzen sind überall abgeschlagen worden. Infanteristen, Artilleristen, Pioniere und Flieger der II. Armee haben an Heldenmut miteinander gewetteifert. – Ehre ihnen allen! Die Deutschen werden ohne Zweifel erneut angreifen. Jeder arbeite und sorge dafür, den gleichen Erfolg wie gestern zu erzielen. – Nur Mut: Wir werden sie schon kriegen!«

Das änderte jedoch nichts daran, daß er am 1. Mai den Oberbefehl über die mittlere französische Heeresgruppe übernehmen mußte, während General Nivelle die II. Armee von ihm erhielt. Bereits Mitte April wurde auf deutscher Seite General von Mudra durch General von Lochow ersetzt.

Der Frontverlauf am westlichen Maas-Ufer – Stichtage 6., 7. und 10. März sowie 1. Mai

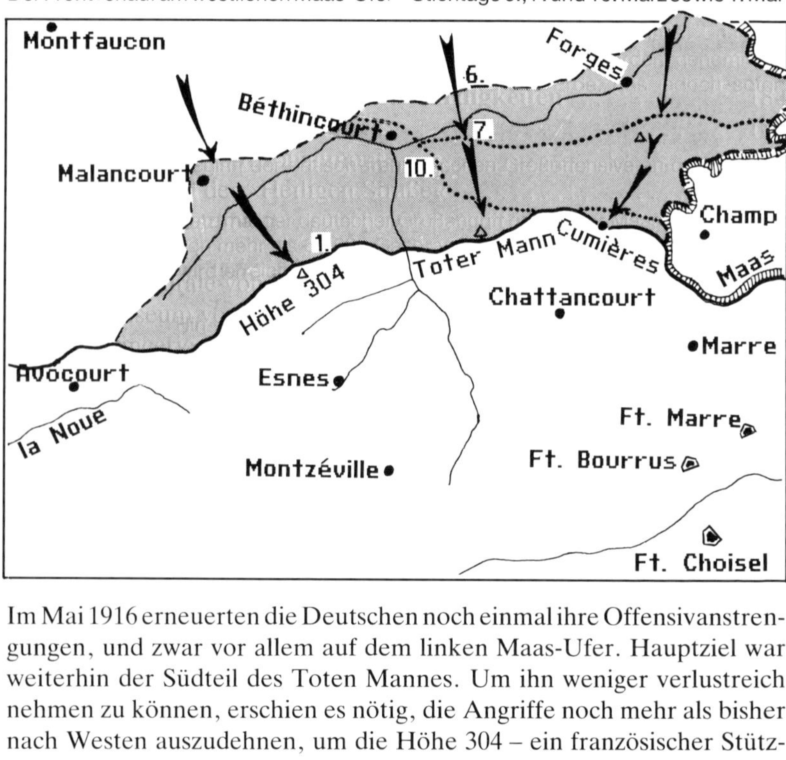

Im Mai 1916 erneuerten die Deutschen noch einmal ihre Offensivanstrengungen, und zwar vor allem auf dem linken Maas-Ufer. Hauptziel war weiterhin der Südteil des Toten Mannes. Um ihn weniger verlustreich nehmen zu können, erschien es nötig, die Angriffe noch mehr als bisher nach Westen auszudehnen, um die Höhe 304 – ein französischer Stützpunkt und ein wertvoller fester Beobachtungspunkt – in eigenen Besitz zu bringen. Diese blutigen Kämpfe bescherten schließlich der Kronprinzen-Armee in der ersten Maihälfte Teilerfolge auf der Höhe 304 und am 20. Mai den Besitz des eigentlichen Gipfels vom Toten Mann (Höhe 295).

Am 22. Mai 1916 griff die 5. französische Division des Generals Mangin auf dem rechten Maas-Ufer in Richtung Douaumont an, um die eigenen Truppen westlich des Flusses vom deutschen Druck zu entlasten. Diese Offensive war nur begrenzt erfolgreich, indem es gelang, kurzzeitig in das Fort Douaumont einzubrechen: Die Deutschen konnten nachhaltig Widerstand leisten und die Franzosen am folgenden Tag sogar wieder verdrängen. Insgesamt gesehen, erreichte dieser Angriff jedoch sein Ziel: Die Deutschen mußten Truppen vom linken Maas-Ufer abziehen. Hier flauten die Kämpfe zunächst ab, ohne allerdings gänzlich aufzuhören.

Frontverlauf vor Verdun – Stichtage 6. März, 10. April und 1. Mai

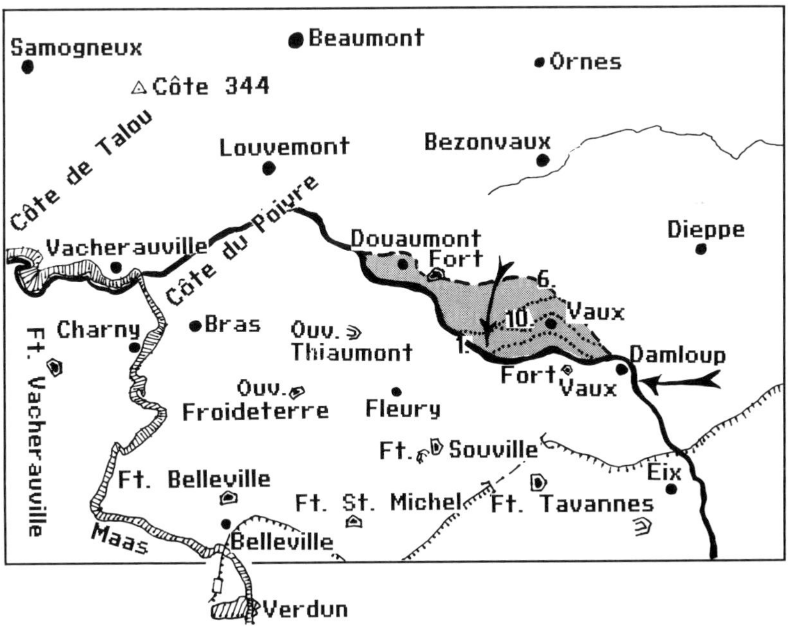

Als sich wenig später an der Somme eine britisch-französische Großoffensive ankündigte, versuchten die Truppen des Kronprinzen ein letztes Mal mit äußerster Kraftanstrengung, Verdun zu nehmen, bevor dieser Frontabschnitt Truppen an den neuen Schwerpunkt abzugeben haben

würde. Doch die Franzosen hielten stand. Die Deutschen nahmen jedoch nach erneuten heftigen Bemühungen von fünftägiger Dauer am 7. Juni das Fort Vaux, das kapitulierte, drangen gleichzeitig von Douaumont aus gegen das Zwischenwerk Kalte Erde vor und besetzten am 9. Juni das Gehöft (Ferme) von Thiaumont, während das gleichnamige Werk noch in französischer Hand blieb.

Auch auf dem linken Maas-Ufer hatten die deutschen Truppen noch einmal mit einer Offensive begonnen: Schon am 31. Mai drangen sie durch das Maas-Tal bis zum Bahnhof von Chattancourt vor, wurden dort jedoch sofort wieder durch einen französischen Gegenangriff bis Cumières zurückgedrängt. Kurz darauf gelang zwar die endgültige Besetzung des Gipfels der Höhe 304, aber deren Südhänge blieben in der Hand der Franzosen.

Rechts der Maas versuchten die Angreifer noch einmal, die letzten Hindernisse vor Verdun zu durchbrechen. Dieses waren auf der linken Seite vor allem das Fort Souville und auf dem rechten Flügel insbesondere die Werke von Thiaumont und Kalte Erde. Etwa 70.000 Mann wurden aufgeboten. Nach einer fast dreitägigen gewaltigen Artillerievorbereitung und intensivem Einsatz von Gas stürmten dann am 23. Juni die deutschen Soldaten, in der Mehrzahl Bayern, aus der Linie Vaux – Fleury – Thiaumont nach Süden. Die Zwischenwerke Thiaumont und Kalte Erde

Die Kämpfe am westlichen Maas-Ufer im Sommer 1916 . . .

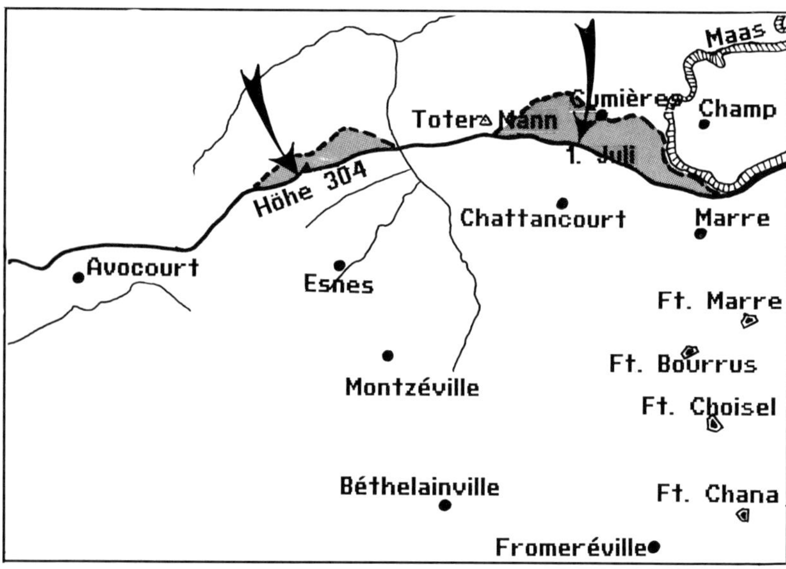

konnten erobert werden; aber noch am selben Tag führten die Franzosen einen erfolgreichen Gegenangriff durch. Er brachte Kalte Erde und die Hochebene bis zum Werk Thiaumont erneut in die Hand der Verteidiger. Im Zentrum der Offensive gelang es den Deutschen allerdings, in Fleury Fuß zu fassen. Auf der linken Seite scheiterten sie dagegen vor Souville. Am 11. Juli griffen hier deutsche Truppen ein letztes Mal in größerem Rahmen an, beschränkten sich aber auf den Abschnitt Damloup – Fleury. Trotz der am 1. Juli begonnenen Sommer-Offensive der Westalliierten setzten sie immerhin etwa 40.000 Soldaten ein, um Verdun vielleicht doch noch in ihren Besitz bringen zu können. Es gelang ihnen dabei, sogar über Fleury hinaus vorzustoßen und in die Weinberg-Schlucht westlich des Dorfes einzudringen. Auch weiter östlich erreichten sie den Rand des Forts Souville. Fehlende Reserven und eine »übermenschliche« französische Abwehrleistung verhinderten jedoch den letzten Durchbruch, der hier so greifbar nahe war wie nie zuvor. Man hat das deutsche Scheitern in diesem Abschnitt später zutreffend mit dem Auslaufen einer starken Woge an der Küste eines Meeres verglichen. Die erneuten blutigen Verluste auf beiden Seiten und die immer stärker anlaufenden Kmäpfe an der Somme entwickelten sich zu dann den entscheidenden Hindernissen, um das Ringen um Verdun im bisherigen Ausmaß fortzusetzen.

Dennoch gingen die nun schon fast fünf Monate dauernden Kämpfe weiter. Sie konzentrierten sich vor allem auf die Wälder südlich von Vaux,

. . . und auf dem östlichen Maasufer im Juni/Juli 1916

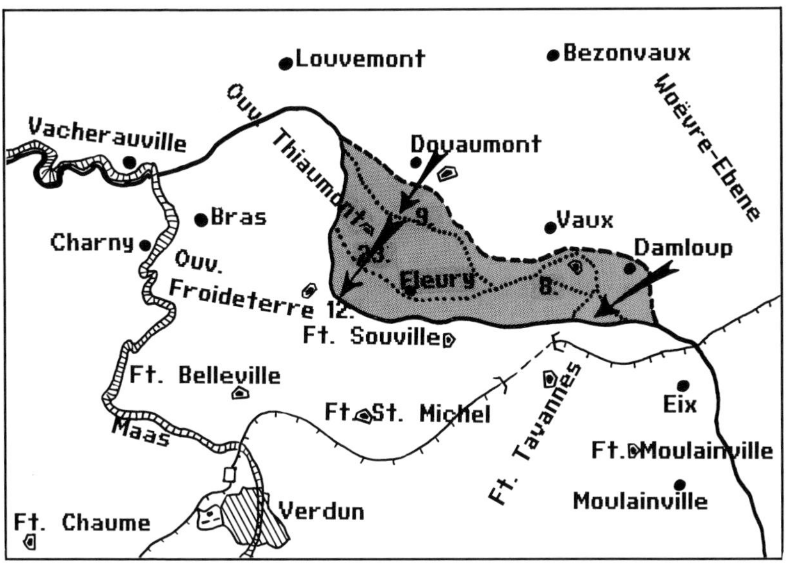

durch die das Fort Souville hätte umgangen werden können, auf das Dorf Fleury, das einige Male abwechselnd ganz oder teilweise den Deutschen oder den Franzosen gehörte, bevor es dann im Oktober endgültig in französischer Hand blieb, und um das Werk Thiaumont, das ebenfalls mehrfach den Besitzer wechselte.
Wie sehr Ratlosigkeit über die Art des weiteren Vorgehens bei Verdun die deutsche Seite ergriffen hatte, wird u.a aus vielen Veränderungen in den militärischen Strukturen und Führungspositionen deutlich: So wurde z.B. am 13. Juli der Kommandeur der Angriffsgruppe West, General von Gallwitz, durch General von François ersetzt. Am 23. August mußte Schmidt von Knobelsdorf gehen, nachdem der Kronprinz bei seinem Vater entsprechend interveniert hatte. Sein Nachfolger wurde General von Lüttwitz, der allerdings schon wieder am 25. November General von Lochow weichen mußte.
Nur sechs Tage später war auch Falkenhayn am Ende und wurde durch Hindenburg und Ludendorff (3. Oberste Heeresleitung) abgelöst.
Ebenfalls in der zweiten Jahreshälfte 1916 wurde in Form von Heeresgruppen eine zusätzliche Kommandoebene eingeführt. Dabei erhielt die Heeresgruppe Deutscher Kronprinz den Oberbefehl vor allem über die 3. und 5. Armee. General von Gallwitz bekam die 5. Armee (18. Dezember). Sein Chef des Generalstabes wurde General von Ledebur. Gleichzeitig erfolgte der Befehl zur Einstellung der Kämpfe um Verdun. Doch zwischenzeitlich lag die Initiative ohnehin eindeutig beim Gegner.

Französische Gegenoffensiven

Ziel der ersten großen französischen Offensive, die noch im Jahre 1916 einsetzte, war es, die eigene Front, die vor allem in der Mitte der zweiten August-Hälfte weitgehend stabilisiert worden war, nunmehr in ihrer ganzen Breite vorzuverlagern und sämtliche Forts von Verdun wieder in die eigene Hand zu bekommen. Dadurch würde die Feste an der Maas endgültig gesichert sein.

Die Franzosen hatten sich für ihren umfassenden Gegenangriff ebenfalls eine neue Taktik überlegt: Die Zusammenarbeit von Artillerie und Infanterie während des Vorgehens sollte mit Hilfe eines sorgfältig geplanten und ausgearbeiteten »Stundenplans« geregelt werden. Die Sturmtruppen hatten hinter einer Sperrfeuerwelle, die sich in einem festgesetzten Tempo nach vorne bewegte, anzugreifen. Diese Art Offensive sah vor, daß die Soldaten nach einer bestimmten Zeit anhalten sollten, um sich noch einmal vor Einbruch in die gegnerischen Stellungen sammeln und ordnen zu können.

Auf seiten der Franzosen konnten General Nivelle, der Erfinder der neuen »Feuerwalze«, und General Mangin drei Elitedivisionen mit rund 300 schweren und 300 Geschützen aufbieten. Die Deutschen besaßen lediglich sieben Divisionen, die zudem nur noch über einen Bruchteil ihrer Kampfkraft verfügten.

Die französischen Artillerie-Vorbereitungen begannen bereits am 21. Oktober 1916 und waren täglich bis ins einzelne geregelt. Scheinangriffe ermöglichten es, viele deutsche Batterien festzustellen und zu bekämpfen. Am 23. Oktober wütete ein Brand im Fort Douaumont, der erneut erhebliche Verluste unter der deutschen Besatzung verursachte. Am 24. Oktober griffen die französischen Truppen am späten Vormittag bei dichtem Nebel an und drangen bis zur Linie Steinbrüche von Haudraumont – Werk und Gehöft von Thiaumont – Dorf und Fort Douaumont – Nordrand des Caillette-Waldes – Teich von Vaux – Rand des Fumin-Waldes – Batterie von Damloup vor. An diesem und an den folgenden Tagen machen sie etwa 8.000 Gefangene und erbeuteten 15 Geschütze. Insgesamt verloren die Deutschen in jenen Wochen etwa 11.000 Mann.

Die französischen Offensiven vom 24. Oktober und 15. Dezember 1916

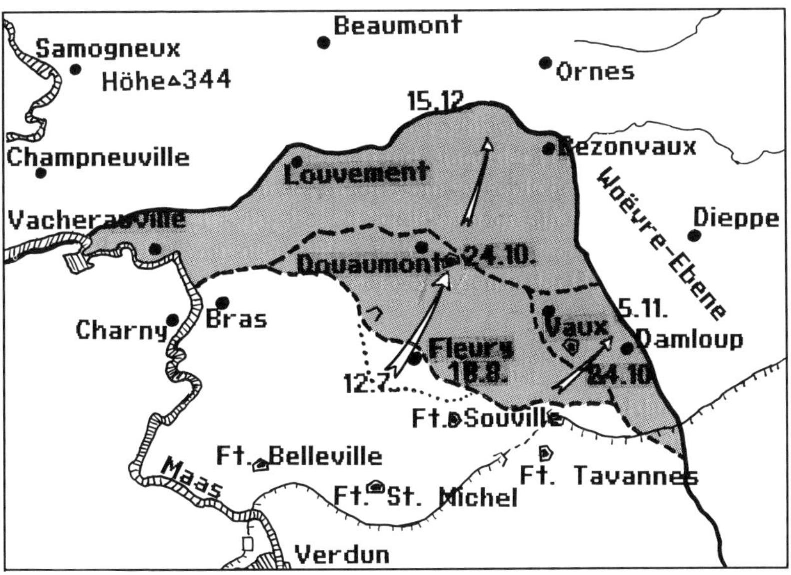

Damit konnten die Franzosen im wesentlichen das von den deutschen Truppen seit April gewonnene Gelände – rund vier Quadratkilometer – zurückerobern, den größten Teil davon in knapp sechs Stunden. Am 2. November gelang es ihnen zusätzlich, Fort Vaux, das die Deutschen geräumt hatten, wiederzugewinnen; doch dann kam auch ihre Offensive zum Erliegen. Ihre Verluste standen in keinem Verhältnis zum Erfolg: Mindestens zwei Divisionen wurden nahezu aufgerieben.

Am 12. Dezember 1916 wurde General Nivelle die französische Oberste Heeresleitung übertragen. An seine Stelle als Oberbefehlshaber der II. Armee in Verdun trat General Guillaumat. Zwischenzeitlich hatte General Mangin bereits eine neue französische Offensive vorbereiten lassen: Etwa 30 Kilometer Straßen wurden dafür gebaut, darunter eine mit Bohlen belegte Fahrbahn für die Artillerie. Man verlegte ferner mehr als 10 Kilometer Schienen für eine Schmalspurbahn, hob Sturm- und Annäherungsgräben aus und legte neue Munitions- und Materiallager an. Das alles geschah unter häufigem deutschen Artillerie-Beschuß. Unmittelbar nach Beendigung der Vorbereitungen bezogen vier Angriffs-

Die französische Offensive vom 20. August 1917

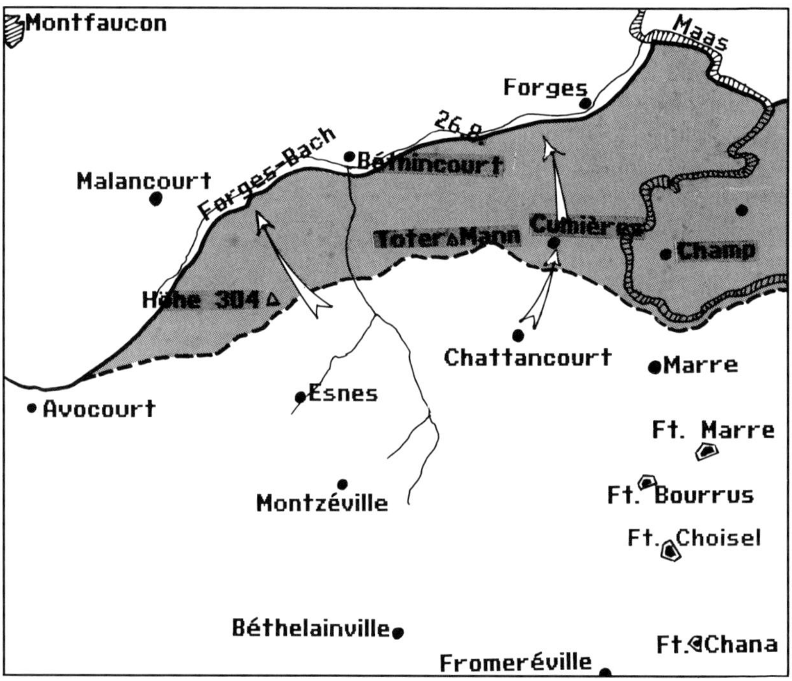

Divisionen ihre Ausgangsstellungen, während vier weitere als Reserven zur Verfügung standen. Außerdem bereitete ein selbst für damalige Verhältnisse ungewöhnlich großes Aufgebot an Artillerie die Offensive vor und unterstützte sie auch über ihren Beginn hinaus. Die Deutschen hielten ihre 10 Kilometer breite Front von Bezonvaux bis Vacherauville mit fünf Divisionen in der ersten Linie und vier Divisionen in der Reserve besetzt. Sämtliche Verbände waren allerdings weit unter ihrer normalen Kriegsstärke.

Am 15. Dezember 1916 begann der zweite große französische Gegenangriff: Unterstützt durch starkes Artillerie-Feuer stießen die Sturmtruppen schnell und erfolgreich vor. Mehrere Ziele wurden buchstäblich in den Anfangsminuten erreicht. Dazu gehörten vor allem Vacherauville und die vordersten deutschen Linien bei Louvemont. Die Schluchten und Wälder um Douaumont bereiteten allerdings mehr Schwierigkeiten, und auch der Wald von Vauche mußte in Bajonett-Kämpfen gewonnen werden. Am 16. Dezember fiel auch der Ort Bezonvaux, während das Gehöft von Chambrettes in deutscher Hand blieb. Erneut

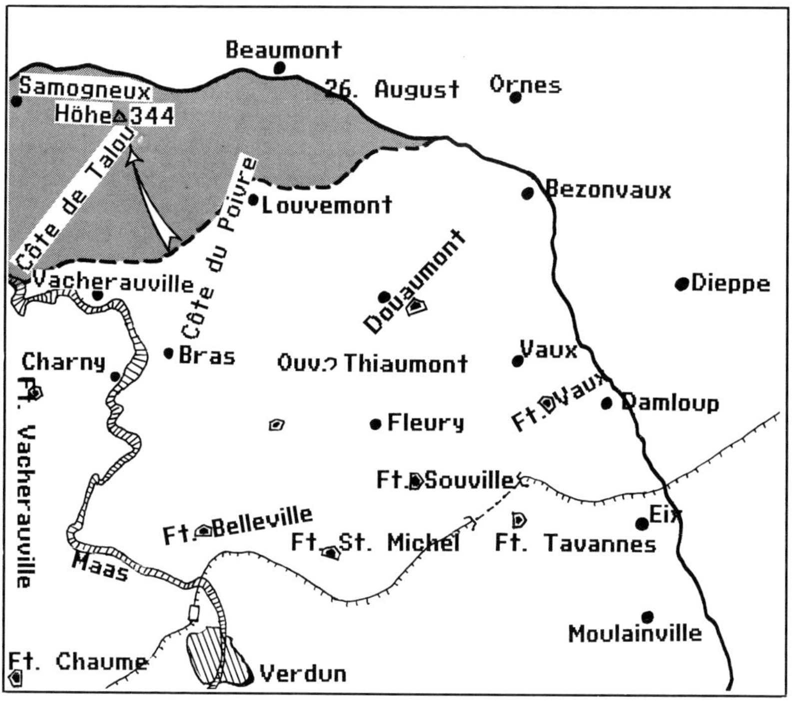

waren die momentanen Erfolge groß: Mehr als 11000 deutsche Gefangene, darunter 300 Offiziere, 115 Geschütze, mehrere hundert Maschinengewehre sowie große Mengen an Munition und Material wurden erbeutet. Aber danach kam diese Offensive ebenfalls rasch zum Stillstand.

Es sollten dann weitere acht Monate vergehen, ehe die Truppen General Guillaumats abermals die Kraft fanden, ihre Entlastungsangriffe vor Verdun fortzusetzen: Trotz vorheriger Erfolge bei Louvemont und Bezonvaux war der als Beobachtungspunkt gut geeignete Talou-Rücken noch in deutschem Besitz. Auf dem linken Maas-Ufer konnten die Deutschen sogar noch den Gipfel der Höhe 304 vollständig nehmen. Auch der Tote Mann blieb weiterhin in ihrem Besitz. Sie hatten ihn in der Zwischenzeit noch zusätzlich befestigt und tiefe Tunnel zum Schutz der Truppen sowie zur Verbindung einzelner Stellungen untereinander angelegt. Als die französischen Angriffsvorbereitungen erkannt wurden, vermehrte die deutsche Seite außerdem die Zahl ihrer Geschützbatterien auf fast 400 und die Zahl ihrer Verbände zwischen der Woëvre-Ebene und Avocourt auf neun Divisionen in der Frontlinie und fünf weitere in der Reserve.

Die Franzosen verwendeten viele Wochen auf die Vorbereitung ihrer Offensive. Sie legten in dem zerwühlten Gelände Straßen an, verdoppelten ihre Verbindungswege und brachten fast 2500 Geschütze aller Kaliber in Stellung. Die Artillerie sollte in dieser Schlacht die größte Rolle spielen: Jedes Armeekorps setzte pro 20.000 Mann Infanterie 40000 Mann Artillerie ein. Insgesamt griffen vier Korps mit acht Divisionen in vorderster Reihe und zwei in der Reserve an.

Am 13. August 1917 begannen auf beiden Seiten der Maas die planmäßigen Artillerievorbereitungen, die die deutschen Stellungen systematisch vernichten sollten. Erst eine Woche später, am 20. August, stürmten die Franzosen, beobachtet von Offizieren der amerikanischen Armee. Sie eroberten rasch den Toten Mann, den Hohen Gänse-Rücken und den Talou-Rücken. Lediglich die Höhe 304 hielt stand, mußte sich aber auch am 24. August geschlagen geben. Am 21. August waren bereits Samogneux und Régneville gefallen. Bis zum 26. August drangen die französischen Angreifer hier bis zum Forges-Bach vor und erbeuteten 9500 Gefangene, 39 Geschütze, 100 Minenwerfer sowie 242 Maschinengewehre.

Rechts der Maas versuchten die Deutschen ihrerseits noch einmal fast zwei Monate lang mit heftigen Gegenangriffen, das zwischenzeitlich verlorene Gelände wieder zurückzuerobern, allerdings ohne Erfolg. Letztendlich mußten sie dort schon bis zum 26. August fast den gesamten Abschnitt preisgeben, den sie seit dem 23. Februar 1916 erobert hatten. Die französische Armee konnte dagegen ihre Verteidigungslinien bis auf eine Entfernung von 11 Kilometern nördlich Verdun vorverlegen und die Stadt damit endgültig sichern.

Die Operationen der deutschen
und alliierten Truppen bei Verdun 1916/17

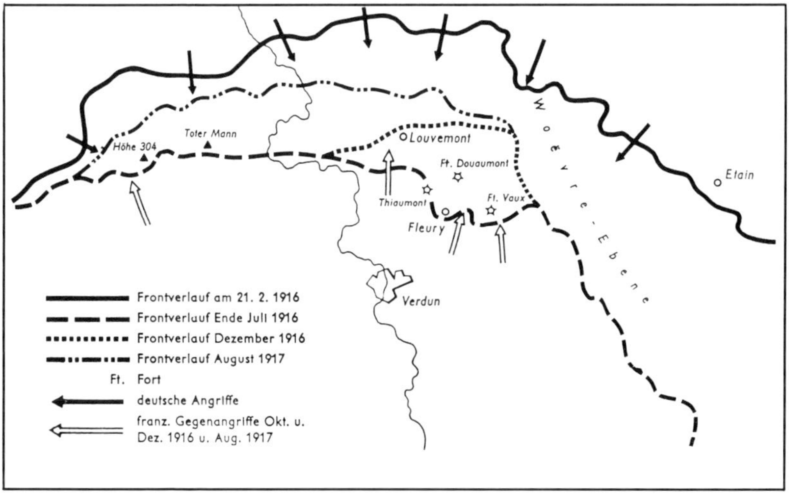

Letzte Kämpfe der Amerikaner

Bis zum Sommer 1918 blieb die Front an der Maas weitgehend ruhig. Erst im Rahmen der letzten großen amerikanisch-französischen Offensive Anfang September kam es auch in diesem Bereich noch einmal zu Kämpfen. Zunächst gelang es der amerikanischen Armee General Pershings, vom 11. bis 14. September den Keil von St. Mihiel zu beseitigen. Am 26. September erfolgte ein Generalangriff zwischen den Argonnen und der Maas, dem eine nur dreistündige Artillerie-Vorbereitung vorausgegangen war. Um 05.30 Uhr morgens stürmten frische amerikanische Truppen gegen die gut ausgebauten deutschen Stellungen des linken Maas-Ufers zwischen Avocourt und Forges. Sie konnten die deutschen Gräben rasch nehmen, so daß selbst ihre Artillerie schon im Laufe des Vormittags den Forges-Bach überschritt. Am Mittag dieses Tages erreichten die Amerikaner den Südrand von Montfaucon, wo in den folgenden Stunden noch einmal erbittert um Stellungen gekämpft wurde, die den besonders wichtigen deutschen Beobachtungspunkt in der Kirche deckten. Schließlich umgingen die amerikanischen Truppen diesen Punkt auf der rechten Seite und drangen bis Septsarges vor, so daß Montfaucon am Abend eingeschlossen war.

Am 27. und 28. September setzten die Amerikaner ihre Offensive fort, die nun allerdings langsamer vorankam. Immerhin wurde Montfaucon genommen. 8.000 deutsche Gefangene und 100 Geschütze fielen in die Hände der Alliierten. Danach flauten die Kampfhandlungen ab.

Am 4. Oktober 1918 gab General Pershing erneut das Signal zum Angriff auf gesamter Frontbreite. Da sich der deutsche Widerstand jedoch durch das Eintreffen von Reserven noch einmal versteifte, kam es zu keinem entscheidenden Durchbruch. Dennoch gelang es den durch das französische XVII. Korps und zwei weitere amerikanische Divisionen verstärkten Verbündeten auf dem rechten Maas-Ufer, die Ausgangslinie der deutschen Offensive vom 21. Februar 1916 nach Norden zu überschreiten.

Ein weiterer Angriff begann am 14. Oktober 1918: Die Deutschen setzten sich zwar noch einmal verzweifelt zur Wehr, konnten jedoch auf Grund ihres Kräftemangels keinen ernsthaften Widerstand mehr leisten. Daran änderte auch nichts, daß sie ihre Truppen immer wieder aus der Front herauszogen, um sie weiter hinten aufzufrischen. Besonders heftige Kämpfe entwickelten sich in jenen Tagen bei Grandpré.

Vom 26. September bis zum Ende des Monats Oktober 1918 büßten die Deutschen immerhin auf beiden Seiten der Maas noch einmal 20.000 Gefangene, 150 Geschütze, 1.000 Minenwerfer und 6.000 Maschinengewehre ein.

Den Schlußpunkt der Kämpfe um Verdun während des Ersten Weltkrieges setzten die November-Tage des Jahres 1918: Die Deutschen zogen sich zunächst auf die Hauptverkehrsverbindungen von Sedan und Metz zurück. Aber schon am 4. November stieß das IV. amerikanische Korps bis zur Maas zwischen Mouzon und Stenay nach, so daß die deutschen Truppen auf das rechte Flußufer zurückgehen mußten. Am 8. November fielen Sedan und am folgenden Tag Mézières wieder in die Hand der Franzosen. Am 10. November schließlich wurden die Deutschen durch das französische XVII. Korps auf dem äußersten rechten Flügel südlich von Stenay an den Fuß der Maas-Höhen zurückgeworfen. Am 11. November kapitulierten die gesamten deutschen Streitkräfte, vor allem unter dem Eindruck, daß ihnen eine neue gegnerische Offensive in

Lothringen drohte, die zur vollständigen Vernichtung hätte führen können.

Zusammenfassung

Der Erste Weltkrieg war zu Ende. Auch die Kämpfe um Verdun gehörten damit der Geschichte an. Hier ereignete sich nicht nur eine der größten Schlachten des Ersten Weltkrieges, sondern auch eine der schlimmsten Tragödien der Militärgeschichte überhaupt: Vor allem die deutsche Oberste Heeresleitung hatte einen Kampf von solchen zeitlichen und verlustreichen Ausmaßen wohl kaum ins Kalkül gezogen. Sie wollte vielmehr das französische Heer ausbluten und war dabei zugleich mit ihren Truppen in eine ähnliche Situation geraten. Verwickelt in eine furchtbare Schlacht, konnten die deutschen Soldaten weder entscheidende Erfolge erzielen noch selbst die anfänglichen Geländegewinne auf Dauer behaupten. Der Kampf um Verdun ließ sich schon bald nicht mehr nach einer vorher festgelegten Planung führen, sondern entwickelte seine eigene grausame Dynamik.

Vom 21. Februar 1916 bis zum 1. Februar 1917 setzten die Deutschen 56,5 Divisionen oder 567 Bataillone bei Verdun ein. Von ihren Divisionen wurden sechs nacheinander auf beiden Ufern der Maas, acht weitere zweimal und noch einmal sechs sogar dreimal eingesetzt. Das ergibt insgesamt 82,5 Divisionen oder etwa 1,5 Millionen Soldaten, die deutscherseits in nur elf Monaten durch die »Hölle von Verdun« mußten. Dabei hatte man geplant, mit zehn bis zwölf Divisionen in nur wenigen Wochen zum Erfolg gelangen zu können. Hindenburg hat denn auch zu Recht in seinen Erinnerungen geschrieben: »Die dortigen Kämpfe zehrten wie eine offene Wunde an unseren Kräften.«

Doch auch den Franzosen erging es nicht anders: Bei ihnen wurden etwa drei Viertel ihres Heeres in die Schlacht um Verdun verwickelt, während es bei den Deutschen etwa die Hälfte war. Die amtlichen Verluste beliefen sich bei ihnen auf etwa 377000 Soldaten, bei den Deutschen auf ca. 337000. Die Gesamtzahl der Ausfälle auf beiden Seiten in und um Verdun während des gesamten Ersten Weltkrieges wird auf etwa 420000 Tote und 800.000 Verwundete geschätzt. So entwickelte sich der Falkenhaynsche Plan nicht nur zu einer Tragödie für das deutsche Heer, sondern auch für das französische: Im Jahre 1917 hatten sich die beteiligten Truppen beider Seiten grundlegend verändert. In der Armee des Deutschen Kaiserreiches konnte man zum ersten Mal fehlendes Vertrauen in die militärischen Führer und nachlassende Kampfmoral feststellen. Außerdem waren die physischen Kräfte der Truppen zu weit aufgezehrt, als daß sie das Blatt des Krieges noch einmal entscheidend hätten wenden können. Und auch für Frankreich erwies sich die Schlacht um Verdun als Wendepunkt: Seine Truppen waren ebenfalls ausgeblutet, so daß diesbezüglich Falkenhayns Konzeption in der Tat grausame Wirklichkeit geworden war. Auf jeden Fall mußte sich danach auf seiten der Alliierten Großbritannien stärker auf dem Kontinent engagieren als ihm lieb sein konnte. Damit hat Verdun zugleich auch schon den Kriegseintritt Amerikas mit vorbereitet.

Verdun war somit nicht nur eine der längsten Schlachten aller Zeiten, sondern auch eines der schrecklichsten und folgenreichsten Kampfgeschehen beider Weltkriege, wenn hier überhaupt ein Superlativ erlaubt ist.

Prinz Max von Baden beurteilte die Schlacht an der Maas in seinen Erinnerungen äußerst zutreffend: »(Es) endete der Feldzug des Jahres 1916 mit bitteren Enttäuschungen für alle Beteiligten. Unsere Feinde und wir hatten in Strömen unser bestes Blut vergossen, und weder wir noch sie waren dem Sieg auch nur einen Schritt näher gekommen.« Ebenfalls für beide Seiten galt, was der deutsche Kronprinz eigentlich nur für seine eigenen Truppen hatte sagen wollen: »Die Mühle an der Maas hat die Herzen der Soldaten ebenso zermalmt wie ihre Körper.«

So kann man abschließend nur der Beurteilung des britischen Schriftstellers Alistair Horne zustimmen, der das folgende Fazit gezogen hat: »In seiner Nachwirkung wurde Verdun zu einer geheiligten nationalen Legende. In der ganzen Welt wurde es sprichwörtlich für Seelenstärke, Heldentum und Leiden.«

3. Verdun nach dem Ersten Weltkrieg

In den ersten Jahren nach Ende des Ersten Weltkrieges sah man auf den Schlachtfeldern um Verdun vor allem deutsche Kriegsgefangene, die aufräumen, d.h., in erster Linie die Überreste von Gefallenen und liegengebliebene Waffen bergen mußten.

Danach kamen Metallsammler, die entweder auf eigene Rechnung arbeiteten oder auf Prämien setzten, die von den örtlichen Behörden für die Ablieferung von Granaten, Zündern oder Edelmetallen ausgesetzt waren.

Auf alle, die sich damals in die zunächst als »Rote Zone« bezeichneten Zentren der Verdun-Schlacht hineintrauten, wartete der Tod. Doch auch noch Jahrzehnte danach, sogar bis zum heutigen Tag, ist jedes Abweichen von gebahnten Pfaden mit Lebensgefahr verbunden. Niemand wird jemals wissen, wie viele Waldarbeiter vor allem durch Explosionen von Blindgängern den Tod gefunden oder zumindest Verletzungen erlitten haben. Nicht anders erging es zahlreichen Menschen, die bemüht waren, immer noch aufzufindende Skelettreste zu bergen oder die einfach einer Sammlerleidenschaft frönten bzw. ihre Neugier oder Abenteuerlust nicht bezähmen konnten.

Die wichtigsten Aufräumungsarbeiten dauerten immerhin länger als zehn Jahre, weil mehr als 20 Millionen Granaten auf das Gebiet um Verdun verschossen worden waren. Die dort schon immer kärgliche Muttererde war nun völlig verschwunden, der Boden verseucht und vergiftet von Leichen und Gas. Die meisten Bauern sahen daher keine Chancen mehr, ihren landwirtschaftlichen Betrieb wieder aufnehmen zu können. Da auch viele Ortschaften im wahrsten Sinn des Wortes »atomisiert« waren, wurden sie nicht wieder aufgebaut, sondern jeweils zu »Villages détruits« (»Zerstörte Orte«) erklärt (insgesamt neun). Hinweistafeln, einzelne Denkmäler, Erinnerungsstätten, Ruinen, wiederhergestellte Grundrisse oder gelegentlich auch das eine oder andere Haus sind das einzige, was heute noch an diese Dörfer erinnert.

Aufstellung von Einwohnerzahlen und Zerstörungen verschiedener Dörfer im Großraum Verdun

Name der Gemeinde	Häuser zerstört	Häuser 1914	Einwohnerzahl 1914	1918	1970
Beaumont*	78	78	185	–	–
Belleville	376	396	2631	–	3408
Béthelainville	93	137	338	–	182
Béthincourt	150	150	384	–	58
Bezonvaux*	63	63	149	–	–
Bras-sur-Meuse	114	114	362	–	105
Champneuville	102	102	256	–	97
Charny	124	124	449	–	289
Chattancourt	115	115	321	–	182
Cumières*	68	68	205	–	7
Douaumont*	52	52	288	–	12
Fleury-devant-Douaumont*	92	92	334	–	5
Fromeréville-les-Vallons	146	146	660	–	249
Haumont près Samogneux*	56	56	131	–	–
Louvemont*	76	76	183	–	–
Marre	85	93	302	–	141
Montzéville	151	154	440	–	165
Ornes*	282	282	718	–	6
Samogneux	68	68	173	–	58
Thierville	276	276	1203	–	2456
Vacherauville	91	91	269	–	133
Vaux-devant-Damloup*	90	90	287	–	8
	2754	**2829**	**10337**	**–**	**7561**

Die Differenz von 75 Häusern erklärt sich wie folgt: 74 Häuser waren schwer beschädigt, wurden aber repariert. Ein Haus blieb unbeschädigt.
Bei diesen Zahlen ist zu bedenken, daß Belleville und Thierville als Vororte von Verdun nach dem Zweiten Weltkrieg außerordentlich stark besiedelt wurden. So ergeben sich abzüglich dieser beiden Orte für die restlichen Gemeinden folgende Zahlen: 1914 = 6503 Einwohner, 1970 = 1697 Einwohner.

Ein weiteres charakteristisches Beispiel für die Veränderung der Region um Verdun, das sich beliebig auf fast jeden anderen Geländepunkt übertragen läßt, stellt die Höhe 304 dar, die bei einer neuen Vermessung

* Zerstörte Orte (»Villages détruits«), die nicht wieder aufgebaut wurden.

nach dem Ersten Weltkrieg nur noch 297,4 Meter hoch war, weil sie soviel Erde durch den Beschuß beider Seiten eingebüßt hatte.

Die nicht zu identifizierenden Überreste der getöteten Soldaten beider Seiten wurden zunächst in einer Holzbaracke in Kisten aufbewahrt. Damit war zunächst das Wirklichkeit geworden, was Erich Kästner so ausgedrückt hatte: »Über die Schlachtfelder von Verdun laufen mit Schaufeln bewaffnete Christen, kehren Rippen und Köpfe zusammen und verfrachten die Helden in Kisten.« Teilhard de Chardin drückte sich zwar nicht so drastisch, aber nicht weniger deutlich aus: »Nur die Gestalt des Gekreuzigten vermag zu trösten und auszudrücken, was in einer solchen Entfesselung von Kampf und Schmerz an Schrecken, Schönheit, Hoffnung und tiefem Mysterium wohnt.«

Für die Aufbewahrung der Skeletteile nicht identifizierter französischer Soldaten war ein »Beinhaus« (»Ossuaire«) auf dem Thiaumont-Rücken vorgesehen, für das bereits am 22. August 1920 im Beisein von Marschall Pétain der Grundstein gelegt wurde. Die Fertigstellung zog sich jedoch bis zum 7. April 1932, dem Tag der Einweihung, hin. Der Turm über einem langgestreckten Tonnengewölbe wurde von da an zum weithin sichtbaren Wahrzeichen der ehemaligen Schlachtfelder von Verdun.

Ursprüngliche Absicht war es, in dem Ossuaire nur französische Gebeine aufzubewahren. Diese Version wurde sogar noch bis vor wenigen Jahren aufrechterhalten. Doch die furchtbare Wirklichkeit von Verdun sah anders aus: Die von Granaten beider Seiten oft mehrfach zerrissenen und immer wieder emporgeschleuderten deutschen und französischen Soldaten waren deshalb auch nach ihrer Verwesung nicht mehr auseinanderzuhalten. Die tatsächlichen oder vermeintlichen unbekannten deutschen Soldaten wurden gesondert in Massengräbern bestattet. Aber so wie unter ihnen mit Sicherheit auch mancher französische Gefallene war, ist dieses umgekehrt auch im Beinhaus der Fall. Heute wird dieses freimütig seitens der Franzosen zugestanden. Und das ist gut so: Selbst wenn nach dem Ersten Weltkrieg noch im Versailler Vertrag geregelt wurde, daß die alliierten Toten weiße, die deutschen dagegen schwarze Grabkreuze als Zeichen der Schuld zu erhalten hätten und dieses bis heute so geblieben ist, muß gerade das Schlachtfeld von Verdun als Hinterlassenschaft gemeinsamer Geschichte betrachtet und begriffen werden.

Nach Beendigung der wichtigsten Aufräumungsarbeiten kamen auch Touristen, zunächst vor allem aus Amerika.

Es reisten aber auch immer wieder die ehemaligen Verdun-Kämpfer – Sieger und Unterlegene – an. Was sie umtrieb, nennt German Werth zu Recht »eine Art Unbehaustheit in der Nachkriegswelt« oder »Schuldgefühle gegenüber den Toten«. Teilhard de Chardin schrieb von dem »Heimweh nach der Front« und fügte hinzu: »Die Front zieht unüberwindlich an als äußerste Grenze dessen, was gefühlt und was getan werden kann.« Friedrich Sieburg schilderte die entsprechenden deutschen Empfindungen: »Denn nicht eher ist der verlorene Krieg wiedergefunden und zu den anderen begraben, als bis das Leben uns die gleichen Erkenntnisse schenkt, die uns einst der nahe Tod gab.«

Im Gegensatz zu manchen offiziellen Verlautbarungen und zur Darbietung des ehemaligen Schlachtfeldes in den ersten Jahren nach 1918 dürften die deutschen und französischen Soldaten von Verdun kaum jemals Aussöhnungsprobleme gehabt haben. So berichtet Kurt Tucholsky, daß er bei einem Besuch von Verdun im Jahre 1924 nirgendwo Verunglimpfung der früheren Feinde der Franzosen gefunden habe.

1936 erlebte die Feier zum 20. Jahrestag der großen Schlacht eine wohl einmalige »Variante«: An der jährlich üblichen Kranzniederlegung beim Denkmal der Toten von Verdun am Platz der Nation nahm auch eine deutsche Abordnung teil, die zwar in Zivil war, aber immerhin die Hakenkreuzfahne mit sich führte und den nationalsozialistischen Gruß entbot. Delegationsleiter der Deutschen war übrigens Hauptmann a. D. Cordt von Brandis, einer der ersten Eroberer des Douaumont.

Am Abend vorher hatten ehemalige Kriegsteilnehmer, vor allem aus Frankreich und Deutschland, angesichts des Beinhauses und des Friedhofes von Douaumont sich dem Frieden in der ganzen Welt – »Pour la paix du monde« – verschworen. Auch der Schriftsteller Ernst Glaeser meinte damals über das »Wunder von Verdun«: »Verdun ist die große Gleichung zwischen drei großen Völkern Europas. Wo Verdun beginnt, hören die Nationen auf. Sein Boden gehört allen, denn er ist vom Blut aller genäßt.«

Doch bereits vier Jahre später konnte davon keine Rede mehr sein: Hitlers Frankreichfeldzug war schon fast zu Ende, als Verdun 24 Stunden nach dem Fall von Paris durch den Angriff eines Bataillons Panzerjäger und motorisierter Infanterie genommen wurde. »Die Kämpfe waren zwar kurz, aber hart und unerbittlich«, schrieb ein junger Soldat seinem Vater nach Hause. »Manche Kameraden werden wir morgen neben Eure Kameraden des Weltkriegs betten müssen. Neue Kreuze werden zu den Hunderttausenden alter verwitterter kommen. Aber wir sind uns bewußt, daß unser Kampf um Verdun leichter war als der Eure. Wir stießen auf einen Feind, dessen Moral unserem Ansturm, der beispiellosen Überlegenheit unserer Waffen nicht mehr gewachsen war.« Am 15. Mai 1940 fand die Siegesparade der Wehrmacht auf der Straße vor dem Siegesdenkmal statt. General der Infanterie Busch, Oberbefehlshaber der 16. Armee, nahm den Vorbeimarsch seiner Truppen ab, die diesmal nur etwa 200 Gefallene zu beklagen hatten und dennoch erfolgreich gewesen waren. Die Franzosen hatten übrigens noch – wenn auch spät – versucht, Verdun zu verteidigen. So wissen wir z.B. von einem ausländischen Freiwilligen-Regiment auf dem Toten Mann. Unbekannt ist dagegen die Zahl der französischen Verluste. Der 1995 verstorbene ehemalige Staatspräsident François Mitterrand kämpfte bei Esnes und wurde dort verwundet.

Verdun kam zwar nicht wieder in die Schlagzeilen, dafür aber noch einmal Marschall Pétain: Er wurde zwei Tage später, obwohl hochbetagt, mit der politischen Führung des zusammengebrochenen Frankreichs betraut und mußte mit dem Dritten Reich einen Waffenstillstand schließen, während de Gaulle, sein vormaliger Untergebener, nach England übersetzte, um von dort aus den Widerstand fortzusetzen.

Dennoch schien der Ruhm des Retters von Verdun anfänglich sein geschlagenes Land vor der schlimmsten Folge nationalsozialistischer Besatzungspolitik zu bewahren. Doch der Schein trog. Bald erging es dem besiegten Frankreich nicht viel anders als den weiteren, von Hitler-Deutschland besetzten Ländern. Die Schuld daran wurde später – übrigens zu Unrecht – vor allem Pétain aufgeladen, dessen Name noch heute mehr mit diesem Odium belastet ist als mit den Verdiensten, die er sich um Verdun erworben hat.

Im weiteren Verlauf des Zweiten Weltkriegs verschwand das Schlachtfeld von Verdun aus dem Blickfeld der Öffentlichkeit. Es wurde zum Sperrgebiet, wobei Teile auch als Schießstand und Panzerübungsgelände dienten. Außerdem wurden zahlreiche, noch erhalten gebliebene Panzerkuppeln und große Mengen von Bahnschwellen zur Verwendung im Atlantikwall ausgebaut und abtransportiert.

Das übrige Gelände fiel der völligen Ruhe anheim, die nur gelegentlich durch offizielle Besucher aus Deutschland und vor allem durch Besichtigung seitens jüngerer Wehrmachtsoldaten unterbrochen wurde. Letztere sollten nicht nur die alten Kriegsstätten kennenlernen, sondern auch moralisch aufgerüstet und regeneriert werden.

1941 wurde die 25-Jahr-Feier zwar veranstaltet, jedoch nur in einem kleinen Rahmen im Fort Douaumont. An ihr nahm auch als Kriegsversehrter Hauptmann Radtke teil, der lange um seine Anerkennung als einer der ersten Eroberer von Douaumont gerungen hat. Der anfänglich alleinige »Held« vom Douaumont, Hauptmann a.D. von Brandis, war diesmal an einer Teilnahme verhindert.

Ansonsten gab es – zumindest teilweise – eine merkwürdige Art von »freundschaftlicher Koexistenz«, wie Werth es nennt, auf dem Schlachtfeld von Verdun zwischen Deutschen und Franzosen. Man ging sogar gemeinsam auf die Jagd, um z.B. den Wildschaden auf den bestellten Feldern in Grenzen zu halten. Ein Offizier der Kreiskommandantur der Wehrmacht, unterstützt von mehreren Kameraden, rettete ferner das Denkmal für Frankreichs jüdische Gefallene bei Thiaumont, indem er es hinter Brettern verstecken ließ. Er hatte 1917 im Gebiet des Toten Mannes gekämpft und empfand den geplanten Abriß eines Monumentes im Raum Verdun als unmoralisch.

Hin und wieder kam es auch zu deutsch-französischen Spannungen; aber sie konnten meist schnell beigelegt werden. So zum Beispiel, als einige von der SS als Geiseln genommene Bauern von den Feldjägern der Wehrmacht befreit wurden. Nicht verhindert werden konnte allerdings die Erschießung von 16 Insassen des Gestapo-Gefängnisses von Verdun gegen Ende der deutschen Besatzungszeit (s. a. »Verdun von A–Z, Tavannes«).

Erst im Sommer 1944 kam der Krieg noch ein letztes Mal nach Verdun zurück: Am 21. Juli versuchte der am Widerstandskreis des 20. Juli beteiligte Militärbefehlshaber von Frankreich, General Karl-Heinrich von Stülpnagel, am Maas-Kanal bei Vacherauville Selbstmord zu verüben. Sein Regiment hatte im Ersten Weltkrieg rechts der Maas gekämpft. Der Offizier konnte zwar im Lazarett von Verdun gerettet werden, verlor aber sein Augenlicht und am 30. August doch sein Leben, als er in Berlin gehenkt wurde. Zu dieser Zeit verließen die letzten deutschen Soldaten Verdun. Partisanen zerstörten am 2. September die Pont Ste. Croix, die letzte brauchbare Maas-Brücke, und auf dem Schlachtfeld kam es ein letztes Mal zu Kämpfen, diesmal zwischen SS-Einheiten und Amerikanern.

Wenn Verdun auch im Zweiten Weltkrieg wenig in den Vordergrund trat, erfuhr es doch eine neuerliche Hervorhebung, indem die Schlacht um Stalingrad bald auch das »Verdun des Zweiten Weltkriegs« genannt wurde.

In den folgenden Jahren behielt das Schlachtfeld von Verdun zunächst seinen Charakter, wie es ihn nach 1918 allmählich gewonnen hatte und den damals ein Reisebericht u.a. wie folgt beschrieb: »Es ist Frühling. Die Natur deckt die Erde mit einem dünnen Tuch. Primeln schießen saftig in die Höhe und wackeln im Winde. Diese Schlüsselblumen sind viel voller und größer als anderswo. Sie haben guten Boden. Nimmer kann jedoch dieser Grasteppich die Wüste verhüllen. So weit das Auge blickt, über Täler und Höhen, wohin wir auch kommen: ein Granatloch neben dem anderen. Die weite Erde gleicht einem Schwamm, in dem Pore an Pore sitzt, Loch an Loch; vom kleinsten Granateinschlag bis zum Minentrichter von sechzig Metern Durchmesser und dreißig Metern Tiefe. In jedem Loch steht Wasser. Die Erde ist um und um gepflügt. Wievielmal? Millionen von Granatlöchern. Die gesamte Industrie Europas hat Monate und monatelang für dieses Zerstörungswerk gearbeitet. Hier sind die Kriegsanleihen verpulvert und verschossen, hier ist der Reichtum von Nationen in die Erde gemahlen worden. . . Der Wind bläst darüber hin als hätte er alles, alles fortgeweht. Grab ist alles, endloses geöffnetes Grab.«

Dann jedoch holte sich die Natur unwiderstehlich ihr Recht zurück: Büsche und Bäume – wegen der dünnen Humusdecke meist verkrüppelt – überwuchsen langsam die meisten Granattrichter. Schützengräben, Unterstände, Forts wurden überdeckt. Später machte man dann bestimmte Abschnitte, Routen, Punkte oder Befestigungswerke systematisch zugänglich. Heute bietet Verdun dem Besucher immer noch ein durchaus zwiespältiges Bild, weil er von allem etwas vorfindet.

1966 ließ de Gaulle, der als Leutnant seinerzeit beim Dorf Douaumont in deutsche Gefangenschaft geraten war, den 50. Jahrestag der großen Schlacht zwar mit allem Pomp feiern, zu dem Frankreich immer wieder fähig ist. Dennoch bleiben selbst für die Franzosen zwei bittere Einschränkungen übrig: Daß die Deutschen nicht eingeladen wurden, mochte noch hinnehmbar sein; daß man aber auch die Amerikaner nicht empfing, fand keinen Beifall. Noch schlimmer erschien es den Franzosen jedoch, daß die sterblichen Überreste Pétains trotz der Bitten der alten Verdun-Kämpfer nicht an dem schon lange festgelegten Platz auf dem Schlachtfeld an der Maas beigesetzt werden konnten – was übrigens bis heute nicht geschehen ist. So, wie damals de Gaulle dem »Retter von 1916« nicht verzieh, daß er zum »Verräter von 1940« wurde, so ist auch noch bis in unsere Tage in der Person des Marschalls deutlich geworden, wie sehr der Zweite Weltkrieg – im Gegensatz zum Krieg der Jahre 1914 bis 1918 – die »Grande Nation« gespalten hat.

1976, lange nach dem Rücktritt de Gaulles, fiel die 60-Jahr-Feier weniger spektakulär aus. Viele Veteranen waren gerade in den Jahren zuvor verstorben.

Am 22. September 1984 rückten Deutsche und Franzosen Verdun noch einmal in die Augen der Weltöffentlichkeit – allerdings nur für wenige Stunden – und, wenn auch nicht losgelöst von den geschichtlichen Ereignissen, so doch auf eine ungleich andere Art als 1916:
Der deutsche Bundeskanzler Helmut Kohl und der französische Staatspräsident François Mitterrand besiegelten an jenem Tag auf den Schlachtfeldern des Ersten Weltkrieges die neue deutsch-französische Freundschaft. Zunächst legten sie Kränze ihrer beiden Länder auf dem deutschen Soldatenfriedhof Consenvoye nieder, um dann anschließend zum Beinhaus von Douaumont zu fliegen. Dort erfolgte ebenfalls eine gemeinsame Kranzniederlegung vor einem mit einer französischen Fahne geschmückten Podest. Es erklangen das Lied »Vom guten Kameraden« und das französische Gegenstück »Sonnerie aux morts« (»Totenfanfare«). Eine französische Militärkapelle spielte anschließend das Deutschlandlied und ein Musikkorps der Bundeswehr die Nationalhymne von Frankreich. Nach der Zeremonie besuchten Kohl und Mitterrand den angrenzenden französischen Soldatenfriedhof. Es schloß sich noch das Abschreiten einer Ehrenformation von Soldaten beider Länder an, bevor die Politiker durch den Bischof von Verdun am Beinhaus begrüßt wurden. Den Weg dorthin säumten deutsche und französische Soldaten. Vor dem Ossuaire stand ein Katafalk, der mit den Fahnen beider Länder bedeckt war und an dem bereits Soldaten aus Deutschland und Frankreich Kränze niedergelegt hatten. Helmut Kohl und François Mitterrand gedachten der Toten ihrer Länder. Als dann die Nationalhymnen beider Staaten noch einmal erklangen, reichten sich die Politiker die Hände. Dieses Bild von der endgültigen deutsch-französischen Aussöhnung gerade in Verdun ging um die Welt.

Heute ist es beinahe schon selbstverständlich, daß sich deutsche und französische Soldaten zum Beispiel anläßlich ihrer Vereidigung vor dem Beinhaus von Douaumont einfinden. Sie symbolisieren damit sicherlich nicht zu Unrecht auch die inzwischen fest verankerte deutsch-französische Freundschaft.

4. Verdun von A – Z

Douaumont

Das Fort Douaumont befindet sich 395,5 Meter (Oberkante des Forts) hoch über dem Meeresspiegel auf dem Gipfel eines Höhenzuges, der alle anderen Erhebungen im Raum Verdun überragt.
Es war zweifellos nicht nur das größte, sondern auch das wichtigste Befestigungswerk der Region. Sein Baubeginn lag bereits im Jahre 1885. Es bestand zunächst aus 1,5 Meter starkem Mauerwerk, das mit einer drei bis fünf Meter dicken Erdschicht bedeckt wurde. Seit 1887 verstärkte man die Anlage kontinuierlich. So erhielten zunächst die Kaserne, als jener Teil des Forts, in dem die Soldaten untergebracht waren, die Kehleinfahrt, d.h. der unterirdische Eingang, wo heute die Autos parken, und die Artillerieunterstände eine zusätzliche Betondecke. Sie war bis zu 2,50 Meter stark. Zwischen das ursprüngliche Mauerwerk und die neue Betonschicht wurde außerdem noch eine ein Meter hohe Sandfüllung zur Abdämpfung von aufprallenden Geschossen eingebracht. Darüber legte man wiederum eine bis zu vier Meter hohe Erdschicht, die noch einmal von Beton abgeschirmt wurde. So betrug der obere Schutzpanzer des Forts schließlich mehr als fünf Meter. Im Laufe der Jahre baute man dann weitere Schieß- und Beobachtungstürme hinzu, die sämtlich mit einer Stahlpanzerung versehen waren: Dabei handelte es sich im wesentlichen um zwei 7,5-cm-Geschütze in einer sogenannten »Zwischenraumstreiche« (»Casemate de Bourges«), die das Werk Thiaumont flankieren sollte, und um zwei Maschinengewehr-Panzertürme, der eine an der Nord-Ost-Ecke, der andere an der Nord-West-Ecke der Kaserne. Beide waren jeweils mit einem danebengelegenen Panzer-Beobachtungsturm ausgestattet. Diese Anlage wurde zwischen 1901 und 1903 gebaut. Ihr folgten 1907 bis 1909 ein Geschützturm für eine 15,5-cm-Kanone mit dazugehörigem gepanzertem Beobachtungsturm sowie 1911 bis 1913 ein weiterer Geschützturm für zwei 7,5-cm-Kanonen mit eigenem, ebenfalls gepanzertem Beobachtungsturm.
Fort Douaumont hatte in seiner abschließenden Form die Gestalt eines Fünfecks. Der Haupteingang befand sich fast im Süden, also etwa in Richtung Verdun. Diese sogenannte »Kehle« besaß eine Zugbrücke sowie ein starkes Gatter und wurde zusätzlich durch ein eigenes Blockhaus mit doppelt flankierenden Galerien geschützt. Außerdem führte von dort ein direkter Zugang zum unteren Gefechtsgang. Insgesamt besaß Douaumont einen Umfang von mehr als einem Kilometer.

Den Hauptteil in der Mitte des Inneren bildete der Kasernenbau, der aus einem zweistöckigen Kasemattensystem bestand. Er konnte bis zu 800 Soldaten aufnehmen; im Mobilmachungsfall belief sich deren Zahl auf etwa 500. In der oberen Etage befand sich der sogenannte Hauptgefechtsgang, von dem aus man zu den einzelnen Kasematten gelangen konnte, in denen die Mannschaften, die Kommandozentrale, Waschräume, Küche, Lazarett und Munition untergebracht waren. Rund um den Kasernenbau (im Osten und Westen durch diesen hindurch) ging eine Ringstraße, die »Rue du Rempart«, die im Norden zusätzliche Frontwall-Kasematten hatte. Sie wurden als Munitionsbunker benutzt. In der tieferen Etage waren u. a. zwei Zisternen-Gruppen und Magazine eingebaut.

Unterirdische Gänge verbanden im Endausbau die 7,5-cm- bzw. 15-cm-Geschütze ebenso miteinander wie die drei im Norden in den dortigen Spitzen des Fünfecks befindlichen »Grabenstreichen« (französisch: »coffres«) und den Kasernenblock. Die Grabenstreichen sollten vor allem verhindern, daß mögliche Angreifer, die in den Graben des Forts eingedrungen waren, dort im Schutz toter Winkel unbeobachtet und unbekämpft weiter vordringen konnten. Die »coffres« waren 1889 entstanden.

1913 begann man schließlich noch östlich des Forts mit dem Bau eines weiteren 7,5-cm-Geschützturmes und eines zusätzlichen 15,5-cm-Haubitzenturmes im Süden. Diese Verstärkungen waren allerdings 1914 noch nicht abgeschlossen.

Vom Fort Douaumont ab senkt sich die Hochebene nach Süden über die bewaldeten Ausläufer des Caillette- und Fausse Côte-Waldes in die Bazil-Schlucht.
Etwa drei Kilometer weiter rechts (südöstlich) liegt Fort Vaux, in Blickrichtung rechts von Vaux der Tunnel von Tavannes und fast genau südlich Fort Souville. Im Norden erkennt man den Vauche-Wald, im Nordosten die Zwillings-Hügel von Ornes und im Osten den Hardaumont-Rücken, der sich zur Woëvre-Ebene hin absenkt.

1914 und 1915 beschossen die Geschütztürme des Forts häufig die deutschen Stellungen, von denen einige lediglich sechs Kilometer entfernt im Nordosten lagen (Höhe 307 bzw. 310: Zwillings-Hügel von Ornes – »Jumelles d'Ornes«, heute mit 305 bzw 309,9 Metern angegeben). Umgekehrt wurde auch das Fort in dieser Zeit vielfach mit deutschen Geschossen aller Kaliber eingedeckt, die erhebliche Schäden anrichteten. Sie konnten nur teilweise ausgebessert werden. An den ersten fünf Tagen des deutschen Angriffs gingen etwa 2.000 weitere Granaten auf das Festungswerk nieder.

In diesem Zeitabschnitt hatte die französische 51. Infanterie-Division in der ersten und zweiten Stellung nördlich des Forts vor allem im Süden des Ville- und Wavrille-Waldes, im Herbebois, im Fosse- und Chaume-Wald unter schwersten Verlusten vergeblich versucht, den deutschen Vormarsch aufzuhalten. Am 25. Februar traf die 153. Infanterie-Division als Verstärkung ein. Sie bezog Stellung auf dem Höhenrücken zwischen dem Steinbruch von Haudraumont, dem Kalvarienhügel, dem Dorf und Fort Douaumont bis hin zum Dorf Hardaumont. Zwei ihrer Jägerbataillone verteidigten die bewaldeten Schluchten im La Vauche- und Hassoule-Wald.

Dennoch gelangten die deutschen Angreifer an diesem Tag durch den Vauche-Wald auf die Hochfläche von Douaumont. Die meisten von ihnen gehörten zum Brandenburgischen Infanterie-Regiment 24, das eigentlich den Auftrag hatte, einige hundert Meter vor den Drahtverhauen des Fort Douaumont in Stellung zu gehen, um eine günstige Ausgangsposition für die Fortsetzung der Offensive am nächsten Tag zu erhalten. Dieses geschah gegen 16.00 Uhr.

Doch mehrere seiner Offiziere und Unteroffiziere entschlossen sich, mit den ihnen gerade zur Verfügung stehenden Soldaten bis zur Festungsanlage selbst vorzustoßen. Sie hatten sich über die Ruhe gewundert, die in der Umgebung des Forts und in diesem selbst herrschte. Lediglich der Ostturm feuerte.

Ungesehen und ungehindert, mit jeweils einer Patrouille an der Spitze, bahnten sich diese Gruppen – unabhängig voneinander – eine Gasse durch die Drahthindernisse, passierten die Flankierungswerke und ließen sich in den Graben gleiten. Dann stiegen die Soldaten an der Gegenböschung hoch und drangen in das Fort ein. Dessen Besatzung, die praktisch nur aus den Bedienungsmannschaften der Panzertürme und wenigen Pionieren bestand, wurde überrascht und ohne großen Widerstand gefangengenommen. Die verschiedenen deutschen Trupps wußten zunächst nichts voneinander und begegneten sich erst später in der Mitte des Forts. Es waren insgesamt etwa 75 Mann, die sich daraufhin gemeinsam zur Verteidigung einrichteten.

Später haben mehrere militärische Führer für sich in Anspruch genommen, das Fort Douaumont als erster genommen zu haben. Daher kann man davon ausgehen, daß die Ereignisse, die zur Einnahme der Festung durch die Deutschen führten, in ihren letzten Einzelheiten wohl nie mehr geklärt werden können. Fest steht auf jeden Fall, daß der größte Teil der Besatzung des Forts Douaumont anläßlich der 1915 befohlenen

Auflösung und Neuorganisation der Festung Verdun ebenso abgezogen worden war wie auch alle beweglichen Geschütze. Anfang 1916 bereitete man sogar die Zerstörung von wesentlichen Teilen vor. So waren denn auch die Verteidiger am 25. Februar 1916 zu schwach und die Bewaffnung zu gering, als daß sie der überraschenden Entwicklung der Lage gewachsen gewesen wären. Immerhin lag das Festungswerk, das sich kurz zuvor noch in der dritten Verteidigungslinie Verduns befunden hatte, nun plötzlich in vorderster Front. Außerdem sollen die französischen Verteidiger außerhalb des Forts infolge eines gerade herrschenden Schneesturms die Angreifer für zurückgehende eigene Soldaten (Zuaven) gehalten haben.

Da Fort Douaumont für die deutschen Truppen vor allem ausgezeichnete Beobachtungsmöglichkeiten bot, versuchten die Franzosen, es möglichst rasch zurückzuerobern. Sie begannen damit bereits am 26. Februar 1916, scheiterten jedoch wie auch in den folgenden Wochen zunächst noch an zu geringen Kräften und überstürztem Vorgehen. Immerhin festigte sich die französische Front nur 200 Meter südlich, wo die Verteidiger sich in der oberen Russen-(Caillette-)Schlucht und der mit ihr durch Gräben verbundenen Briten-(unteren Fausse Côte-)Schlucht halten konnten. Auch der Geländerücken, auf dem das Dorf Douaumont und der Kalvarienhügel liegen, blieb teilweise bis Anfang Mai in den Händen der Franzosen. Fort Douaumont selbst lag von nun an unter schwerstem französischen Artilleriebeschuß. Dennoch setzten die Deutschen es bestmöglich instand und richteten sich zu seiner Sicherung ein. Die eigentliche Festungsbesatzung betrug von da an etwa 500 Soldaten. 17 Maschinengewehre, drei Lichtsignaleinrichtungen, eine Funkstation und andere Vorrichtungen wurden installiert. Im Unterstock der Kaserne entstand in einer trockengelegten Zisterne ein Handgranatendepot, das am 8. Mai explodierte und mindestens 650 Todesopfer und viele Verwundete forderte. Die meisten Leichen mußte man in den Frontwallkasematten I und II belassen. Den Zugang dorthin versperrte man durch eine Mauer in der Westdurchfahrt der Rue du Rempart.

Der erste größere Gegenangriff wurde vom 19. Mai an durch die 10. französische Brigade aus der Division General Mangins durchgeführt, die den Caillette-Abschnitt besetzt hielt. Zu Beginn beschossen insbesondere schwere französische Geschütze fast vier Tage lang das Festungswerk und richteten beträchtlichen Schaden an. Auch die deutsche Besatzung hatte erneut zahlreiche Opfer zu beklagen.
Am 22. Mai 1916 begann dann der Sturmangriff auf etwa einem Kilometer Breite. Französische Bataillone konnten dabei zwar den Geländerücken zwischen Fort und heutigem Bajonettgraben erobern, bis zum Südrand

des Dorfes Douaumont und der Couleuvre-(Albain-)Schlucht vordringen sowie den Westteil der Befestigungsanlage nehmen und halten. Doch einem anderen Truppenteil gelang es nicht, den Ostteil zu besetzen; er kam aber immerhin auf dem Kamm bis zu 100 Meter heran. Dort erinnert noch heute ein Denkmal an die dabei Gefallenen. In der folgenden Nacht beendete allerdings deutsches Artilleriefeuer die französischen Anfangserfolge, und am 24. sowie am 25. Mai sicherte das vom linken Maas-Ufer herangeführte I. bayerische Korps das Fort auch wieder von außen.

In der Folgezeit diente es vor allem der an die Front gehenden deutschen Infanterie als Rast- und Übernachtungsstelle; denn hier war der einzige Ort zwischen der Brûle-Schlucht (Fond des Rousses) und den vordersten Stellungen, wo man halbwegs in Sicherheit war.

Es dauerte noch bis zum Oktober 1916, dem Beginn des ersten großen französischen Gegenangriffes, als in etwa sechs Stunden nicht nur fast alle deutschen Geländegewinne seit dem 24. Februar wieder verlorengingen, sondern auch Fort Douaumont. An diesem Tag, dem 24. Oktober, hatte sich General Mangin entschlossen, seine Truppen – etwa drei Divisionen – trotz dichten Nebels stürmen zu lassen. Den Auftakt hatten wiederum intensive, vier Tage andauernde Artillerie-Vorbereitungen gebildet, in deren Rahmen auch enorme Mengen von Giftgas verschossen worden waren. Schon am 23. Oktober hatte eine französische 40-cm-Granate das Pionier-Depot getroffen und Leuchtgeschosse in Brand gesetzt, die wiederum andere Munition detonieren ließen und mehr als 50 Opfer forderten. Da man eine weitere noch größere Explosion befürchtete, wurde noch am Abend dieses Tages die Räumung des Forts begonnen und am nächsten Morgen abgeschlossen. Lediglich einige Soldaten blieben noch zur Brandbekämpfung zurück.

Um 11.40 Uhr begannen die Sturmtruppen ihren Vormarsch. Im Westen umgingen sie nach der Einnahme Thiaumonts das Fort und griffen das Dorf Douaumont an, das genommen werden konnte. Östlich gelangte eine Division über die Bazil-Schlucht und den Caillette-Wald fast kampflos und unbemerkt bis zur Bahnlinie Fleury – Vaux. Der Nebel lichtete sich nun zum Teil, so daß links auch das Fort sichtbar wurde.

Ein marokkanisches Kolonialregiment, das schon Fleury besetzt hatte, erhielt nun auch den Auftrag, das größte Festungswerk der Region endgültig zurückzuerobern. Die Soldaten gelangten recht schnell auf die Oberfläche des Forts; und kurz darauf war auch das Innere mit Hilfe von Handgranaten im Besitz der Angreifer. Sie machten 50 Gefangene, darunter auch vier Offiziere, und erbeuteten unter anderem zehn

Maschinengewehre und zwei Geschütze. Noch in der folgenden Nacht gelang es den Franzosen, ihre Stellungen 400 Meter weiter nach Norden vorzuschieben; und am 15. Dezember 1916 gewannen sie noch einmal rund 3.000 Meter in einer weiteren Offensive hinzu, so daß auch Fort Douaumont endgültig gesichert war.

Nunmehr bemühten sich die Franzosen ihrerseits, dieses wieder herzurichten. Man baute unter anderem Barrikaden mit Schießscharten (»Schikanen«) in den Gängen, Maschinengewehrstände zur Verteidigung der Fassaden, installierte in den ausgebesserten Graben- und Zwischenstreichen Maschinengewehre sowie eine zusätzliche 7,5-cm-Kanone. Außerdem verlängerte man einen Tunnel, mit dessen Bau die Deutschen schon begonnen hatten. Er führte nach Süden, endete später nahe der Caillette-Schlucht und hatte vor allem den Zweck, das Betreten und Verlassen des Forts sicherer zu machen.

Etwa 500 Meter nordwestlich vom Fort Douaumont befindet sich das gleichnamige Dorf, das 1914, vor Beginn des Ersten Weltkrieges, 52 Häuser mit 288 Einwohnern hatte. Vor ihm war zunächst der deutsche Angriff am 25. Februar 1916 gegen Verdun gestoppt worden. Am Abend dieses Tages konnten die Franzosen sogar die Teile des Ortes wieder nehmen, die zuvor in die Hände der Deutschen gefallen waren. Vom 26. bis zum 29. Februar griff die deutsche 5. Infanterie-Division fünfmal mit aller Kraft an, ohne das Dorf jedoch nehmen zu können. Dann stürmte die 113. Infanterie-Division am Mittag des 2. März von Norden und Osten, nachdem eine vorhergehende Beschießung sämtliche noch bis dahin existierenden Häuser zerstört und das verteidigende französische Bataillon abgeschnitten hatte. Das erste deutsche Anstürmen mißlang dennoch; aber nach einem erneuten Artillerie-Bombardement waren die Angreifer erfolgreich, obwohl die Verteidiger sich erbittert wehrten und zum Beispiel von einer Kompanie bei ihnen niemand mehr übrigblieb. Der Rest des französischen Bataillons grub sich 50 Meter vor dem Südostrand von Fleury ein und verwehrte so dem Angreifer ein weiteres Vordringen. Zwei andere französische Bataillone eroberten am 3. März schließlich in einem Bajonett-Angriff das Dorf Douaumont kurzfristig zurück. Daran anknüpfende deutsche Gegenstöße scheiterten unter schweren Verlusten, bevor eine weitere Offensive am 4. März das Dorf längerfristig, d.h. bis zum Oktober 1916 in deutschen Besitz brachte, obwohl die Angreifer zunächst nicht weiter als 200 Meter nach Süden vordringen konnten.

Am Ende des Ersten Weltkrieges waren alle Häuser des Ortes zerstört. Douaumont wurde nicht wieder aufgebaut. Im Jahre 1970 lebten immerhin wieder zwölf Einwohner dort; doch hing dieses lediglich mit den vorhandenen Erinnerungsstätten zusammen.

Blick über den Canal du Puty auf die Porte Chausée.

Das Zentrum von Verdun mit der alles überragenden Kathedrale. Der Quai de Londres ist noch nicht umgestaltet.

Hotel »Le Coq Hardi«, im Hintergrund das Siegesdenkmal.

Die Buvignier-Kapelle.

Die Wehrtürme Tour de l'Islot und Tour de Plaids mit der Stadtmauer aus dem 14. und 15. Jahrhundert.

Die Offiziersmesse (Cercle des Officiers) von Verdun.

Hôtel de Ville, das Rathaus von Verdun.

Im Park der Marschälle.

Die Porte Châtel ist das ältetste Tor von Verdun (12. Jahrhundert).

Eines von vielen schönen Fenstern in der Kathedrale.

Das Mittelschiff der Kathedrale.

Denkmal der Toten von Verdun.

Erinnerung an die »Heilige Straße«.

Dieses Mahnmal steht zwischen der »Heiligen Straße« und der »Freiheitsstraße von 1944«.

In der unterirdischen Zitadelle: Figuren symbolisieren die Siegermächte des Ersten Weltkrieges (oben), links die »Auswahl« des »Unbekannten Soldaten«.

Der Bajonett-Graben.

Aus der Vogelperspektive: Verdun, die »Festung an der Maas« (oben), unten das »zentrale« Schlachtfeld mit dem Eingang des »Tunnel von Tavannes«.

Fleury

Die Einnahme von Fort Vaux am Morgen des 7. Juni 1916 schien den Deutschen noch einmal die Aussicht zu eröffnen, Verdun doch erobern zu können. So ließ sich Falkenhayn von Knobelsdorf überreden, einen erneuten Angriffsversuch zu wagen. Dabei sollte erstmalig das neue Giftgas Phosgen eingesetzt werden. Die französischen Gasmasken boten dagegen nur unzureichenden Schutz, so daß ein entscheidender Durchbruch sehr wohl im Bereich des Möglichen lag. Zunächst sollte der Hebel am rechten französischen Flügel angesetzt werden, um danach mit einem zweiten Stoß gegen die linke Seite des Gegners den Durchbruch zu erzwingen.

Die neue Offensive begann in Teilen am 21. Juni, nachdem zuvor wiederum die deutsche Artillerie versucht hatte, der eigenen Infanterie den Sturm zu erleichtern. Dies gelang zwar an einigen Stellen, doch zumeist waren die Verteidiger gerade durch das Vorbereitungsfeuer gewarnt und daher auch entsprechend vorbereitet. In der Nacht vom 22. auf den 23. Juni kam es zum Phosgen-(»Grünkreuz«-)Einsatz, weil günstige Witterungsverhältnisse vorhanden waren. Doch insgesamt blieb der erhoffte deutsche Erfolg erneut aus. Lediglich auf der rechten Angriffsseite bei Fleury gelang am ersten Hauptangriffstag, dem 23. Juni, ein Einbruch, der auch für die Zwischenwerke Thiaumont und Kalte Erde Folgen haben sollte:
Bereits um 8 Uhr morgens war es Soldaten des bayerischen Leibregiments, das zum Alpenkorps gehörte, gelungen, die Bazil-Schlucht zu überschreiten und weiter in Richtung Fleury vorzudringen, bevor das französische Sperrfeuer einsetzte. Dem Gros der Angriffstruppen weit voraus, gelang es ihnen, trotz Gegenwehr der Verteidiger an mehreren Stellen, vor allem mit Handgranaten, das Dorf zu erobern und eine Anzahl Gefangener zu machen. Kurz darauf wurden sie jedoch von französischen Geschützen auf dem westlichen Maas-Ufer unter Feuer genommen. Diese sprangen für ihre auf der anderen Seite des Flusses befindlichen Artilleriestellungen ein, die noch unter den Folgen des Gasangriffs litten. Auch deutsche Geschütze schossen nach Fleury hinein, weil man nicht wußte, daß die eigenen Truppen so weit vorgedrungen waren.

Ein Teil der Bayern drang sogar weiter nach Süden vor, obwohl in einzelnen Ruinen von Fleury noch ununterbrochen heftig gekämpft wurde. Sie gelangten bis zur sogenannten »Filzlaus«, einem Grabensystem, das, aus der Luft gesehen, diesem Insekt ähnelte. Hier wurden sie dann allerdings nachhaltig durch französisches Maschinengewehrfeuer gestoppt. Zusammen mit den links von ihnen vorstürmenden Truppen sicherten sie daraufhin Fleury halbkreisförmig nach Südosten. Weiter rechts konnten die Angreifer den M-Raum 372 (abri 320) fast kampflos besetzen und dann sogar noch bis zum Friedhof von Fleury vordringen, wo sie sich eingruben. Obwohl sie bis dahin kaum Verluste erlitten hatten, wußten sie, daß ihnen noch Schweres bevorstand; denn sie mußten diesen hart umrungenen Frontabschnitt von etwa einem Kilometer Länge mit nur ungefähr 80 Mann halten. In der Tat setzten die Franzosen bereits am Nachmittag zu ersten Gegenangriffen von der Weinberg-Schlucht her an. Die französische Artillerie schoß wieder in voller Stärke, so daß die Zufuhr von Reserven oder von Nachschub aus dem Hinterland so gut wie unmöglich war. Wieder einmal war ein unmittelbar bevorstehender Durchbruch der Deutschen nach Verdun in letzter Sekunde vereitelt worden.

Vier Tage lang mußten die wenigen übriggebliebenen Eroberer von Fleury ausharren, bevor sie abgelöst werden konnten. Auch in den nächsten Wochen sollte das, was von dem Dorf übriggeblieben war, zusammen mit den dort befindlichen Unterständen, einer der entscheidenden Schwerpunkte der Schlacht um Verdun sein. Stellenweise lagen sich Angreifer und Verteidiger – wer immer sich gerade in welcher Rolle befand – sozusagen »Auge in Auge« gegenüber. Der Druck der Franzosen minderte sich am 26. Juni für kurze Zeit ein wenig, als sie sich auf den Abschnitt Thiaumont umorientierten, weil sie vor Fleury nicht durchkommen konnten.

Eine weitere Entlastung der dortigen Verteidiger sollte der nächste größere deutsche Angriff vom 11. Juli 1916 bringen. Doch sein einziger Erfolg bestand darin, daß – zumindest für kurze Zeit – die Reste von Fleury fest in deutsche Hand gerieten. Einzelne bayerische Truppenteile gelangten erneut bis zur »Filzlaus«, ohne daraus weiteres Kapital schlagen zu können. Verdun lag nur noch knapp zwei Kilometer entfernt. Wieder mußten sich die Soldaten zurückziehen und bildeten weiterhin einen Halbkreis um Fleury, der nun allerdings auch nach Westen ausgedehnt werden konnte.

Die Franzosen versuchten mit allen ihnen zur Verfügung stehenden Mitteln, Fleury wieder in ihre Hand zu bekommen. Für sie bestand hier die größte Gefahr, daß die beiden bis dahin unbezwungenen Eckpfeiler ihrer Front, Souville und Kalte Erde, aus den »Angeln« gehoben werden könnten. So fiel um den 18. Juli herum der sogenannte »M-Raum«, circa ein Kilometer südlich von Fleury in der Poudrière-Schlucht, unter entsetzlichen Verlusten für die deutschen Verteidiger wieder in ihre Hände.

Dennoch vermochten sich die Deutschen in den Ruinen von Fleury noch bis zum 18. August zu halten, wobei manche Abschnitte während dieser Zeit noch mehrfach den »Besitzer« wechselten. Danach mußten die Verteidiger sich auf den Nordostrand des Ortes zurückziehen. Gerade in diesem Frontabschnitt waren die Opfer auf beiden Seiten unermeßlich hoch. Am 21. Oktober begannen dann neuerliche französische Artillerievorbereitungen. Diesen hatten die restlichen deutschen Truppen allerdings genausowenig entgegenzusetzen wie dem drei Tage später einsetzenden Ansturm des Gegners: Ihr bis dahin so verbissener Widerstand »klappte wie ein Kartenhaus« zusammen.

»Heilige Straße« (»Voie Sacrée«)

Als im Februar 1916 der deutsche Angriff gegen Verdun begann, hing der Erfolg des französischen Widerstandes im wesentlichen von einer wirksamen personellen und materiellen Ergänzung bei den Verteidigern ab. Diese ließ sich einigermaßen sicher nur über eine der beiden Verbindungen bewerkstelligen, die noch in die Festung an der Maas hineinführten. Es war dies die Straße von Bar-le-Duc. Sie war mit sieben Metern zwar relativ breit, jedoch auch sehr kurvenreich, ständig auf- und absteigend und vor allem unzureichend befestigt. Ihre Gesamtlänge betrug zunächst 67, später 75 Kilometer, weil auch der weiter südlich gelegene Bahnhof von Baudonviller zusätzlich als Be- und Entladepunkt genutzt wurde, um Verkehrsstockungen in Bar-le-Duc zu vermeiden.

Außer der Straße gab es noch eine Schmalspurbahn, die ebenfalls von Bar-le-Duc nach Verdun führte. Sie hieß »Chemin de fer Meusien«, die »Maastal-Bahn«. Auf ihr konnten jedoch nicht mehr als 800 Tonnen Fracht täglich befördert werden. Benötigt wurde indessen die zehnfache Menge.

So ordnete General Pétain gleich mit Übernahme des Oberbefehls über Verdun an, die Instandsetzung und -haltung der Maastalstraße nach Süden auf Dauer sicherzustellen. In seinen Erinnerungen schrieb er dazu: »Es mußten unverzüglich Mittel und Wege zur Wiederherstellung der Straße gefunden werden: Davon hing Gedeih und Verderb der 2. Armee ab.«
Die vor Ort zuständigen Männer Pétains, und zwar sowohl für die Straßenarbeiten als auch für den Verkehr, waren Major Richard und Hauptmann Doumenc. Zunächst wurden etwa 16.000 Mann – zivile Kräfte und Landwehrsoldaten sowie deutsche Kriegsgefangene – auf

sechs Abschnitte (»cantons«) an der Strecke verteilt und zur ständigen Ausbesserung eingesetzt. Tag und Nacht – 24 Stunden lang – warfen sie ununterbrochen mit Schaufeln und Hacken Schotter auf die Straße. Das Einwalzen hätte den Verkehr nur behindert; also mußten die vielen Fahrzeuge diese Aufgabe selbst übernehmen. Das hatte allerdings auch Nachteile: Sogar die Vollgummi-Reifen der Autos wurden von dem noch scharfkantigen Schotter zerschnitten. Auch die Motoren wurden extrem beansprucht. So stationierte man Instandsetzungsparks in Bar-le-Duc und Troyes, die Abschleppdienste einrichteten und rasch ihre Werkzeugausstattung verbesserten. Außerdem gelang es, viele Ersatzteile selbst anzufertigen und mit Hilfe von hydraulischen Pressen Tag und Nacht neue Vollgummireifen für die Lastwagen herzustellen. Nach und nach erhielt jeder Streckenabschnitt seine eigenen Pioniertruppen und Werkstätten. Liegengebliebene Fahrzeuge wurden umgehend von der Fahrbahn entfernt, um den fließenden Verkehr nicht zu behindern. Pferdefuhrwerke und marschierende Kolonnen durften die Straße nicht benutzen.

Das Baumaterial mußte aus der Nähe kommen, um Zeit zu sparen und keine zusätzlichen Transportprobleme zu schaffen. So wurden beiderseits der Straße zahlreiche Steinbrüche eröffnet, in denen ca. 10.000 Menschen, ebenfalls zivile Kräfte, Kriegsgefangene und Landwehrsoldaten, das brüchige Gestein der Gegend abbauten und es unmittelbar zu den Straßenbauarbeitern transportierten. Die Menge des verwendeten Materials soll innerhalb von zehn Monaten 700.000 bis zu einer Million Tonnen betragen haben.

Trotz dieser bewundernswerten Leistungen drohten vor allem das hohe Fahrzeugaufkommen und der durch das Tauwetter bedingte Schlamm immer wieder, die Nachschublinie lahmzulegen. Auch die Winterwitterung und deutsche Feuerüberfälle wirkten sich nachteilig aus, obwohl letztere erheblich wirkungsvoller hätten sein können. Aus unerklärlichen Gründen unterließen die Deutschen aber eine systematische Bombardierung des »Lebensnerves« Frankreichs.

Den Franzosen gelang es, den Nachschub vor allem durch Lastkraftwagen sicherzustellen, obwohl gerade dieses Transportmittel damals noch am Anfang seiner zivilen und erst recht seiner militärischen Nutzung stand. Dieses war u.a. deshalb möglich, weil teilweise Fahrzeuge von Pariser Kaufhäusern und Fuhrunternehmen requiriert wurden. Möglicherweise taten sich wie bei der Marne-Schlacht auch hier wieder Taxifahrer der französischen Hauptstadt zusammen, um mit ihren Droschken wochenlang Soldaten an die Front zu bringen.

So lief der Verkehr zwischen Bar-le-Duc und Verdun Tag und Nacht gleichzeitig in beiden Richtungen. Die Anzahl der eingesetzten Lkw betrug dabei etwa 3.500, die in 42 »Konvoys« aufgeteilt waren. Dazu kamen u.a. 800 Sanitätsfahrzeuge, 200 Autobusse, 500 Zugmaschinen für die Artillerie, 200 Spezialfahrzeuge für den Frischfleischnachschub, 2.000 Personenwagen und viele andere Fahrzeuge aus verschiedenen militärischen Bereichen. Die Angaben über die durchschnittlich erzielte Verkehrsdichte pro Tag schwanken zwischen 250 und 300 Fahrzeugen pro Stunde. In Spitzenzeiten soll es sogar ein Fahrzeug in fünf Sekunden gewesen sein, was einem Stundenwert von 720 entsprechen würde. Die Durchschnittsgeschwindigkeit dürfte dabei 15 bis 20 Stundenkilometer betragen haben. Der Höhepunkt müßte im Juni mit etwa 12.000 Fahrzeugen erreicht worden sein.

Dieses riesenhafte, improvisierte Transportunternehmen soll gleich zu Beginn der Schlacht um Verdun die Zahl der Verteidiger innerhalb von fünf Tagen von 150.000 Mann auf 800.000 erhöht haben. Auch in der Folgezeit war der Nachschub von Reserven eine der Hauptaufgaben.

Durchschnittlich hat die Anzahl transportierter Soldaten ca. 90.000 Mann pro Woche, die des Materials etwa 50.000 Tonnen betragen. Anderen Angaben zufolge sind in den entscheidenden Tagen, etwa zwischen dem 24. Februar und dem 6. März, 190.000 Mann, 23.000 Tonnen Munition und 25.000 Tonnen Material nach Verdun transportiert worden. Insgesamt dürfte sich die Anzahl der beförderten Soldaten in dem zehnmonatigen Kampf um Verdun 1916 auf ungefähr vier Millionen Mann, die des Materials auf etwa zwei Millionen Tonnen belaufen haben.

Dabei wurden die Truppen meist in der Umgebung von Bar-le-Duc verladen und dann, je nach Intensität des deutschen Artilleriefeuers, bei Nixéville oder noch weiter zurück, bei Blercourt an einer Nebenstraße, abgesetzt.

Die »Maastal-Bahn« hatte Anschluß an die Bahnhöfe Baudonviller, Bar-le-Duc u.a. Da pro Tag ca. 300 Tonnen Fracht befördert wurden, dauerte das Umladen auf Lastwagen etwa drei Stunden. Sobald 30 von ihnen beladen waren, fuhren sie zu den Munitionsdepots in Richtung Front. Mit dem übrigen Nachschubmaterial wurde ähnlich verfahren. Die größten Versorgungslager befanden sich in Heippes, Souilly, Lemmes, im Fort de Dugny, in Moulin-Brulé, auf dem Bauernhof von Frana, in Maison-Rouge, im Steinbruch von Haudainville, im Fort Landrecourt, in Billemont-Four-à-Chaux, in Billemont-Champ-de-Tir, Dombasle-Montzêville (explodierte nach einem Beschuß) sowie in den Forts Belleray, Regret, La Chaume, Glorieux u.a. Von der Front ins Hinterland wurden vor allem Verwundete, abgelöste Truppen und beschädigtes Material befördert.

Die Lkw-Fahrer saßen oft bis zu 18 Stunden pro Tag am Lenkrad. Häufig blieben sie mehr als zehn Tage auf ihrem Posten und schliefen dabei nur kurze Zeit in ihren Fahrzeugen.

So wurde Verdun auch durch die Straße von Bar-le-Duc und durch die Leistungen der im Transport und in der Instandsetzung eingesetzten Zivilisten und Soldaten gerettet. Sie erhielt den Ehrennamen »Voie Sacrée«, »Heilige Straße«. Zahlreiche typische Gedenksteine und ein großes Denkmal erinnern dort heute noch an diese historischen Ereignisse.

Höhe 304 (Côte 304)

Die Höhe 304 bildete zusammen mit den Höhen 287 und 310 (beide südlich von Esnes) eine natürliche Verteidigungslinie, von der aus sowohl die Anmarschwege als auch das unbewaldete Vorgelände und die unmittelbar anschließenden steilen Hänge wirksam bekämpft werden konnten. Die Deutschen griffen die dortigen Stellungen der Franzosen aus den nächstgelegenen Deckungen der Wälder von Avocourt und Malancourt an. Drei bayerische Regimenter verloren dabei aber vom 20. bis zum 22. März 1916 an der langen Steigung zur Höhe 304 mehr als die Hälfte ihrer Soldaten. Erst am 9. April konnten die Angreifer den Unterstützungsgraben vor der Höhe 287 überschreiten.

Am 3. Mai beschossen 80 Batterien deutscher Geschütze besonders intensiv die Höhe 304 und ihr Umfeld. Nach Augenzeugenberichten stieg vom Gipfel her gelber, schwarzer und grünlicher Rauch wie aus einem Vulkan bis in etwa 800 Meter Höhe empor und verdunkelte den Himmel.

Am 4. und 5. Mai 1916 versuchte dann eine frische Division der Deutschen von Norden her, die Stellungen der Höhe 304 zu erstürmen. Man nahm an, daß die französischen Verteidigungslinien und ihre Soldaten weitgehend außer Gefecht gesetzt waren. Bereits am ersten Tag konnten sich die Angreifer tatsächlich an den Nordhängen festsetzen, wurden aber schon in der folgenden Nacht wieder von einem Infanterie-Regiment der Franzosen zurückgeworfen.

Am folgenden Tag griffen die deutschen Truppen weiter an, diesmal westlich über den Camard-Wald und über die Höhe 287. Eine mehr als elfstündige Beschießung hatte zuvor den Camard-Wald ausgelöscht. Doch noch einmal brachte ein französisches Infanterie-Regiment die gegnerischen Attacken zum Stehen und ging sogar – ebenso wie auf der Höhe 287 – mit dem Bajonett zum Gegenangriff über.

Am 7. Mai versuchten deutsche Truppen erneut, nach starker Feuervorbereitung, von drei Seiten zugleich die Höhe 304 zu nehmen. Sie setzten dazu Einheiten von fünf verschiedenen Divisionen ein. Dabei gelang es, den Gipfel der Höhe 304 zu überschreiten und sich an den Südhängen festzusetzen. Jedoch mußten diese Gewinne in der Folge teilweise wieder aufgegeben werden. Die Front stabilisierte sich in einer über die Kuppe verlaufenden Linie. Aber auch in der Folgezeit unternahmen die Deutschen immer wieder den Versuch, die Höhe 304 ganz zu erobern. Dies war auch am 29. und 30. Juni der Fall, als sie im Osten und Westen mit Hilfe von Flammenwerfern vorgingen. Weitere Angriffe scheiterten im Dezember 1916, und auch im Jahr 1917 wurden diese Bemühungen fortgesetzt.

Am 28. und 29. Juni 1917 konnten die deutschen Angreifer dann in einer neuen starken Offensive die Höhe 304 gänzlich erobern und darüber hinaus sogar bis zum Pommerieux-Sattel, einer Vertiefung zwischen der höchsten Erhebung und der Südostecke des Waldes von Avocourt, vorstoßen.

Doch bereits am 17. Juli gewannen die Franzosen zunächst den Pommerieux-Sattel zurück. Mehr noch als das: Ihre Infanterie gelangte nach starkem Artilleriefeuer sogar in 30 Minuten bis zum befestigten Kamm und brachte damit rund einen Kilometer Gelände – für damalige Verhältnisse ein außerordentlich großer Erfolg – in eigene Hände zurück.

Am 20. August 1917 schließlich nahmen die Franzosen auch die Umgebung der Höhe 304 wieder ein und am 24. August den Gipfel selbst. Ein wesentliches Verdienst daran kam in erster Linie der 5. Brigade zu, die bereits auf dem Pommerieux-Sattel und im Camard-Wald angegriffen hatte. Sie machte zahlreiche Gefangene und konnte nach der Eroberung des Gipfels selbst auch zahlreiche Feldbefestigungen besetzen und sich in einer Linie festsetzen, die entlang des Forges-Baches verlief und damit nur zwei Kilometer von der Ausgangslinie des deutschen Angriffs entfernt war.

Kalte Erde (Froideterre)

Das Zwischenwerk Kalte Erde (Ouvrage de Froideterre) wurde 1887 errichtet und im Jahre 1904 verstärkt. Es bestand aus vier betonierten, voneinander getrennten Räumen: Links lag eine Zwischenraumstreiche (»Casemate de Bourges«) mit Schußrichtung nach Charny. Daneben befand sich ein Maschinengewehrturm mit einem gepanzerten Beobachtungsturm und einem unterirdischen Bunker. In der Mitte stand ein 7,5-cm-Turm, der zur eigenen Verteidigung und zum Schutz von Thiaumont diente. Den Platz auf der rechten Seite schließlich nahm eine Kaserne ein. Sie bestand aus Mauerwerk und darüber aufgetragenem Beton. Auch sie verfügte über einen Maschinengewehrturm mit gepanzerter Beobachtungskuppel. Die Baukosten für Kalte Erde beliefen sich insgesamt auf rund fünf Millionen Francs. Die Anlage ist nicht von der eigenen Artillerie beschossen worden.

Während der deutschen Offensive vom 23. Juni 1916 gelang es Teilen der 1. Bayerischen Infanterie-Division, nicht nur Thiaumont zu besetzen, sondern darüber hinaus weiter bis zum Zwischenwerk Kalte Erde vorzudringen. Die Eroberer konnten sich aber nur kurze Zeit halten. Unter ihnen befand sich auch der damalige Kompanieführer Ernst Röhm, der später zum Führer der SA aufsteigen und durch Hitler am 30. Juni 1934 ermordet werden sollte. Zunächst hatten sie das Infanteriewerk 147 nördlich vom Zwischenwerk Kalte Erde besetzt. Da sie jedoch schneller vorangekommen waren als im Angriffsplan vorgesehen, gerieten sie in das Feuer der eigenen Artillerie. Röhm wurde verwundet, und der Rest der deutschen Soldaten suchte sein Heil in der Flucht nach vorne. Da diejenige Einheit, die eigentlich das Zwischenwerk einnehmen sollte, vom Ziel abgekommen war, versuchten die vom Infanteriewerk 147 kommenden Deutschen ihrerseits es zu erobern, zumal es nur 300 Meter entfernt lag. In der Tat gelangten sie ohne gegnerischen Beschuß in die Anlage hinein, nachdem sie vorsichtshalber in einige Öffnungen Handgranaten hineingeschmissen hatten. Als jedoch dadurch im Inneren Munition entzündet wurde, flüchteten sie, weil sie eine Explosion befürchteten. Dies war jedoch nicht der Fall; aber in der Zwischenzeit war der Geschützturm ausgefahren worden und nahm nun die Deutschen unter Feuer. Er hatte vorher nicht geschossen, weil die französische Besatzung von der Schnelligkeit der Ereignisse ebenso überrascht worden war wie die deutschen Angreifer. Diese forderten zwar Verstärkung an; doch es kamen nur wenige Reserven, so daß sie alle am folgenden Tag in Gefangenschaft gerieten, weil sie mittlerweile etwa 800 Meter vor der eigenen Front lagen.

Les Eparges

Vor der »Schlacht um Verdun« 1916 wurden in den Jahren 1914 und 1915 zwei Hügel in der Nähe von Verdun besonders heftig umkämpft. Es waren dies im Westen die Höhe Vauquois und im Osten die von Les Eparges.

Die Erhebung von Les Eparges, die als Vorsprung in die Woëvre-Ebene hineinragt, ist rund 1.400 Meter lang und 346 Meter hoch. Sie ist von Quellen durchzogen; viele kleine Bäche fließen über ihre Abhänge. Dadurch ist der Boden nicht nur vielfach abschüssig, sondern auch rutschig. Man nennt daher die Höhe nicht zu Unrecht »Schlammberg«. Sie beherrscht als Beobachtungspunkt weitgehend ihre Umgebung, mit einem weiten Blick in die Woëvre-Ebene.

Die Deutschen nahmen diesen Höhenzug bereits am 21. September 1914 ein und bauten sofort mehrere Verteidigungslinien zwischen dem Gipfel und den Tälern aus. Stellenweise existierten fünf Stellungssysteme übereinander, so daß der Bergvorsprung ein starkes Befestigungswerk wurde, das im Westen und Osten von zwei Bastionen flankiert war.

Die Franzosen ihrerseits hielten weiterhin in etwa 600 Metern Entfernung die Kuppe von Montgirmont und das Dorf Les Eparges besetzt. Ende Oktober 1914 begannen sie, am Westteil des Bergvorsprungs die deutschen Stellungen anzugreifen. Sie gingen dabei Schritt für Schritt in Sappen vor und setzten sich zugleich beiderseits in den Wäldern fest.

Ab Februar steigerten sich die Kämpfe zu fast täglichen Attacken und Gegenattacken, die bis Anfang April andauerten. Am 17. Februar gelang den Franzosen durch eine unterirdische Explosion ein Einbruch in die erste deutsche Linie. Diese Minensprengung sollte Auftakt zu einer besonderen Kriegführung werden, die typisch war für die Kämpfe in Les Eparges und Vauquois. Noch heute geben riesige Krater Aufschluß über die unterirdischen Sprengungen deutscher und französischer Pioniere. Doch zurück zum Geschehen: Der Einbruch in die deutsche Linie löste Gegenangriffe und damit weitere Kämpfe aus, die etwa fünf Tage dauerten, bis die französischen Truppen einigermaßen sicher die ganze Westbastion hielten und beginnen konnten, gegen den Ostteil vorzugehen. Dann folgte eine Pause, bevor sie vom 13. bis 21. März ihre Offensive wieder aufnahmen und im Osten die erste deutsche Stellung besetzten. Ein weiterer Vorstoß am 27. März brachte sie dem Gipfel erheblich näher.

Am 5. April begann der letzte große Angriff der französischen 12. Infanterie-Division, der bis zum 9. April Tag und Nacht andauerte. Regen und Schlamm schufen dabei unsagbar schwere Bedingungen. Dennoch konnte ein Teil der anstürmenden Soldaten die Kammhöhe vorläufig besetzen.
Durch Verwendung von Flügelminen sowie durch Gegenstöße mit starken Kräften konnten die Deutschen jedoch schon am Morgen des nächsten Tages die Einbrüche beseitigen. Am selben Abend und in der folgenden Nacht stellten die Franzosen aber wieder den alten »Besitzstand« her.

Am 8. April gelangten der Gipfel und fast der gesamte Kamm nach 15stündigem ununterbrochenem Kampf in französische Hand. Am 9. April dauerte es 14 Stunden, bis neue Truppen von ihnen bei heftigem Sturm und Regen zum Angriff bereit waren, der um 15.00 Uhr begann. Der Boden war in der Zwischenzeit so tief und ausgehöhlt, daß die Soldaten darin völlig verschwanden. Schließlich konnten die Franzosen die Westbastion und das Mittelstück fest behaupten, während sie vor dem Ostteil liegenblieben. Die Verluste auf beiden Seiten waren grauenhaft. Der Kampf ging 1915 und 1916 weiter, wenn auch weniger heftig.

Souville

Das Fort Souville wurde zwischen 1875 und 1879 auf der Kuppe des gleichnamigen Hügels errichtet. Seine Höhe betrug 388 Meter und kam damit fast dem Douaumont gleich. Die einzelnen Gebäude bestanden aus Mauerwerk (Kalkstein) und waren mit einer Erdschicht von 3,5 Metern Dicke bedeckt. Auch die Wälle und Gegenwälle wurden gemauert. Die Flankierung der Gräben erfolgte hauptsächlich durch die sogenannten »Grabenstreichen«, die mit Revolver- und 12-cm-Hinterlader-Kanonen ausgestattet waren.
1888 überdeckte man das Pulvermagazin mit 2,5 Meter dickem Spezialbeton über einer dazwischenliegenden Sandschicht von einem Meter.

Außerhalb des Forts wurden im Felsen Schutzräume erbaut, die mit dem Inneren durch zwei gemauerte Stollen von zwei Metern Breite verbunden waren. Über den Gewölben der Schutzräume befand sich eine etwa acht Meter dicke Mergelschicht, die mit Kies und Felsbrocken durchsetzt war.

Ungefähr 150 Meter westlich des Forts entstand zwischen 1890 und 1891 in der Anschlußbatterie der Kehle ein versenkbarer Geschützturm für zwei 15,5-cm-Kanonen. Bis 1917 war der Verkehr zwischen Fort und Turm nur oberirdisch möglich. Die Gesamtkosten für diese Anlage betrugen etwa 2,7 Millionen Francs.

In seinem Endzustand stellte Souville von seiner Größe, aber vor allem auch von seiner Lage her ein besonders imposantes Fort dar: Ohne Waldbewuchs konnte man von dort aus bis zu den Werken Kalte Erde (Ouvrage de Froideterre) und Thiaumont (Ouvrage de Thiaumont) sowie zu den Forts Douaumont und Vaux blicken oder schießen.

Fort Souville stellte zusammen mit Fleury und Thiaumont sowie Kalte Erde die letzten Schranken dar, die den Durchbruch in das Tal von Verdun verhindern konnten. War Souville genommen, befand sich der Angreifer in der Lage, aus etwa drei Kilometern Entfernung die Stadt zu beherrschen. Ebenso wären in einer solchen Lage die allerletzten Verteidigungslinien von Belleville und Fort St. Michel mit der Maas im Rücken sehr gefährdet gewesen.

Als der Angriff auf Verdun am 21. Februar 1916 begann, wurde die Bedienungsmannschaft für den Geschützturm sofort aufgefüllt. Sie war im Rahmen der Reduzierung der Festung Verdun im Jahre 1915 weitgehend abgelöst worden. Zwischen dem 24. Februar und 16. März 1916 feuerte dieser Turm etwa 600 Schüsse ab, bis ein Rohrkrepierer des einen Geschützes den inneren Mechanismus beschädigte. Da es unter den gegebenen Umständen nicht möglich war, die entsprechenden Reparaturen durchzuführen, wurde der Turm am 10. April 1916 endgültig eingefahren, seine Kuppel mit Sandsäcken abgedeckt und in seinem Inneren ein Brigadestab untergebracht.

Nach dem Fall von Fort Douaumont erwies sich Souville als ein für die Franzosen unersetzlicher Beobachtungspunkt in Richtung Pfefferrücken, Kalte Erde, Fleury, Vaux und auf die Hänge des Douaumont. Die Anlage erhielt dadurch, aber auch durch ihre Vorfeldhindernisse, die kaum 2.500 Meter von den gegnerischen Linien entfernt lagen, und durch ihre Schutzräume eine erhebliche Bedeutung für die Verteidigung des gesamten Abschnittes.

Daher ordnete General Pétain am 10. März 1916 an, dem Fort Souville wieder seine ständige Besatzung von zwei Infanterie-Kompanien und zwei Maschinengewehr-Abteilungen zu geben. Anfang Juni 1916 verfügte das Festungswerk über zwei 5,8-cm-Kanonen und 16 Maschinengewehre.

Als Fort Vaux am 7. Juni kapitulierte, rückten die deutschen Linien noch näher an Souville heran: Bis zum Vaux-Chapitre-Wald waren es nur noch 1.500 Meter und bis zum vordersten Rand von Vaux 1.900 Meter.

Fort Souville hatte vom Beginn des deutschen Großangriffs gegen Verdun unter täglichem Feuer gelegen. Bis zum 31. März wurden als Minimum pro Tag 140 und als Maximum 913 Einschläge gezählt. Doch seit Anfang Juni steigerte sich dieser schon nicht gerade geringe Beschuß noch weiter: Waren es am 1. Juni bereits 1.600 Granaten, darunter 38- und 42-cm-Geschosse, die niedergingen, so zählte man am 22. Juni sogar 2.373. Seit etwa dem 8. Juni wurde dabei der Anteil der Giftgasgranaten immer größer und richtete besonders viele Verluste unter der Besatzung an. Insgesamt sollen vom 21. April bis zum 22. Juni ungefähr 38.000 Geschosse aller Kaliber auf Fort Souville niedergegangen sein.

Als Folge der verschiedenen Beschießungen hatten sämtliche nicht betonierten Gebäude des Forts schwere Schäden erlitten. Am 22. Juni waren fast alle gemauerten Teile zerstört. Die Grabenstreichen und ihre Zugänge waren zusammengefallen oder zumindest unbrauchbar geworden.

Da die Zeit infolge der großen Somme-Offensive drängte, wollten die Deutschen Mitte Juni in einer letzten großen Kraftanstrengung die Festung an der Maas doch noch in ihre Hand bringen. Die französischen Stellungen wurden von dem XI. und VI. Korps verteidigt. Sie und die Befestigungen lagen vom 21. Juni 1916 an unter äußerst starkem deutschen Beschuß. Eine französische Quelle schildert die Wirkungen wie folgt: »Die Bergrücken fangen Feuer und rauchen wie Vulkane; schwarze und gelbliche Rauchwolken steigen aus allen Schluchten auf; ununterbrochen rollt der Donner, von Zeit zu Zeit von einem dumpfen Krachen der platzenden ungeheuren 38- und 42-cm-Granaten verstärkt, welche die Kalte Erde, Souville und Tavannes zermalmen.«
Vom 22. Juni an feuerten die Deutschen fast 200.000 Gasgranaten allein auf die Hochebene von Souville, auf die sie umgebenden Schluchten und Wege sowie auf die dortigen französischen Artilleriestellungen. Die Luft war so erstickend, daß es eigentlich für die Artilleristen, Stellungs- und Reservetruppen unmöglich war, sich in dieser Umgebung zu bewegen oder gar längere Zeit aufhalten zu können. Doch die Franzosen brachten diese erstaunliche Leistung fertig. Vor allem ihre jeweiligen Ablösungen marschierten in der Nacht den Leidensweg empor, um dann, wenn auch total erschöpft, ihre Stellungen gegen die deutschen Sturmtruppen erfolgreich zu halten.

In der Frühe des 23. Juni 1916 steigerten die Deutschen ihr Geschützfeuer noch einmal. Dann stießen ihre Infanteristen vor. Die Vorhut bildete eine dünne Handgranatenwerfer-Welle. Ihr folgten die Sturmtruppen, die den Hauptteil der Angreifer stellten, und weiter hinten in den Schluchten die Unterstützungseinheiten.

Doch vor allem die französischen 7,5-cm-Feldgeschütze schossen ein äußerst wirksames Sperrfeuer, so daß die Opfer unter den anstürmenden deutschen Truppen, insbesondere in den Schluchten, bald ein grauenhaftes Ausmaß annahmen.

Während die Offensive auf der rechten Seite und in der Mitte immerhin einige Erfolge zu verzeichnen hatte, scheiterte der linke deutsche Flügel schon relativ weit vor Souville. Es war absehbar, daß der Angriff auf das Fort wiederholt werden würde. So setzte sich auch die Beschießung nach dem 23. Juni nicht nur fort, sondern wurde noch weiter gesteigert. Der Anteil an Geschossen schwersten Kalibers und von Gasgranaten nahm dabei ständig zu. Zusätzliche Verluste unter den Verteidigern waren ebenso die Folge wie erstmals auch Schäden an den betonierten Teilen der Festungsanlage.

Am 12. Juli 1916 war, im ganzen gesehen, der nördliche Teil des oberirdischen Forts fast vollkommen zerstört; und der südliche Abschnitt befand sich in sehr schlechtem Zustand. Eine Ausnahme bildeten lediglich ein betonierter Raum und der Ausgang der Treppe zu den noch intakten unterirdischen Schutzräumen, die beide weiterhin benutzbar waren.

Nachdem am 10. und 11. Juli erneut heftigste Beschießungen vorausgegangen waren, griffen die Deutschen auch Fort Souville noch einmal mit Nachdruck an. Sie stießen zu diesem Zweck sowohl von Norden aus wie auch von Westen her vor. Der Kommandant des Forts erhielt am 12. Juli die Meldung, daß der Gegner sich aus Richtung Fleury und der Umgebung der St. Fine-Kapelle der Befestigung nähere. Sofort wurde die Besatzung alarmiert, die vielfach mit ihren Maschinengewehren auf dem Oberbau in Stellung ging. Die Verluste der Angreifer waren furchtbar, doch gelangten sie trotzdem auf das Fort und teilweise sogar in dieses hinein. In der Anlage verbliebene Reserven konnten jedoch im Gegenstoß alle Eindringlinge kampfunfähig machen oder gefangennehmen. Außerdem schoß die französische Artillerie auf den Oberbau des Forts und nahm dabei sogar etliche Opfer unter den eigenen Verteidigern in Kauf. Doch dadurch und durch anschließend herangekommene Verstärkungen, unter anderem aus dem Tunnel von Tavannes, konnte das Fort Souville endgültig gesichert werden.

Auch nach dem 12. Juli wurde der deutsche Artilleriebeschuß fortgesetzt. Die Angreifer gruben sich nur etwa 200 Meter vor dem Fort ein. Am 1. August begann eine neue Offensive im Vaux-Chapitre-, Vau-Régnier- und im Laufée-Wald. Doch Souville geriet nicht mehr in Gefahr; im Gegenteil: Bereits am folgenden Tag konnten die Franzosen ihrerseits zum Gegenangriff antreten, der dazu führte, daß die deutschen Stellungen bis Ende August immerhin um weitere 450 Meter von Fort Souville zurückgedrängt werden konnten.

Während dieser Zeit und während der folgenden Monate bis etwa Dezember 1916 wurde die Befestigung weiterhin regelmäßig beschossen, vor allem auch immer wieder mit großkalibrigen Granaten, ohne daß allerdings noch nennenswerte schwere Beschädigungen eintraten.

Am 3. September unternahmen die Deutschen an ihrem linken Flügel im Gebiet Chapitre – Vaux – Fleury noch einmal einen relativ breit vorgetragenen Angriff, der ihnen einerseits örtlich Erfolge brachte, sie andererseits aber auch infolge französischer Gegenstöße zwang, im Raum östlich von Fleury zurückzugehen und den sogenannten »Bayern-Graben« aufzugeben. Damit wurde die Front vor Souville erneut um etwa 200 Meter zurückgenommen. Diese Lage blieb bis zum französischen Großangriff von Ende Oktober 1916 bestehen.

Vor allem nach der endgültigen Sicherung des Forts bemühten sich die Franzosen, es bestmöglich wiederherzustellen. So waren Ende Juni 1917 der Panzerturm und in ihm eine 15,5-cm-Kanone erneut einsatzbereit. Der Turm erhielt Verbindung mit den Schutzräumen des Forts und mit dem einzigen, immer noch erhaltenen betonierten Raum des oberirdischen Teils. In den Schutzräumen wurde schließlich noch ein Brunnen gegraben. Auf dem Oberbau installierte man einen Beobachtungsstand, der allerdings nur Schutz gegen Splitter bot.

Tavannes

Der französische Marschall Tavannes wurde im 16. Jahrhundert erster Gouverneur von Verdun. Da er sich während seiner Amtszeit besonders für eine verbesserte Verteidigungsfähigkeit der Stadt an der Maas einsetzte und in diesem Zusammenhang den Anstoß zum Bau der ersten Zitadelle gab, benannte man später zunächst eine Quelle nach ihm. Dieser Name übertrug sich bald auf den gesamten sie umgebenden Geländeabschnitt und die dort errichteten Bauten.

Die Tavannes-Quelle lag in einer Schlucht zwischen der von Etain kommenden Straße und dem bewaldeten Vorsprung von La Laufée. Viele Jahre lang schrieb man ihr eine gewisse Wunderkraft zu. Als mit dem Bau der Festungsregion Verdun begonnen wurde, verwendete man sie zur Trinkwasser-Versorgung der in der Nähe gelegenen Forts. Auch eine Waschanlage entstand, deren Überreste als einzige den Kämpfen des Ersten Weltkrieges standhielten.

Im Jahre 1850 wurde an dieser Stelle außerdem eine Kapelle errichtet. Ihre Vorgängerin war während der Französischen Revolution abgerissen worden. 1916 verschwand aber der Neubau für immer unter dem Granatenhagel der kriegführenden Parteien.

Zu den ersten Forts, die im Raum von Verdun zwischen 1874 und 1880 erbaut wurden, gehörte auch das von Tavannes. Es bestand aus Mauerwerk und ist nicht – wie andere benachbarte Anlagen – durch Beton verstärkt worden. Auf Grund zunehmender Leistungssteigerung der Geschütze in den folgenden Jahren wurde dem Fort Tavannes allerdings bald eine zweite Verteidigungslinie vorgeschaltet. Diese bestand vor allem aus den Forts Douaumont und Vaux, dem Werk La Laufée sowie den Batterien von Damloup und Mardi-Gras. Sie war erheblich stärker als der dahinter liegende ältere Abschnitt. Aber immerhin konnte das Fort Tavannes sowohl die Straße von Etain nach Verdun als auch das Gebiet zwischen Vaux und Souville wirkungsvoll schützen.

Nach Beginn der eigentlichen Schlacht um Verdun wurde auch Tavannes, vor allem durch die Nähe zu Fort Vaux, schnell das Ziel andauernder heftigster Beschießungen. Es widerstand diesen zunächst relativ gut; aber am 7. Mai 1916 richtete dann doch der Volltreffer einer deutschen 42-cm-Granate ernsthafte Schäden an. So stürzte unter anderem ein Gewölbe ein.
Als die Franzosen Fort Vaux aufgeben mußten, erhöhte sich die Gefahr für Tavannes erheblich und erreichte ihren Höhepunkt während des deutschen Großangriffs vom 23. Juni 1916. Sein weiteres Scheitern bedeutete allerdings auch fast schon die Rettung für Tavannes, obwohl es in den folgenden Monaten fortgesetzt das Ziel heftigster Attacken war, die sich an Bedrohlichkeit kaum von den vorhergehenden unterschieden. Ein Grund dafür war, daß sich die Deutschen der Batterie von Damloup bemächtigen konnten und auch dem Werk La Laufée bedrohlich nahekamen. Als Folge davon fanden neue Vorstöße auch gegen Fort Tavannes statt, und zwar hauptsächlich von August bis Anfang September. Sie wurden erst kurz vor dem heutigen Denkmal für die Erschossenen von 1944 (welches übrigens ganz in der Nähe des östlichen Eingangs des

»Tunnels von Tavannes« liegt) zum Stehen gebracht. Von dort nahm dann schließlich auch die erste französische Gegenoffensive unter General Mangin am 24. Oktober 1916 ihren Ausgang.

Die Verlängerung der Eisenbahnlinie Châlons – Verdun bis nach Metz war 1870 bereits in Angriff genommen worden. Sie sollte durch einen Tunnel bei Tavannes führen, der damals fast fertiggestellt war. Der Deutsch-Französische Krieg unterbrach zunächst diese Arbeiten, die nach seinem Ende aber wieder aufgenommen wurden. Allerdings gestattete der Friedensvertrag von 1871 nur noch eine einspurige Linienführung.

Gleich nach Beginn des Ersten Weltkrieges wurde auch der Tunnel von Tavannes in mehrfacher Hinsicht militärisch genutzt. So stellte er bald einen zusätzlichen und zuverlässigen Schutzbau für die Personal-Reserve und den Munitionsnachschub zwischen Souville und Vaux dar. Für die Soldaten errichtete man Lagerstätten auf einer dreistöckigen Holz-Empore. Andere Teile blieben allerdings leer, so daß dort die Schutzsuchenden, deren Zahl ständig anwuchs, schließlich dicht gedrängt auf Schienen und Schwellen nächtigen mußten.

Am Anfang der Großoffensive vom 21. Februar 1916 gegen Verdun wurde auch der Tunnel von Tavannes ein bevorzugtes Ziel der deutschen Artillerie. Besonderes Augenmerk galt den beiden Ausgängen, denn die Angreifer wußten um die Bedeutung dieser Anlage für die sichere Bereitstellung von Personal-Reserven und Material. Die Bedrohung für den Tunnel wuchs, nachdem die Deutschen den Douaumont genommen hatten und damit die Stellungen der Franzosen in der Woëvre-Ebene in Flanke und Rücken bedrohten. Die Verteidiger zogen sich daraufhin an den Fuß der Maas-Höhen zurück, und zwar auf die Linie Damloup – la Fiéveterie – Eix. Damit befanden sie sich nur noch wenige Kilometer vom östlichen Tunneleingang entfernt.

In der Folgezeit steigerte sich der Beschuß von Tavannes immer mehr und erreichte bald unvorstellbare Ausmaße. Dadurch und durch den Fall von Fort Vaux wurde die Lage des Tunnels fast hoffnungslos: Die Deutschen konnten nun den gesamten Abschnitt fast uneingeschränkt beobachten und damit auch kontrollieren. So hatten die Franzosen nur noch gelegentliche Bewegungsmöglichkeiten im Wald von Chênois, mußten dabei jedoch ständig schwere Verluste hinnehmen.

Doch auch innerhalb des Tunnels herrschten bald ebenso furchtbare Zustände, wie die Deutschen sie im Douaumont vorgefunden hatten.

Trotz einer gewissen Luftzufuhr waren Hitze und Gestank fast unerträglich. Hunderte von Verwundeten konnten nur schlecht oder gar nicht versorgt werden. Die Zahl der Leichen wurde immer größer, ohne daß es gelang, sie abzutransportieren. Hunger und vor allem Durst quälten die Soldaten ebenso sehr wie die starken Erschütterungen, hervorgerufen durch deutsche Geschosse. Deren Einschläge führten vor allem an den beiden Tunnelausgängen zu katastrophalen Verhältnissen und grauenhaften Opfern. Doch so unglaublich es klingen mag: Es gab noch eine Steigerung dieses Infernos. In der Nacht vom 4. zum 5. September 1916 wiederholte sich hier etwas, was auch im Fort Douaumont schon geschehen war: Ein Handgranatenlager in der Nähe des westlichen Eingangs fing Feuer. Der Brand griff rasch auf ein Lager mit Treibstoff-Behältern über. In wenigen Minuten stand alles in Flammen und detonierte kurz darauf. Explosion, Feuer und Qualm verursachten Panik und Tod, zunächst in den Holzemporen und dann im gesamten Tunnel. Hunderte von Soldaten verbrannten, erstickten oder wurden einfach totgetrampelt. Diejenigen, die noch bis zum Ausgang gelangten, rannten in ihrer Angst hinaus und wurden dort genauso vom gegnerischen Feuer getroffen wie diejenigen, die am Tunnelende verharrten, aber von den eigenen Kameraden hinausgestoßen wurden.

Es dauerte mehrere Tage, um alle Opfer zu bergen. Nur der Tatsache, daß die deutsche Front inzwischen wieder zurückgenommen werden mußte, verdankte mancher Verwundete seine Rettung.

Nach dem Ersten Weltkrieg wurde auf beiden Seiten des Tunnels je ein französischer Soldatenfriedhof angelegt. Der westliche nahm die Opfer der Explosion vom September 1916 in Einzel- und Massengräbern auf, während der östliche Ruhestätte für diejenigen französischen Kämpfer wurde, die bei der Verteidigung jenes Abschnittes – vor allem nach dem Verlust von Fort Vaux – in großer Zahl gefallen waren. Außerdem entstand ein Zuaven-Friedhof in Höhe des heutigen Denkmals für die Erschossenen von Tavannes. Alle Toten sind 1926 auf dem französischen Soldatenfriedhof von Douaumont zur letzten Ruhe gebettet worden.

Am 22. Dezember 1944 machte ein Angehöriger der französischen Staatsbahn auf dem Weg vom Tavannes-Tunnel zur Straße, die nach Fort Vaux führt, eine grauenhafte Entdeckung. Er stieß auf ein nur notdürftig zugeschüttetes Massengrab von 16 Männern, die allesamt Kopfschüsse aufwiesen. Es stellte sich bald heraus, daß es sich bei den Toten um die letzten Insassen des Gestapo-Gefängnisses von Verdun handelte, die offensichtlich von ihren Peinigern angesichts der sich nähernden Alliierten noch rasch liquidiert worden waren. Ihnen ist an der Stelle ihrer Auffindung schon in den ersten Jahren nach Ende des Zweiten Weltkrieges ein würdiges Denkmal gesetzt worden.

Thiaumont

Am 19. April 1916 konnte der Steinbruch von Haudraumont durch deutsche Truppen eingenommen werden. Die Franzosen versuchten aber sofort, diesen Verlust wettzumachen, indem sie die dortigen Stellungen vom gegenüberliegenden Thiaumont-Rücken aus direkt unter Beschuß nahmen. Diese waren nach Süden hin praktisch offen und boten mit ihren weißen Kalksteinwänden ein gutes Ziel. Insofern hatten sie auch für die Deutschen einen geringeren Wert als vorher für die Franzosen. Andererseits konnten die Angreifer nun die Albain-Schlucht durchqueren. So gelangten sie auf den Albain- und zum Teil auch schon auf den Thiaumont-Rücken. Beides war zuvor wegen der Bedrohung aus dem Haudraumont-Steinbruch nicht möglich gewesen. Damit bestanden auch bessere Voraussetzungen, das Zwischenwerk Thiaumont nehmen zu können.

Am 7. Mai 1916 sollte daher zunächst der gesamte Thiaumont-Rücken erobert werden. Die dafür vorgesehenen deutschen Truppen mußten jedoch schon während ihrer Bereitstellung in der Albain-Schlucht erhebliche Verluste durch französische Artillerie hinnehmen, deren Schießen von Flugzeugen aus geleitet wurde. Dennoch riskierten die restlichen Teile den Sturm, als das gegnerische Feuer abflaute. Sie gelangten erstaunlicherweise sogar bis zu den ersten französischen Stellungen, wurden dann allerdings nahezu völlig aufgerieben.

Ende Mai 1916 übernahmen bayerische Truppenteile auf dem rechten Maas-Ufer den westlichen Frontabschnitt. Die vordersten deutschen Linien waren zu diesem Zeitpunkt bereits in die Thiaumont-Schlucht vorgeschoben. Diese macht streckenweise einen Bogen und wurde an ihrem Ende durch zahlreiche französische Maschinengewehre gesichert, die sich in den sogenannten »Wabengräben« befanden. Wiederholt scheiterten die deutschen Angriffe. Erst am 12. Juni vermochte das bayerische »Königsregiment« Nr. 1 nach dreitägiger Artillerievorbereitung den vordersten Teil des französischen Stellungssystems zu erobern. Mehrere seiner Kompanien bestanden schließlich nur noch aus etwa einem Dutzend Soldaten. Der dahinter liegende Abschnitt, das sogenannte »Franzosennest« – direkt unterhalb der Thiaumont-Ferme –

widerstand dagegen und bereitete den deutschen Bataillonen schwerste Verluste. Am folgenden Tag ergaben sich die Verteidiger allerdings überraschend schnell, weil sie auf Grund eines deutschen Vorstoßes entlang des Weges von Fort Douaumont zum Werk Thiaumont weitgehend abgeschnitten worden waren. Andere französische Stellungen inmitten der Thiaumont-Schlucht gegenüber den Wabengräben leisteten jedoch weiterhin erfolgreich Widerstand, so daß der Thiaumont-Rücken weiter umkämpft blieb. Angriff auf Angriff der Deutschen war vergeblich, zumal ihre Artillerie wegen der unübersichtlichen Lage – und dies war in Verdun kein Einzelfall – nicht die Verteidiger, sondern die eigenen Soldaten traf. So wurde die Feuer-Unterstützung zeitweise eingestellt. Das Werk Thiaumont blieb damit auch weiterhin in französischem Besitz, obwohl es unbedingt vor dem nächsten deutschen Großangriff hätte fallen sollen. Es hielt zunächst stand, weil auf dem gleichnamigen Höhenrücken vier sogenannte »Batterien« lagen. In jeweils vier Gruppen von betonierten, durch Erde überdeckten Unterständen mit Schießscharten gestaffelt, waren sie zusätzlich durch 10 bis 20 Meter tiefe Drahtverhaue auf Zementsockel geschützt. Eine dieser Batterien besaß eine sogenannte »Brustwehr«, die zum Werk Thiaumont verlief. Aus ihr konnte man relativ sicher, gleichzeitig mit guten Beobachtungsmöglichkeiten, den Eingang der Thiaumont-Schlucht (Ravin de la Dame) beschießen.

Vom 21. Juni 1916 an begann die schon länger geplante, neue deutsche Offensive. Sie fand auf der gesamten Front zwischen Damloup und dem Höhenrücken Kalte Erde statt. Doch trotz gewaltiger Artillerievorbereitungen konnte sich das letzte »Franzosennest« von Thiaumont immer noch behaupten. Das dort angreifende bayerische Infanterie-Regiment wurde derart dezimiert, daß es aus dem Angriff herausgezogen werden mußte. Als dann auf dem Höhepunkt der Offensive am 23. Juni deutsche Truppen nicht nur Fleury besetzten, sondern darüber hinaus weiter nach Süden stürmten, waren auch die Werke Thiaumont und Kalte Erde für die Franzosen unhaltbar geworden. Die Verteidiger hatten zwar teilweise auf einzelnen Bunkern Maschinengewehre in Stellung gebracht, die aber, da ohne Schutz, bald niedergekämpft waren. Im Werk Thiaumont hatte ein gepanzerter Beobachtungsturm einen Volltreffer erhalten. Die restlichen 25 Verteidiger ergaben sich freiwillig. Mit Hilfe von Sandsäcken vor den Eingängen richteten sich die Deutschen umgehend zur Verteidigung ein. Wie andere Befestigungen zuvor, wurde nun auch Thiaumont zum Zufluchtsort für durchziehende Truppen, Stäbe und vor allem für Verwundete. Aus diesem Grund und weil sich der deutsche Angriff wieder festgelaufen hatte, wurde das Werk alsbald unter schwerstes französisches Feuer genommen. Priorität hatte für die Franzosen allerdings die Wiedereroberung des verlorengegangenen Ortes Fleury. Als dies nicht gelang, versuchten sie ihr Glück am Thiaumont. Hier waren zwei bayerische Regimenter Ende Juni durch die Artillerie derart dezimiert worden, daß man auf einen erfolgreichen Gegenstoß hoffen konnte. In der Tat gelangten einige französische Soldaten am 1. Juli bis vor den Eingang. Als sie die deutschen Verteidiger zur Übergabe aufforderten, wurden sie ihrerseits von anderen deutschen Soldaten überrascht und mußten die Waffen strecken. Diese Lage war symptomatisch, denn beide Seiten wußten einige Zeit nicht mehr, wer nun Besitzer von Thiaumont war. Auch in der Folgezeit stand das »Zwischenwerk« von Ende Juni 1916 bis weit in den Juli hinein im Mittelpunkt heftigster Kämpfe.

Mitte Juli eroberten die Franzosen zunächst den sogenannten »M-Raum« an der Straße von Kalter Erde nach Fleury bzw. Thiaumont zurück. Er gehörte zu einer Gruppe von Betonbunkern, die Thiaumont auch nach Süden hin schützten. Nach dem letzten deutschen Angriffsversuch vom 11. Juli, der erneut scheiterte, und dem Beginn der Somme-Offensive fehlten nun jegliche Kräfte, um selbst lokal begrenzt das Blatt noch einmal entscheidend zu wenden. So ging fast logischerweise schon am 24. Juli die »Doppelbatterie« knapp östlich von Thiaumont verloren, und nach und nach folgten fast alle weiteren kleineren Unterstände in diesem Raum. Die Deutschen unternahmen am 29. Juli noch einmal eine Gegenoffensive, die jedoch – abgesehen von den üblichen ungenügenden Vorbereitungen – mitten in einen großen Angriff General Mangins hineinstieß. Wie nicht anders zu erwarten, blieb so der Versuch, die Umgebung von Thiaumont wieder in sicheren eigenen Besitz zu bringen, erfolglos. Die Franzosen nutzten Schwächen und Verwirrung ihres Gegners konsequent aus und stießen in die entstandenen Lücken hinein. Die Besatzung von Thiaumont glaubte sich auf Grund der Meldung eines eigenen Flugzeuges bereits eingekesselt und räumte daraufhin freiwillig das Werk. Somit waren die französischen Truppen im 23. Ansturm erfolgreich; doch immer noch nicht auf Dauer: In einem überraschenden Gegenangriff eroberten bayerische Bataillone Thiaumont am 8. August ein letztes Mal zurück. Im Verlauf der damaligen Kämpfe soll dieses Werk zwischendurch noch mehrfach kurzfristig den Besitzer gewechselt haben.

Erst im Rahmen der ersten großen französischen Gegenoffensive gelang es einem Zuaven-Regiment, Thiaumont und den völlig zerstörten gleichnamigen Gutshof am 24. Oktober 1916 zurückzuerobern, nachdem tagelanges Artilleriefeuer den deutschen Verteidigungswillen – vor allem durch den Einsatz großer Mengen Giftgas – entscheidend geschwächt hatte.

Toter Mann (Mort-Homme)

Der Tote Mann war – zusammen mit der Höhe 304 – einer der am heftigsten umkämpften Punkte auf dem linken Maas-Ufer. Er ist ein Bergmassiv mit mehreren Gipfeln. Zwei von ihnen spielten in den Kämpfen des Ersten Weltkrieges eine besondere Rolle, und zwar im Norden die damalige Höhe 265, über welche eine Straße von Béthincourt nach Cumières verläuft, und die damalige Höhe 295, der eigentliche Tote Mann, den die Straße im Nordosten umgeht. Der Berg eignete sich gleich hervorragend als Beobachtungspunkt und als Artilleriestellung. Ihm kam in etwa die gleiche Bedeutung auf dem linken Maas-Ufer zu wie dem Douaumont auf der anderen Seite des Flusses.

Die deutsche Offensive vom 6. März 1916 gelangte innerhalb von sechs Tagen auch an die Hänge des Toten Mannes. Am 14. März versuchten die Angreifer, die Höhe selbst zu stürmen. Vorausgegangen war eine fünfstündige Beschießung, zeitweise mit 120 Granaten pro Minute. Die 25. französische Division verteidigte sich hartnäckig, obwohl viele ihrer Soldaten halb begraben waren. Sogar vier Obristen und viele Angehörige des Divisions-Stabes fielen im direkten Kampf. Dennoch eroberten die Deutschen die Höhe 265, während der Hauptgipfel trotz stärksten deutschen Drucks weiterhin von den Franzosen gehalten werden konnte, wobei sich vor allem Zuaven auszeichneten. Im Laufe der Nacht kam es sogar zu örtlichen Gegenangriffen der Verteidiger. Vom 9. April an gingen die Deutschen ihrerseits auf breiterer Front wieder gegen die Höhe 295 vor. Dabei erzielten sie zwar einige Geländegewinne; doch der Südteil des Toten Mannes verblieb weiterhin in der Hand der Verteidiger.

Am 20. April griff umgekehrt das französische XXXII. Korps des Generals Berthelot an: Drei Bataillone der 40. Infanterie-Division traten über die Höhe 295 an und konnten sich an den Nordhängen festsetzen. Die Deutschen versuchten daraufhin, in einer Gegenoffensive durch die Hayette-Schlucht den Toten Mann zu umgehen, wurden dabei aber völlig aufgerieben. Auch auf dem Gipfel wurden alle weiteren Angriffe abgewiesen, so daß die Höhe 295 zunächst noch in französischer Hand blieb.

Erst am 20. Mai gelang es einem frischen deutschen Korps, den höchsten Punkt (Höhe 295) des Toten Mannes zu nehmen. In der Folgezeit, bis zum 29. Mai, konnten sie ihre Front sogar noch erheblich nach Süden auf die Linie Toter Mann – Cumières vorverlegen. Etwa Mitte Juni setzten wieder französische Gegenangriffe ein, ohne zu mehr als örtlichen Erfolgen zu kommen.

Auch 1917 blieb der Tote Mann Schauplatz heftiger Kämpfe. Die Deutschen hatten das gesamte Berggelände mittlerweile zu einer starken Befestigung ausgebaut, indem sie unter anderem tiefe und lange Tunnel anlegten, die fast völligen Schutz gegen jeglichen Artillerie-Beschuß boten.

Im Verlauf der alliierten Gegenoffensive vom 20. August 1917 eroberte die französische 31. Infanterie-Division die gesamte Anlage des Toten Mannes endgültig zurück.

Vauquois

Der Name »Vauquois« ist gleichermaßen Symbol für die Kämpfe des Ersten Weltkrieges in den Argonnen wie auch für diejenigen um Verdun. Obwohl dieser Ort – auf einem exponierten Hügel gelegen – etwa 40 Kilometer von der Maas-Festung in westnordwestlicher Richtung entfernt ist, bestimmte sein Schicksal schon von September 1914 an auch dasjenige Verduns entscheidend mit, so daß er seinen Platz in einem entsprechenden Reiseführer haben muß.

Wie gesagt: Der Erste Weltkrieg dauerte gerade zwei Monate, als auch Vauquois in Mitleidenschaft gezogen wurde. Deutsche Truppen besetzten den Ort und seine Umgebung. Anlaß dazu war u.a. ihr damaliger Plan, Verdun enger einzuschließen. Voraussetzung dafür bildete wiederum ein erfolgreicher Angriff gegen die französische 3. Armee. Der Besitz von Vauquois garantierte dabei den Deutschen, daß sie sowohl ihre militärischen Operationen nördlich von Varennes als auch ihren Nachschub auf der Straße von Four-de-Paris her unbeobachtet durchführen konnten. Außerdem verfügten sie mit dem Hügel von Vauquois über einen exzellenten Artilleriebeobachtungsstand.

Die neuen Besitzer bauten Vauquois schnell zu einer wahren Festung aus. Diese wurde zusätzlich unterstützt und flankiert durch Feuermöglichkeiten aus den Wäldern von Cheppy, Mountfaucon und den Argonnen. Dennoch konnten Hügel und Ort, wenn auch erst nach mehreren Anläufen, von der 10. französischen Infanterie-Division zurückerobert werden. Den Auftakt dazu bildete ein Sturm am 28. Oktober 1914. Da ihm jedoch eine ausreichende Artillerieunterstützung fehlte, scheiterte er – ebenso wie der am nächsten Tage bei La Cigalerie und der am 30. Oktober – unter hohen Verlusten. Der dritte Angriff fand am 17. Februar 1915 statt. Diesem ging eine entsprechende Feuervorbereitung voraus; ein Erfolg wäre durchaus möglich gewesen. Die Franzosen gelangten auch bis zu den Ruinen der Kirche von Vauquois, mußten sich aber wieder bis auf die halbe Höhe des Hügels zurückziehen, weil ihnen die Reserven fehlten und die flankierenden deutschen Geschütze wirkungsvoll trafen. Sie hinterließen zahlreiche Tote.

Auch ein vierter französischer Vorstoß, am 28. Februar, führte zu keiner wesentlichen Änderung der Lage. Erst ein weiterer Großangriff am 1. März sollte den endgültigen Durchbruch bringen. Er begann mit gewaltiger Artillerievorbereitung. Die französischen Truppen gelangten in einem zweiten Anlauf wiederum bis zur Kirche. Erbittert wurde um jeden Steinhaufen als Überreste des Dorfes gerungen. Am folgenden Tag sah es zunächst so aus, als ob es den Deutschen erneut gelingen würde, ihren Gegner aus Vauquois zu vertreiben. Doch am Rande des Hügels war der französische Widerstand diesmal nicht mehr zu brechen, so daß sich die Deutschen wieder in das Ruinenfeld des Dorfes zurückziehen mußten. Weitere heftige Kämpfe schlossen sich an: Vier Tage und Nächte wurde ohne Unterbrechung geschossen, mit Handgranaten geworfen oder mit dem Bajonett gefochten, bis einschließlich am 4. März der französische Mitbesitz von Vauquois hinreichend gesichert zu sein schien. Dennoch folgten weitere deutsche Angriffe, so zum Beispiel am 5. oder am 15./16. März. Auch später kam es noch zu etlichen Handstreichen gegen Vauquois, die aber bald nur noch der Erkundung bzw. Aufklärung dienten. Das Hauptkampfgeschehen verschob sich dagegen ab Mitte April 1915 unter die Erde. Der Minenkrieg sollte fortan das Bild der dortigen Kämpfe und der heutigen Landschaft genauso prägen wie das ihres südöstlichen »Gegenstückes« Les Eparges.

Während der Offensive gegen Verdun kam es zu den Höhepunkten dieses Minenkampfes: Die größten und wirksamsten Sprengungen erfolgten am 23. März (Frankreich) sowie am 14. Mai und am 10. Dezember 1916 (beidemal Deutschland).

1917 erfolgten zwar auch wieder zahlreiche oberirdische Handstreiche von beiden Seiten; doch der Minenkrieg stand nach wie vor im Vordergrund. Am 26. September 1918, dem ersten Tag der großen amerikanisch-französischen Schlußoffensive, wurde auch Vauquois endgültig gesichert und zugleich der Nachbarort Boureuilles erobert.

Vaux

Das Dorf Vaux-devant Damloup lag – ebenso wie der westlich anschließende gleichnamige Teich – in der Bazil-Schlucht. Durch sie verlief die kleine Maas-Eisenbahn (»Tacot«), die in Vaux einen Bahnhof hatte. Nach Westen steigt das Gelände zum Fausse-Rücken und Caillette-Wald an; dahinter sieht man auf einem Kamm das Fort Douaumont als rundliche Erhöhung. Nach Osten dehnt sich die Woëvre-Ebene. Auf dem nächsten, südlich gelegenen, in sie hineinragenden Höhenrücken befindet sich die Batterie von Damloup und an seinem Fuß das wiederaufgebaute Dorf Damloup, bei dem die Horgne-Schlucht endet.

Das Fort Vaux wurde 1881 bis 1884 zunächst in Mauerwerkarbeit errichtet. 1888 verstärkte man die sogenannte Kehlkaserne durch eine Betondecke von 2,5 Metern Dicke. Zwischen sie und ihr ursprünglich ein Meter starkes Mauerwerk wurde außerdem noch eine ein Meter hohe Sandschicht gefüllt. 1904 bis 1906 erhielt Fort Vaux einen 7,5-cm-Geschützturm mit einem dazugehörigen Beobachtungsturm sowie zwei weitere gepanzerte Maschinengewehrtürme. Hinzu kamen drei zusätzliche Grabenstreichen, von denen zwei jeweils mit dem ihnen benachbarten Beobachtungturm durch einen betonierten Hohlgang verbunden waren, der unter dem Fortgraben hindurchlief und so wie alle auch später gebauten unterirdischen Verbindungsgänge eine 1,5 Meter starke Betondecke hatte. Schließlich wurden noch zwei Zwischenraumstreichen (»Casemates de Bourges«) mit jeweils zwei 7,5-cm-Geschützen gebaut. Die erwähnten betonierten Hohlgänge sind zwischen 1910 und 1912 erweitert worden, um die Kehlkaserne, die mehr als 150 Mann faßte, mit allen Teilen des Forts zu verbinden. Wenn die Anlage auch weniger stark und kleiner als ihr Nachbar Douaumont war, so flankierte sie ihn doch und war damit – je nach Lage – sehr wesentlich für seine Sicherheit. Dadurch und wegen ihrer Beherrschung der Hochebene südlich der Vaux- (Bazil-) Schlucht kam ihr eine wichtige Funktion zu.

Auch Fort Vaux wurde infolge der schon für Fort Douaumont genannten Befehle zu Kriegsbeginn weitgehend desarmiert. Als die deutschen Angreifer nach dem 21. Februar 1916 näher rückten, zogen sich die Verteidiger im Osten der Front am 25. Februar aus der Woëvre-Ebene an den Fuß der Maas-Höhen zurück. Da Pétain an diesem Tag die Kommandogewalt übernahm und es eine seiner ersten Maßnahmen war, die Festungen wieder funktionstüchtig zu machen, erhielt auch Vaux eine ständige Besatzung von zwei Infanterie- und zwei Festungs-Maschinengewehr-Abteilungen. Ende Februar bekam der 7,5-cm-Geschützpanzerturm einen Volltreffer und flog in die Luft.

Bereits Anfang März 1916 eroberten die Deutschen die Kammhöhe, die Vaux im Norden von Fort Douaumont bis zum Werk (Ouvrage) Hardaumont abschließt. Bis in den April hinein bemühten sie sich, den Eingang in die Bazil-Schlucht durch die Einnahme des Dorfes und Teiches von Vaux zu erzwingen, um dann das Fort durch die Schlucht – bei gleichzeitigem Frontalangriff – umgehen zu können. Die Hauptlast lag beim XV. Korps, das später als die anderen drei Angriffsverbände in die Kämpfe eingriff und dazu von der Woëvre-Ebene aus vorstieß. Die französische Front vor dem Dorf wurde schon seit dem 1. März 1916 von einer Brigade gehalten, die bald darauf noch durch einige Jäger-Bataillone und Teile verschiedener anderer Regimenter Verstärkung bekam.

Fort Vaux, das bereits heftige Beschießungen hatte hinnehmen müssen, stellte dennoch eine Befestigung dar, die weitgehend Schutz und gute Fernsicht in die Woëvre-Ebene bot. Andererseits lagen die Nordostabhänge des Rückens, auf dem sich das Fort befindet, in einem toten Winkel, so daß die Verteidigung erschwert war. Die deutschen Angreifer konnten dagegen diesen Abschnitt gut einsehen und folglich auch wirkungsvoll beschießen. Die Form des Geländes ermöglichte es den Deutschen, die steilen Hänge relativ leicht zu besetzen und sich unterhalb des Forts in etwa 300 Meter Entfernung festsetzen zu können. Maschinengewehrfeuer aus dem Dorf Vaux zwang die Angreifer zwar ständig in Deckung, vermochte sie jedoch nicht zurückzuschlagen.

Ein erster Höhepunkt der deutschen Vorstöße lag zwischen dem 6. und dem 11. März 1916. Während dieser Tage gelangten die stürmenden Soldaten bis zum Rand des Dorfes, obwohl Barrikaden die Hauptstraße versperrten und die Verteidiger sich erbittert wehrten. Schließlich gelang es ihnen, die Angreifer im Bajonett-Kampf zurückzuwerfen.

Daraufhin wandten sich die Deutschen direkt gegen das Fort. Sie erkletterten den Bergrücken, auf dem es liegt, und kamen dabei bis auf etwa 300 Meter heran. Bereits am 15. März meldete ihr Heeresbericht, daß das Fort genommen sei. Dies stellte sich jedoch bald als Irrtum heraus. Die vorgehenden Einheiten waren zwar zunächst durch die steilen Hänge verborgen und damit weitgehend geschützt worden; aber als sie dann die Höhe erreicht hatten, erlitten sie durch Beschuß aus dem Festungswerk furchtbare Verluste. Allein vor dem Drahtverhau mußten sie mehr als 200 Gefallene zurücklassen. Doch auch die Verteidiger hatten viele Opfer zu beklagen: So verzeichnete allein die 303. Brigade zum Zeitpunkt ihrer Ablösung Ausfälle von 2.500 Mann und 65 Offizieren.

Die Deutschen mußten aber auch weiterhin schwer kämpfen, um das Dorf Vaux in ihren Besitz zu bringen. In mehreren Gegenangriffen versuchten die Franzosen, die übriggebliebenen Ruinen wieder fest in ihre Hand zu bringen. Am nachhaltigsten geschah dies am 30. März, mit dem Ergebnis, daß sie sich am Vaux-Teich festsetzen konnten und damit ihren Gegner auf ihrem rechten Flügel erheblich behinderten. Dieser versuchte den Nachteil durch ein Umgehen in der Fausse-Côte-Schlucht zu kompensieren.

Am 2. April stieß eine frische deutsche Division die Südhänge des Caillette-Waldes und die Bazil-Schlucht hinab, so daß Douaumont im Süden und Vaux im Westen überflügelt waren. Das III. französische Korps unter General Nivelle mit der 5. Division General Mangins an der Spitze verstärkte die Verteidiger, obwohl zunächst von ihr nur das 74. Infanterie-Regiment verfügbar war. Dieser Truppenteil und die gesamte 9. Brigade durchquerten die Bazil-Schlucht. Sie sicherten den Caillette-Wald mit Handgranaten und Bajonetten und klammerten sich in den wiedereroberten Linien fest, so daß sie auch sämtliche Gegenangriffe der Deutschen zurückschlagen konnten. Diese scheiterten am 9. und 10. April erneut vor Fort Vaux, vermochten nun aber immerhin das total zerstörte Dorf Vaux einzunehmen.

Im April und Mai 1916 gingen die Kämpfe ununterbrochen weiter, ohne jedoch wesentliche Änderungen zu bewirken. Fort Vaux befand sich währenddessen fast völlig in der Frontlinie und wurde ständig von Granaten aller Kaliber getroffen, die schwere Schäden anrichteten, ohne allerdings die Anlage entscheidend zu schwächen.

Anfang Juni intensivierten die Truppen des Kronprinzen ihre Angriffe gegen das Fort. Durch den Besitz des Dorfes war ihnen der Eingang der Bazil-Schlucht sicher, so daß sie nun vermochten, Vaux zugleich im Westen durch die Schluchten und den Wald von Fumin sowie im Südosten durch die Horgne-Schlucht zu umfassen.

Am 1. Juni scheiterte der deutsche Angriff noch vor Damloup; im Zentrum aber vernichtete oder begrub Artilleriefeuer große Teile der 6. französischen Division, die den oberen Teil der Bazil-Schlucht gesperrt hatte. Daraufhin konnten die Deutschen weit in den Fumin-Wald vorstoßen. Zwei Infanteriewerke auf den Abhängen nordwestlich des Forts wurden bereits jetzt genommen.

Am 2. Juni verloren die Franzosen Damloup, und die Angreifer konnten durch die Horgne-Schlucht vorstoßen. Die Hohe Batterie von Damloup wurde anschließend heftig und verlustreich umkämpft. Sie blieb zwar noch bis zum 3. Juli in französischer Hand, konnte aber dennoch die Deutschen nicht daran hindern, Fort Vaux durch die Horgne-Schlucht nun auch rechts zu umfassen. Gleichzeitig wurde Fort Vaux vor allem mit 21-, 38- und 42-cm-Granaten bombardiert. Es war schließlich von drei Seiten durch deutsche Sturmtruppen umzingelt. Auch wenn westlich des Dorfes Vaux noch einige Verteidiger mutigen Widerstand leisteten, zogen sich doch die meisten ihrer Kameraden in das Fort zurück.
Die Deutschen dagegen konnten sich endgültig an den Flanken des Bergrückens festsetzen und so alle Gegenangriffe zurückschlagen. Auch das Fort selber wurde nun eng eingeschlossen.

Am frühen Morgen des 3. Juni stürmten dann deutsche Pioniere, durch Nebel und Rauch geschützt und von den Verteidigern nicht bemerkt, die den Nordgraben des Forts sichernden Außenwerke, stiegen in den durch Beschuß halb gefüllten Graben und durch verschiedene Trichter auf die Decke des Forts, wo sie ihre Maschinengewehre in Stellung bringen konnten.

Fort Vaux und Umgebung waren seit März regelmäßig – pro Tag mit etwa 800 Granaten größeren Kalibers – beschossen worden. Der Kommandant, Major Raynal, sah sich schließlich fest unter der Erde eingeschlossen. Die Besatzung, die anfangs aus wenig mehr als zwei Kompanien bestanden hatte, war zwischenzeitlich auf etwa vier weitere, Zuflucht suchende Kompanien angewachsen. Um Lebensmittel und Wasser zu sparen, schickte Raynal möglichst viele Soldaten aus dem Fort zu den eigenen Linien zurück. Verbindungen nach außen waren schließlich nur noch mit Brieftauben und optischen Signalen möglich. Am 5. Juni abends endete auch das. Dennoch wehrte sich die restliche Besatzung weiterhin verzweifelt. In der Nacht vom 6. auf den 7. Juni versuchten noch einmal Verstärkungen, das Fort zu entsetzen, kamen auch bis zum Graben, mußten sich dann aber zurückziehen, nachdem sie die meisten ihrer Soldaten verloren hatten.

Das deutsche Füsilier-Regiment 39, das sich in den Ruinen des oberen Geschosses festsetzte, ließ Körbe voll Handgranaten mit Verzögerungszündern herab, verwendete Flammenwerfer sowie Gas und konnte so allmählich die Verteidiger aus den Geschütz- und Maschinengewehr-Ständen vertreiben. Diese drängten sich schließlich in den letzten unterirdischen Gängen zusammen und wehrten sich weiter mit Maschinengewehren, Handgranaten und Bajonetten hinter Sandsackbarrieren.

Der Lärm war unerträglich, zumal die Angreifer einen Verteidigungswall nach dem anderen in die Luft sprengten. Doch schließlich ergab sich Fort Vaux am Morgen des 7. Juni den Deutschen, nachdem zuvor alle noch brauchbaren Maschinengewehre zerstört worden waren. Die Verteidiger hielten allerdings noch immer Teile der Außenwerke sowie die Kehlkaserne besetzt.

Am Morgen des 8. Juni versuchten französische Truppen sogar noch einmal, ihre Kameraden zu befreien. Sie gelangten aber im Osten und Westen nur bis in die Nähe des Forts, aus dem dichter schwarzer Rauch aufstieg, weil in einer der Kasematten eine heftige Explosion stattgefunden hatte. Dann mußten sie sich zurückziehen, da die schon im Innern und oben auf dem Fort befindlichen deutschen Maschinengewehre und ständig nachstoßende Verstärkungen sie vertrieben.
Um 4 Uhr nachmittags am 8. Juli teilte der deutsche Funkdienst schließlich mit, daß die französischen Verteidiger kapituliert hätten. Major Raynal und seine Soldaten genossen die Hochachtung der Deutschen, so daß der Kommandant in der Gefangenschaft einen Degen behalten durfte und seine Soldaten eine Vorzugsbehandlung erhielten.

Die vorderste französische Linie grub sich daraufhin etwa 150 Meter südwestlich des Forts ein. Nach dem großen deutschen Angriff auf Souville am 11. Juli zogen sich die Franzosen auf die Linie Südteil des Steinbruchs la Vau-Régnier – Steinbruch le Chênois – etwa 900 Meter südlich des Forts – zurück. Anfang August mußten sie sogar diese Stellungen räumen und zogen sich in den Laufée-Wald zurück, der mehr als einen Kilometer vom Fort entfernt war. Es folgten Geländegewinne, die zumindest den Steinbruch le Chênois wieder zurückbrachten, so daß sich die französische Linie von dort aus an der zum Zwischenwerk la Laufée führenden Straße entlangzog. Von hier aus erfolgte dann auch der Großangriff vom Herbst 1916.
Diese Offensive begann am 24. Oktober und wurde von General Nivelle, dem Oberbefehlshaber der II. Armee, vorbereitet und befohlen sowie von General Mangin, dem Oberbefehlshaber der dortigen Armeegruppe, ausgeführt.

Es war die französische 74. Infanterie-Division, die den Auftrag erhielt, Fort Vaux und Umgebung wiederzuerobern, und zwar im Abschnitt Brunnen-(Fontaines-/Souville-)Schlucht bis östlich des Laufée-Werkes. Die Artillerievorbereitungen dauerten drei Tage, bis der Sturm der Franzosen begann. Vor allem links und in der Mitte des Angriffstreifens, das heißt im Fumin-Wald und südlich des Vaux-Teiches, kam die Offensive nur recht langsam voran. Auch am 25. Oktober konnte das Fort

noch nicht wiedergenommen werden, obwohl die Angreifer sich weiter verstärkt hatten. Es blieb bis zum 2. November einem wahren Granatenhagel ausgesetzt. An diesem Tag gab dann allerdings ein deutscher Funkspruch bekannt, daß die Anlage geräumt worden sei. Bis zum 5. November wurden auch die Dörfer Vaux und Damloup wieder von französischen Truppen besetzt, so daß in etwa die Lage vom März 1916 wiederhergestellt war.
Nach der Wiederbesetzung von Fort Vaux wurde dieses sofort durch französische Soldaten instand gesetzt.

Fort Douaumont

IV. Routenvorschläge

1. Reiserouten nach Verdun

Verdun ist von Deutschland aus mit dem Auto leicht und unproblematisch zu erreichen.

So kann man z.B. Autofahrern aus dem norddeutschen und dem Köln-Bonner nur empfehlen, über Köln die A 61 Richtung Koblenz zu benutzen. Am Bliesheimer Kreuz hält man sich in Richtung Euskirchen und fährt bis zum Autobahn-Ende bei Blankenheim. Über eine sehr gut ausgebaute Bundesstraße gelangt man an Prüm vorbei nach Bitburg, von wo aus der Weg über Echternach (Grenze Luxemburg) nach Luxemburg führt.

Auch für die aus Nordosten oder Osten (z.B. aus den neuen Bundesländern) Anreisenden ist Luxemburg ein idealer Etappenpunkt. So fährt man aus dem Raum Dresden oder Leipzig über Eisenach an Bad Hersfeld (A 4) vorbei am Kirchheimer Dreieck auf die A 7 (Kassel-Frankfurt), der man ein paar Kilometer bis zum Hattenbacher Dreieck folgt. Von dort geht es über die A 5 Richtung Alsfeld/Marburg/Gießen. Vom Reiskirchener Dreieck (bei Gießen) führt die Route über die A 480 Richtung Gießen/Wetzlar (die beschriebene Strecke ist auch als E 40 ausgeschildert, ab Wetzlar bis Luxemburg als E 44). Die Autobahn geht hinter Wetzlar nahtlos in die B 49/E 44 über. Diese Straße ist fast bis Limburg dreispurig ausgebaut und verleitet daher zum schnellen Fahren (Achtung: Automatische Radarkontrollen). Ab Limburg benutzen wir die BAB A 3 Richtung Köln und orientieren uns am Dernbacher Dreieck Richtung Koblenz/Trier (A 48/E 44). Auf dieser Autobahn bleiben wir bis Luxemburg.

Bei der Fahrt durch die Randgebiete von Luxemburg-Stadt gibt es für den ortsunkundigen Autofahrer kaum Probleme, wenn er sich konsequent in Richtung Autobahn Metz hält. Mit Erreichen der südwestlichen Stadtgrenze beginnt auch wieder die Autobahn, die sich nach ein paar Kilometern teilt. Ohne abzubiegen bleiben wir auf dieser Autobahn Richtung Esch-sur-Alzette. Von hier aus ist Frankreich (France) ausgeschildert. (Ein Tip: Tanken Sie noch einmal in Luxemburg, die Preise liegen deutlich unter unseren deutschen und den französischen.)

Bei Esch-sur-Alzette ist die französische Grenze, die in der Regel ohne Kontrolle passiert werden kann. Von hier aus ist der ehemalige deutsche Etappenort Etain ausgeschildert. Auf gut ausgebauten Straßen ist er (bei Einhaltung der Geschwindigkeitsbegrenzung von 90 km/h) in einer halben Stunde erreichbar. Schon vorher wird auch auf Verdun hingewiesen. Von Etain sind es nur noch 19 Kilometer bis Verdun. Man kann allerdings auch von Luxemburg aus auf der Autobahn über Metz nach Verdun gelangen.

Dreh- und Angelpunkt für alle aus dem Südosten oder Süden Anreisenden sind Saarbrücken und Metz. Empfehlenswert für die Baseler oder Freiburger ist es, Straßburg anzusteuern, wo sie auf die französische Autobahn 4 stoßen, der sie Richtung Metz/Paris folgen (denken Sie daran, daß in Frankreich die Autobahnbenutzung gebührenpflichtig ist; dies gilt bis auf den Raum um Metz auch für diese Route). Münchner oder Stuttgarter haben die Qual der Wahl. Entweder fahren sie Richtung Karlsruhe und verlassen am gleichnamigen Dreieck die A 8, um von dort die A 5 Richtung Basel zu benutzen, aber diese in Baden-Baden verlassen. Nach der Rheinüberquerung und ca. 40 Kilometer auf der Landstraße kommen auch sie etwa zehn Kilometer hinter Haguenau auf die A 4(F). Alternativ kommt die Strecke vom Karlsruher Dreieck über Wörth am Rhein, Bad Bergzabern, Pirmasens, Saarbrücken in Betracht. Sie halten sich am Dreieck Karlsruhe in Richtung Frankfurt, verlassen an der Abfahrt Karlsruhe-Mitte die Autobahn und orientieren sich auf der B 10 Richtung Innenstadt/Wörth. Die B 10 ist als Schnellstraße ausgebaut und geht am Wörther Kreuz in die A 65 über, der man bis Kandel-Mitte folgt. Die Autobahn verlassend, verläuft die Strecke weiter auf der B 427 Richtung Bad Bergzabern und Hinterweidenthal, wo sie in die B 10 einmündet, die über Pirmasens auf die Autobahn (A 8), ab Kreuz Neunkirchen A 6, nach Saarbrücken führt.
Sie können natürlich auch die Route über Heilbronn nehmen, wie es z.B. ein Nürnberger tun sollte. Über die A 6 gelangen Sie zum Autobahnkreuz Walldorf, müssen am Dreieck Hockenheim auf die A 61, die Sie am Autobahnkreuz Frankenthal (A 6) verlassen. Über Saarbrücken erreichen Sie Metz, von wo man über die Autobahn Richtung Paris, Abfahrt Fresnes, nach Verdun fährt (es gibt auch eine Abfahrt Verdun, aber die reizvollere Strecke ist sicherlich die über Etain).

Die Hochebenen von Verdun – für den von Osten Kommenden schon von weitem sichtbar und auf der Strecke Etain-Verdun am steilen Aufstieg auch deutlich bemerkbar – bilden das letzte Geländehindernis, bevor der in Richtung Westen Reisende die Mulde des sogenannten »Pariser Beckens« erreicht. Die häufig über das Ufer tretende Maas teilt diesen Höhenrücken, der in seiner gesamten Ausdehnung meist »Côtes de

Meuse« (Maas-Höhenrücken) oder auch »Côtes Lorraines« (Lothringischer Höhenrücken) und im Großraum von Verdun »Haute de Meuse« (Maas-Höhen) genannt wird, in zwei von Norden nach Süden verlaufende Hälften. Die Entfernung vom Fluß bis zur feuchten Woëvre-Ebene im Osten beträgt im Durchschnitt zehn Kilometer. Viele Bäche haben sich tief in die Maas-Höhen eingegraben und Schluchten gebildet. Etwa in der Mitte verläuft kontinuierlich der Kamm des Höhenzuges, auf dem sich auch die größten Erhebungen befinden, so zum Beispiel der Douaumont mit 395 Metern. Um diese Höhen ist in der »Schlacht um Verdun« im Ersten Weltkrieg am häufigsten gekämpft worden.

Ein französischer Kenner der Ereignisse von Verdun zwischen 1914 und 1918 hat die dortige Landschaft sehr zutreffend wie folgt charakterisiert: »Dieses ganze in lauter einzelne Teile zerlegte und abgetrennte Gelände gleicht einer natürlichen Festung. Die Dichtungen und Schluchten bieten Annäherungswege und vorzügliche Artilleriestellungen. Jeder Wald, jedes Gehölz kann in eine in sich abgeschlossene Schanze verwandelt werden. – Während die Verzweigungen und vielfältigen Verästelungen der Täler Gefechtsbewegungen, das Eindringen in die feindlichen Schützengräben und überraschendes Vorgehen begünstigen, bieten andererseits die Kammhöhen ausgezeichnete Beobachtungspunkte; überall steile Böschungen, Vorgelände und Flankendeckungen, wie sie die Festungsbaumeister suchten.«
Zu Beginn des deutschen Angriffs gegen die Festungsregion von Verdun am 21. Februar 1916 wurde auch die Stadt selbst sofort planmäßig unter Artilleriefeuer genommen. Die letzten Bewohner evakuierte man seitens der Militärbehörden jedoch erst am 25. Februar.

2. Die Stadt Verdun/Besichtigung

Heute zählt Verdun 35.000 Einwohner. Die 1916 fast völlig zerstörte und 1944 beschädigte Stadt ist inzwischen zu einer geschäftigen Verwaltungszentrale (unter anderem Sitz einer Unterpräfektur des Departements Meuse), einem lebendigen Einkaufsmittelpunkt und einer touristisch gefragten Sehenswürdigkeit geworden. Zahlreiche Schulen aller Kategorien, Kliniken, neue Wohnviertel, Hotels und Restaurants, Park- und Sportanlagen sowie zahlreiche Industrieunternehmen legen davon Zeugnis ab. Die alte Festung an der Maas bildet darüber hinaus einen günstigen Ausgangspunkt zum Besuch des Lothringischen Naturschutzparks. An der Autobahn von und nach Paris gelegen, lohnt es sich auch immer, wenigstens einen Abstecher nach Verdun zu machen bzw. dort die Reise für eine oder mehrere Übernachtungen zu unterbrechen.

In der Regel wird der Besucher von Etain her Verdun erreichen. Wir kommen am National-Friedhof vorbei und gelangen in gerader Richtung fahrend zum Chaussée-Tor (»Porte Chaussée«). Dort biegen wir nach rechts ab (Fahrtrichtung) und finden rechter Hand einen großen Parkplatz; etwa 200 Meter einen weiteren. Hier soll der Ausgangspunkt für die folgende Stadtbesichtigung sein. Wir halten uns auf der weiter geradeaus führenden Rue des Frères Boulhaut, die einen Bogen macht. Bald erblickt man links einen offenen Platz (Place Vauban) und ein weiteres Tor, das Paulus-Tor (»Porte Saint-Paul«). Es gehörte mit seinen zwei Zugbrücken zum 1929 eingeebneten Stadtwall. Davor steht eine beachtenswerte Plastik nach einem Modell des französischen Bildhauers Rodin. Sie heißt »Verteidigung« (»Monument de la Defense«) und wurde der Stadt Verdun von Holland gestiftet.

Der Besucher geht durch die Porte Saint-Paul über den Place St. Paul auf die Rue Saint-Paul. 100 Meter weiter rechts liegen die Unterpräfektur und das Gerichtsgebäude (Sous-Préfecture et Palais de Justice). Sie waren Teile der ehemaligen Paulus-Abtei (Abbaye Saint-Paul) des 17. Jahrhunderts. Ganz in der Nähe, auf der gegenüberliegenden Straßenseite, befindet ein ehemaliges Jesuiten-Kolleg (Collège Buvignier), im Renaissance-Stil 1570 vom Architekten Chenevier erbaut, daneben die Buvignier-Kapelle (Chapelle Buvignier) im Barockstil aus dem 18. Jahrhundert.

Wir steigen nun rechts die Rue Saint Pierre hoch und biegen nach 200 Metern am Place André Maginot links in die Rue de la Belle Vierge ein. Kurz darauf liegt links das Prinzenmuseum (Musée de la Princerie/s.a. Einzelbeschreibung im Kapitel »Museen«), welches eine Besichtigung lohnt.

Nach dem Besuch des Museums im hübschen Renaissance-Haus sind es nur noch etwa 200 Meter bis zur Kathedrale. Zunächst kommen wir am mächtigen Kirchenschiff vorbei: Unter dem von der Straße aus zugänglichen Turm liegt das Eingangsportal (s.a. Kapitel »Museen«). Eine Besichtigung dieser herrlichen Kirche sollte eigentlich selbstverständlich sein.

Wir verlassen die Kirche und wenden uns nach links. Nach wenigen Schritten, am Grand Séminaire vorbei, liegt links der Eingang zum Innenhof des Palais Episcopal. Die Arbeiten an diesem »Bischofspalast« wurden 1725 von Robert de Cotte, dem Hofbaumeister Ludwigs XV., begonnen und von seinem Sohn weitergeführt. Er war für die Grafen und Bischöfe von Verdun bestimmt und besticht durch seine strenge und doch elegant klassische Barock-Architektur. In seinen Räumen befindet sich seit neuestem das »Centre Mondial de la Paix«, das »Weltzentrum für Frieden, Freiheit und Menschenrechte«. Es ist nicht nur Ausstellungsort, sondern auch Stätte des Austausches, der Begegnung und des Nachdenkens.

Zur Straße zurück: Der Weg führt uns nach links zum Place Châtel und durch die Rue Porte Châtel zum Châtel-Tor (»Porte Châtel«), dem ältesten Tor Verduns – aus dem 12. Jahrhundert – und einzigen Überrest der »Fermeté«, der mittelalterlichen Befestigungsmauer. Ein paar Schritte weiter kommt man zur »Esplanade de la Roche« (»Roche« = Felsen), auf die allerdings kein Schild hinweist. Dieser »Vorplatz« (»Esplanade«) ist heute als kleiner Park gestaltet. Allerdings befindet sich an einem Eckhaus, bevor man ihn Park betritt, eine verwitterte Inschrift, die auf ein ehemaliges »Café de la Roche« hinweist.
Von hier aus sieht man auf den Eingang zu den oberirdischen Teilen der Zitadelle (näheres im Kapitel »Museen, usw.«), die normalerweise nicht zugänglich sind. Auf diesem Terrain standen ursprünglich die Abteien und die Kirche von Sainte Vanne. Erhalten geblieben ist nur der Turm der Kirche.

Durch die »Esplanade de la Roche« gelangt man – abwärts gehend – zur Rue de Rû. Wir folgen ihr nach rechts und stehen etwa 500 Meter weiter vor dem Eingang zur unterirdischen Zitadelle, die zu besichtigen zum »Pflichtprogramm« eines jeden Verdun-Besuchers gehören sollte. In der Zitadelle ist nicht nur das »Kriegsmuseum der Stadt Verdun« untergebracht, sondern auch zum Teil das »Musée de Guerre« (Kriegsmuseum), welches sich früher im »Hotel de Ville« (dem Rathaus) befand (s. a. Kapitel »Museen«).

Nach der Besichtigung empfiehlt es sich, einen kurzen Abstecher in den »Park der Marschälle« zu machen. Dahin gelangt man durch die »Porte du Secours« oder auch »Porte Neuve« genannt. Hier gewinnt man nicht nur einen guten Einblick in die noch weitgehend erhaltenen mächtigen Wallgräben der Zitadelle, sondern kann auch – links und rechts der Straße – 16 Standbilder von Marschällen und Generälen Frankreichs aus der Zeit Napoleons I., aus dem Krieg 1870/71 und aus dem Ersten Weltkrieg betrachten.

Der Rückweg, Richtung Stadtzentrum, führt wieder am Eingang der Zitadelle vorbei zur Rue de Rû und weiter zur Rue Victor Hugo. Rechts befindet sich eine typische französische Markthalle, die sich am Freitagvormittag in das Einkaufszentrum der Stadt verwandelt. Ein Abstecher vom Place du Marche Couvert nach rechts durch die Rue Miguay Rue zum Quai General Leclerc bringt uns zum Stadttheater. Zurückgehend kommen wir über die Rue Pasteur zur Rue Mazel, der Haupteinkaufsstraße von Verdun. Ihr folgend, sieht man auf der linken Seite schließlich das imposante Denkmal der »Sieger und der Soldaten von Verdun«. Es wurde am 23. Juni 1929 eingeweiht. 73 bzw. 76 Stufen führen zum eigentlichen Monument hinauf, das 30 Meter hoch und in die alte Stadtmauer aus dem 12. Jahrhundert integriert ist.

In der Krypta des Denkmals, deren Betreten kostenlos ist (in den Wintermonaten allerdings geschlossen), befindet sich ein »Goldenes Buch«, in das die Namen aller französischen Soldaten eingetragen worden sind (und auch noch gelegentlich eingetragen werden!), die jemals bei Verdun gekämpft haben.

Dem Siegesdenkmal den Rücken zukehrend, gelangt man durch die Avenue de la Victoire an die Maas und von dort zur Porte Chaussée. Dieses Stadttor stammt noch aus dem 14. Jahrhundert (1380) und gehörte zu den mächtigen Befestigungswällen, die sich früher nach beiden Seiten entlang der Maas erstreckten. Zu Beginn des Ersten Weltkrieges fuhren die französischen Verpflegungs- und Munitionskolonnen durch dieses Tor. Die dem Fluß zugekehrte Seite des linken Turms wurde 1690 in alter Weise und mit Original-Bausteinen erneuert. Aus dieser Zeit stammen auch der Rundbogengang und das der Brücke zugewandte Giebeldach.

Verläßt man nun die Stadt und überquert die Maas, entdeckt man links am Platz der Nation (»Place de la Nation«) noch die Reste der Umwallung der alten Festungsanlage. In sie eingelassen ist das »Denkmal der Toten von Verdun«. Zu sehen sind fünf Soldaten verschiedener Waffengattungen, die symbolisch eine Schutzmauer darstellen. Daneben befindet sich eine Marmortafel zum Andenken an General Mangin, gegenüber auf der anderen Straßenseite ein General Sarrail gewidmetes Standbild. Neben letzterem liegt das Verkehrsamt der Stadt Verdun (Office de Tourisme), welches bei jedem Besuch nützlich und hilfreich ist. Leider verfügen die Damen nicht immer über die notwendigen Fremdsprachenkenntnisse.

Das Verkehrsamt verlassend, gelangen wir links einbiegend auf den Quai de la République, der an der Maas entlang führt. Gleich linker Hand liegt die Offiziersmesse (Cercle des Officiers) von Verdun. Dahinter sind noch Reste der Stadtmauer aus dem 14. Jahrhundert und dazugehörige Wehrtürme zu sehen, so z. B. der »Tour des Plaids« (plaid = Gerichtsverhandlung), wo die Gerichtsversammlungen von Verdun stattfanden. Der

»Tour de l'Islot« und der »Tour du Champ« (einfache Wehrtürme) sind es wert, einen Abstecher am Canal du Puty entlang, über die Rue de la Liberté und die Avenue du 8 Mai 1945, zu machen. Beim dritten Turm kann der Kanal auf einer kleinen Brücke überquert werden. Durch die Rue du Grand Rempart – eine kleine Gasse aus dem 13. Jahrhundert – gehen wir parallel zum Hinweg zurück bis zum Quai de la République, dem wir nach links folgen. Auf der anderen Maas-Seite sieht man die Bootsanlegestege sowie den Quai de Londres, die Promenade von Verdun (Beschreibung weiter unten).

Am Ende der Straße – am Place Chevert – führt rechts wieder eine Brücke, die Pont Legay, über die Maas (zur Innenstadt und Promenade). Wir wählen zunächst aber die links abbiegende Rue Président Poincaré, in der wir schon nach wenigen Metern auf der linken Seite das Rathaus (»Hôtel de Ville«) von Verdun sehen, in dem bis vor kurzem ein Kriegsmuseum (»Musée de Guerre«) untergebracht war. Das Rathaus wurde Anfang des 17. Jahrhunderts errichtet. Da seine Architektur an die italienischer Paläste erinnert, wie sie von den Medici bevorzugt wurden, entstand hinsichtlich des Rathauses die Legende, daß dieser alte Patrizierpalast seinerzeit für Marie de Medici erbaut worden sei.

Wir gehen nun zur Stadtmitte zurück, überqueren diesmal die Maas auf der Pont Legay und folgen dann nach rechts dem Fluß über den Quai de Londres. Er ist zwischen 1988 und 1990 neu gestaltet worden, wobei man natürlich über Geschmack streiten kann. Auf jeden Fall schlägt hier der Puls des modernen Verdun am stärksten: Es gibt viele nette Bars, Cafés, Bistros und Restaurants. An schönen, sonnigen Tagen – nicht nur im Sommer – beherrscht die Straßenrestauration bis spät in die Nacht hinein die Szene. Die Fortsetzung des Quai de Londres bildet die eigentliche kleine Fußgängerzone von Verdun, auf die man nach Überquerung der Avenue de la Victoire stößt. Links liegt das auch äußerlich sehenswerte Hotel »Le Coq Hardi« (»Der kühne Hahn«, vom Michelin immerhin mit einem Stern bedacht), das im Ersten Weltkrieg nach der Zerstörung der Offiziersmesse den Offizieren für einige Zeit als Ausweichquartier diente. Wer dem Shopping huldigen will, sollte in der Fußgängerzone bleiben, die auf Höhe der rechts liegenden Porte Chaussée nach links abbiegt und eine Reihe hübscher Geschäfte aufzuweisen hat. Dieses gilt übrigens auch für die Rue Mazel, in die man am oberen Ende der Fußgängerzone wieder nach links einbiegen kann.

Wir überqueren die Rue Mazel, steigen – wie zu Beginn unseres Rundgangs – die Rue Saint Pierre hoch und biegen am Place André Maginot – diesmal nach rechts – in die Rue Louis Maury ein. An deren

Ende hält man sich ein wenig links, überquert die Avenue de Gaulle und gelangt zu einem Denkmal, das an der Kreuzung der »Heiligen Straße« (Voie Sacrée) von 1916 und der »Freiheitsstraße« von 1944 (Voie de la Liberté 1944) steht.

Ehe wir die Stadt verlassen, um Rundwege auf dem »zentralen Schlachtfeld« zu durchwandern oder Ausflüge in die Umgebung zu machen, sollten wir unbedingt auf unser Fahrzeug zurückgreifen. Von der Avenue de Gaulle nach rechts in die Avenue Garibaldi einbiegend, an der Porte St. Paul vorbei, ist der Parkplatz schnell erreicht.

Bevor wir die Porte St. Paul erreichen, liegt rechts ein unscheinbares Denkmal, welches dem Bürgermeister von Verdun, Victor Schleiter (1872 – 1933), gewidmet ist.

An allen wichtigen historischen Gebäuden Verduns sind Tafeln angebracht, die sehr gut über die Entwicklung und Bedeutung des jeweiligen Bauwerkes informieren.

3. Auto-Rundfahrten

Wer sich nicht nur das »zentrale« Schlachtfeld von Verdun erschließen will, sondern auch seine »Flanken« westlich und östlich der Maas, muß auf (s)ein Auto zurückgreifen. Ohne Kenntnis dieser Gebiete ergibt sich nämlich nur ein recht unvollständiges Bild des gesamten Raumes und damit der Kämpfe.

In diesem Kapitel werden dem Verdun-Reisenden drei Routen angeboten, denen er so folgen oder sie nach eigenem Gutdünken verlängern oder auch abkürzen kann.

Die Beschreibung der Örtlichkeiten ist bewußt auf ein Minimum beschränkt worden, weil entweder an anderer Stelle in diesem Buch darauf eingegangen wird oder »vor Ort« ausführliche Informationen angeboten werden.

Alle Straßen sind in der Regel in gutem bis sehr gutem Zustand. Da aber diese Gegend stark bäuerlich geprägt ist, muß immer mit langsam fahrenden Landwirtschaftsfahrzeugen gerechnet werden, besonders in der Erntezeit. Bei feuchten Wetterlagen können deshalb heruntergefallene Lehmbrocken die Straße zur Rutschbahn machen. Insgesamt gesehen findet der Besucher gewohnte Verhältnisse wieder, mit Ausnahme der Beschilderung. Sie ist reichlich »sparsam«. Andererseits

weisen zusätzliche braune Schilder mit weißer Aufschrift auf »Brennpunkte« der Schlacht um Verdun hin, die aber oft erst »im letzten Moment« zu erkennen sind.
Wie auch immer: Der Auto-Reisende sollte auf alle Fälle über gutes Kartenmaterial verfügen. Es bieten sich dafür zwei Karten des Institut Géographique National an, und zwar aus der Reihe »Carte Topographique« die Blätter 10 (Verdun/Reims) und 11 (Metz). Sie haben einen Maßstab von 1:100.000 (1 cm Karte entspricht einem Kilometer in der Natur). Auch die auf Seite 117 genannte Wanderkarte kann – teilweise – mitbenutzt werden.
Ausgangspunkt für diese Touren soll jeweils der Parkplatz zwischen Porte Chaussée und Porte St. Paul sein.

Westlich der Maas

An der Porte St. Paul vorbei Richtung Bahnhof werden, rechts abbiegend, die Gleisanlagen überquert. Auf der D.38 – sie führt bis Varennes – ist bald der Vorort Thierville erreicht. Vor dem nächsten Ort – Charny-sur-Meuse – links abbiegend, sind es vier Kilometer bis Marre. Zwei Kilometer weiter befindet sich eine Kreuzung. Nach links kommt man in den Ort Chattancourt. Hier besteht die Möglichkeit, zum »Toten Mann« (»Le Mort-Homme«) zu gelangen. Die folgende Ortschaft, Esnes-en-Argonne, weist mit ihrem Namen auf die Landschaft hin, die jetzt durchfahren wird. Knapp einen Kilometer später führt eine Straße nach rechts. Auf ihr (D. 18) kommt man nicht nur zur Höhe 304, sondern kann auch die Rundfahrt dadurch verkürzen, indem Montfaucon – eines der Ziele dieser Tour – direkt angesteuert wird.
Geradeaus weiterfahrend, an einem kleinen französischen Soldatenfriedhof vorbei, ist man drei Kilometer weiter in Avocourt. Auf den Wiesen und Weiden rechts neben der Straße sind immer wieder befestigte Unterstände, Überreste des Ersten Weltkrieges, zu sehen. Vier Kilometer später sollte unbedingt ein Abstecher nach Vauquois-en-Argonne gemacht werden.
Die Straße zweigt nach links ab und führt durch das »neue« Vauquois direkt zu einem Parkplatz. Von hier führt ein Fußweg auf die Höhe, auf der das »alte« Dorf lag (s. Kapitel »Verdun von A-Z, Vauquois«).

Ein weiteres Ziel ist Varennes-en-Argonne. Zunächst geht es zurück zur D. 38, und nach etwa sieben Kilometern ist das kleine Städtchen erreicht. Varennes wurde schon im August 1914 von den Deutschen besetzt, gelangte am 15. September – nach der Marne-Schlacht – für sieben Tage in

französische Hand und war danach bis zum 26. September 1918 wiederum unter deutscher Kontrolle.
Dieser Ort machte erstmals 1791 »Schlagzeilen«, denn hier, in der Nähe des Glockenturms, wurde in der Nacht vom 21. auf den 22. Juni Ludwig XVI. mit seiner Familie verhaftet.
Sehenswert in Varennes ist das »Musée d'Argonne«: Es ist der Verhaftung Ludwigs XVI. und dem Ende der Monarchie, den Bräuchen der Argonnen sowie den Kämpfen in den Argonnen 1916–1918 gewidmet. Ausführlich wird auch auf den Minenkrieg (Vauquois) eingegangen.
Beeindruckend ist das ganz in der Nähe liegende monumentale amerikanische Denkmal, welches zu Ehren der Soldaten des US-Staates Pennsylvania errichtet worden ist.

Nächste Etappe soll das schon erwähnte Montfaucon sein. An Cheppy vorbei, sind es über die Landstraße D. 19 nur etwa acht Kilometer bis dorthin.
Schon von weitem sichtbar ist der Turm des amerikanischen Denkmals auf dem Hügel von Montfaucon, welcher sich als »Wegweiser« gut eignet. Dort angelangt, muß eine mächtige Freitreppe, deren Stufen bei Sonnenschein blendend weiß leuchten, zum 58 Meter hohen Turm emporgestiegen werden. Gekrönt wird der Turm von einer Freiheitsstatue. Beim Aufstieg werden schon bald hinter dem Denkmal liegende Ruinen sichtbar. Sie sind Überreste der uralten Abtei von Montfaucon (eine Tafel informiert über ihre Geschichte). In dieser Abtei hatten die Deutschen im Ersten Weltkrieg einen Artillerie-Beobachtungsstand eingerichtet.

Von Montfaucon aus besteht die Möglichkeit, einen Abstecher – über die D. 104 – ins rund zehn Kilometer entfernte Romagne-sous-Montfaucon zu machen. In diesem Ort liegt ein eindrucksvoller amerikanischer Soldatenfriedhof mit mehr als 14.000 Gefallenen.

Wer nicht mehr so weit fahren will, gelangt von Montfaucon über die D. 19, an Cuisy vorbei, nach Gercourt und von dort ins Maas-Tal zurück (ca. acht Kilometer). Von dieser Strecke aus sind im Süden (rechts) die Hügel der Höhe 304 und des Toten Mannes zu sehen.
Zwei Kilometer hinter Gercourt stößt man auf die D. 123. Ihr nach rechts etwa einen Kilometer folgend, gelangt man über eine Brücke nach Consenvoye und auf die D. 964. Rechts geht es nach Verdun zurück.
Etwa einen Kilometer in Richtung Verdun liegt ein großer deutscher Soldatenfriedhof. Er wurde bekannt durch den gemeinsamen Besuch und eine Kranzniederlegung von Bundeskanzler Kohl und Staatspräsident Mitterrand.

Bis Verdun sind es von hier aus knapp 30 Kilometer. Zunächst verläuft die Straße bis Samogneux parallel zur Maas. Kurz vor diesem Ort gibt es die Möglichkeit, nach links abbiegend, einen der neun »Zerstörten Orte« (»Villages détruits«) zu besuchen: Haumont-près-Samogneux.
Zurück zur D. 964. Sie »schneidet« in ihrem weiteren Verlauf einen Maas-Bogen ab und steigt relativ steil zur »Côte de Talou« (»Talou-Höhe«) an. Wer sich der Mühe unterzieht, hier eine Pause für eine kleine Wanderung (hin und zurück ca. drei Kilometer) einzulegen, wird durch einen hervorragenden Blick auf die Höhe 304/Toter Mann im Westen, Verdun im Süden und auf »das Schlachtfeld« im Osten/Nordosten entschädigt. Gleichzeitig wird erkennbar, wie wichtig der Besitz dieser Höhen für die Deutschen gewesen ist. Sie nutzten den weit ins Maas-Tal vorspringenden Rücken (er liegt etwa 100 Meter über den Maas-Niederungen) sowohl als Stellung für die Artillerie als auch als Beobachtungspunkt.

Auf der Weiterfahrt nach Verdun bestehen drei Möglichkeiten, auf das »zentrale Schlachtfeld« zu gelangen: vom nächsten Ort, Vacherauville, oder von Bras-sur-Meuse sowie zwei Kilometer hinter diesem Ort. Alle Straßen zweigen von der D. 964 nach links ab.

Beim Vorort Belleville-sur-Meuse wird wieder das Stadtgebiet von Verdun erreicht. Die nächste Möglichkeit – ca. eineinhalb Kilometer weiter –, die Maas zu überqueren, führt problemlos zum Ausgangspunkt zurück.

Östlich der Maas

Eine Autorundfahrt östlich der Maas ist im wesentlichen auf drei Ziele ausgerichtet: Besuche im Frontbogen von St. Mihiel, in Les Eparges und in der deutschen Etappenstadt Etain.
Wir verlassen Verdun – an der Zitadelle vorbeifahrend – auf der D. 964 Richtung St. Mihiel. Die Straße führt durch eine landschaftlich reizvolle Gegend immer an der Maas entlang. Bis St. Mihiel sind es rund 35 Kilometer. An dieser Strecke liegen fünf kleinere französische Soldatenfriedhöfe, und zwar in Dieue, Ambly, Troyon, Lacroix und St. Mihiel. In Génicourt und Troyon findet man außerdem Forts, welche zum äußeren französischen Festungsgürtel gehörten.
St. Mihiel wartet sowohl mit einem sehenswerten Museum als auch einer alten Kirche auf. Es finden sich hier ausreichende Restaurations-Möglichkeiten.

Die Weiterfahrt von St. Mihiel aus führt auf der D. 901 durch das Kampfgebiet vom September 1914 nach Vigneulles le Hattonchâtel, von dort aus über die D. 908 Richtung Fresnes-en-Woëvre und Etain. Vor Fresnes zweigt in der kleinen lothringischen Ortschaft Saulx eine Straße nach links ab, die zum Crête (Kamm) des Eparges führt (s. Les Eparges). Der Höhenrücken von Eparges ist wie sein westliches Pendant »Vauqois« (s. ebd.) durch den unterirdischen Minenkrieg, der hier seit Februar 1915 tobte (s.a. Ernst Jünger im Kapitel »Verdun in der Literatur«), bekannt geworden.
Der Einfachheit halber sollte von hier aus derselbe Weg nach Saulx zurück genommen werden.
Bevor Etain erreicht wird, kann in dem wenige Kilometer davor liegenden Ort Braquis des deutschen Malers, Leutnant d. Res. Franz Marc, gedacht werden, der hier am 4. März 1916 gefallen ist. Er wurde zunächst in Gussainville, an der Nationalstraße 3 gelegen, begraben. Auf Wunsch seiner Witwe ruht er heute in Kochel am See.
Über die N. 3 wird nach wenigen Kilometern der deutsche Etappenort Etain – Endpunkt der Nachschubeisenbahnlinie – erreicht. Auf dem Weg dorthin sind links und rechts in den Feldern deutsche und französische Befestigungen aus dem Zweiten Weltkrieg zu sehen. Ein Besuch der Kirche aus dem 13. und 15. Jahrhundert sollte bei dieser Rundreise mit auf dem Programm stehen.
Über die D.18 (N. 3) ist Verdun, der Ausgangspunkt, nach ca. 19 Kilometern wieder erreicht. Auf dem Weg passiert man einen größeren deutschen Soldatenfriedhof, Hautecourt. Hier ruhen 7.885 Tote.

Zentrales Schlachtfeld

Wer als »Kurz«-Reisender nach Verdun kommt und sich vielleicht nur während eines Wochenendes ein Bild der Kämpfe machen will oder kann, dem wird nachfolgend eine Rundfahrt über das »zentrale« Schlachtfeld angeboten.
Auch dieser Weg kann jederzeit erweitert oder abgekürzt werden. Es ist möglich – je nach Interessenlage – Museen oder Forts aufzusuchen oder vielleicht doch über einen der angebotenen Rundwege, zumindest auf Teilstücken, zu wandern. Jedenfalls muß für diese Rundfahrt ein Tag einkalkuliert werden, wobei es zweckmäßig ist, sich mit Proviant zu versehen. In diesem Bereich des Schlachtfeldes gibt es keine Imbißmöglichkeiten.

Noch eine Vorbemerkung sei erlaubt: An anderer Stelle dieses Buches befinden sich ausführliche Einzelbeschreibungen sowohl der Wanderwege als auch der Museen sowie anderer Örtlichkeiten. Dieses Kapitel beschränkt sich daher auf eine reine Routenbeschreibung mit stichwortartigen Hinweisen auf Sehenswürdigkeiten.

Wieder von der Porte Chaussée ausgehend, führt der Weg über die D.964 nach Norden an der Maas entlang, und zwar am rechten (östlichen) Ufer. Über den Vorort Belleville und Bras-sur-Meuse erreicht man Vacherauville. Im Ort zweigt die D. 905 nach rechts ab. Etwa sieben Kilometer später ist die Stelle erreicht, wo Oberstleutnant Driant mit seinen Jägern zwischen dem 21. und 23. Februar 1916 – also an den ersten Tagen der deutschen Offensive – den Angreifern schwerste Gefechte lieferte.
Nur wenig später – hier befand sich das deutsche Aufmarschgebiet – zweigt an einer Straßenkreuzung die D. 65 nach rechts Richtung Azannes-et-Soumazannes ab. Dort liegen zwei deutsche Soldatenfriedhöfe. Auf der »65« geht es weiter. Hinter Grémilly teilt sich die Straße. Die nach rechts abzweigende D. 24 bringt den Besucher an den Zwillingshügeln von Ornes vorbei nach Ornes. Hinter den wenigen Gebäuden des »neuen« Ortes biegt die D. 913 nach rechts ab, und schon ist man an der Stelle des alten Ornes (»Village détruit«). Eine noch als Ruine beeindruckende Kirche und mehrere kleine Denkmäler weisen auf diesen Ort hin. Etwas weiter wird die »Kegelbahn« überquert und der Rand eines heute noch benutzten Schießgeländes der französischen Armee. Von hier aus ist in südlicher Richtung die Höhe mit Fort Douaumont zu erkennen. Genau in diese Richtung wurden die deutschen Angriffe gegen das Fort vorgetragen.

Weiterfahrend ist bald – am Denkmal der 51. französischen Infanterie-Division – ein Abzweig erreicht, der zum ehemaligen Ort Louvemont (»Village détruit«) und einer Gedächtniskapelle führt.
Gut zwei Kilometer später – kurz vor Bras-sur-Meuse – gelangt man über die D. 913 zum Beinhaus, Douaumont, Fleury und zum Mémorial. Zunächst wenig, später stärker ansteigend, verläuft die Straße parallel zur »Todes-Schlucht« (Ravin de la Mort). Kurz bevor die Höhe ereicht wird, liegt links der »Bajonett-Graben« (Tranchée des Baïonettes). Auf der Höhe angekommen, besteht an einer Kreuzung die Möglichkeit, nach links zum ehemaligen Dorf Douaumont (»Village détruit«) zu gelangen, nach rechts geht es zum Beinhaus, geradeaus und sofort ebenfalls wieder nach links kommt man zum Fort Douaumont. Dem Besucher bleibt ob der Fülle der Möglichkeiten die Qual der Wahl. An der genannten Kreuzung befindet sich auch eine Informationsstelle, die allerdings nur im Sommer geöffnet ist.

Wie auch immer die Entscheidung ausfällt, der weitere Weg führt letztlich doch am Beinhaus und am National-Friedhof vorbei. In Sichtweite des Beinhauses liegt das Monument Israëlite. Außerdem erkennt man hier schon das Mémorial de Fleury und in gleicher Richtung einen exponierten Hügel, auf dem die Reste von Fort Souville liegen.
Bevor man jedoch zum besuchenswerten Mémorial gelangt, liegt rechts im Wald die zerstörte Ortschaft Fleury (»Village détruit«) mit einer Fülle an Denkmälern, Hinweisen auf frühere Gebäude usw.
An der Straßenkreuzung hinter dem Mémorial befindet sich das Denkmal des »Löwen von Souville« (Lion de Souville oder Lion blessé). Es soll die Stelle des weitesten deutschen Vorstoßes auf Verdun symbolisieren. Früher stand dort die Kapelle von Sainte-Fine (Chapelle Ste.-Fine).
Die weitere Fahrt führt am Fort Souville vorbei. Eine Casemate Pamard ist von der Straße aus sichtbar. Etwas weiter, an den Ruinen der Batterie de l'Hôpital, besteht die Möglichkeit, nach links zum Fort Vaux zu gelangen oder die Rundfahrt hier abzubrechen. Rechts abbiegend, am Fort Tavannes vorbei (es ist von der Straße aus nicht zu sehen), ist man schnell auf der Straße, die von Etain nach Verdun führt.
Von dieser Stelle aus sollte man vor der Weiterfahrt den reizvollen Anblick, den Verdun bietet, genießen. Er ist auch in der Dämmerung oder gar bei Dunkelheit empfehlenswert.

4. Fußwanderungen im Großraum Verdun

Allgemeine Vorbemerkungen

Seit einigen Jahren hat insbesondere die »Nationale Gesellschaft zum Andenken an die Schlacht von Verdun« (»Association Nationale du Souvenir de la Bataille de Verdun« = »ANSBV«) planmäßig Wanderwege über das Schlachtfeld von Verdun eingerichtet und markiert. Von diesen sogenannten »Circuits pédestres« (Wander-Rundwege) gibt es inzwischen zwölf, davon zwei auf dem linken Maasufer und einen im Raum von Les Eparges. Sie sind im allgemeinen gut ausgeschildert, und zwar entweder mit Schrifttafeln oder mit farbigen Zeichen. Die Gehzeit beträgt nach offiziellen Angaben je nach Strecke zwischen einer und zweieinhalb Stunden. Man tut jedoch gut daran, etwa 50 Prozent mehr Zeit zu veranschlagen, vor allem dann, wenn man sich das Gelände oder die verschiedenen Bauwerke etwas genauer ansehen will oder wenn man nicht gut zu Fuß ist.

Tips für Autofahrer:
Zunächst sollte man aber wissen, welcher Weg uns auf das Schlachtfeld führt. Für die Stadtbesichtigung (siehe Kapitel »Verdun-Stadt«) hatten wir das Auto auf dem Parkplatz zwischen Porte Chaussée und Porte St. Paul abgestellt. Dieser soll auch jetzt Ausgangspunkt für weitere Unternehmungen sein.

Erste Möglichkeit (»zentrales« Schlachtfeld):
Wir fahren von hier die Avenue Garibaldi zurück und biegen nach rechts in die Avenue Colonel Driant ein, überqueren die Maas und gelangen in den Vorort (Faubourg) Pavé, von dem aus die meisten französischen Truppen, die ihre Kameraden auf dem Schlachtfeld im Ersten Weltkrieg ablösen mußten, vorgingen. Rechts und links befinden sich zwei große Kasernen der Franzosen, die noch genutzt werden. Dieses Gebiet lag bis zum Dezember 1916 entsprechend stark unter regelmäßigem deutschem Beschuß. Etwas weiter rechts liegt der große französische Soldatenfriedhof (Verdun-Pavé) mit mehr als 6.000 Gräbern. Rund 250 Meter weiter führt uns linksabbiegend die Straße (D. 112) auf das zentrale Schlachtfeld (Champs de Bataille). Am »Lion de Souville«, einem Denkmal – durch einen verwundeten Löwen dargestellt (»Monument du Lion Blessé«) –, gelangen wir an eine Straßenkreuzung (D. 112 mit D. 913). Diese wird eine »zentrale« Ausgangsposition für unsere Besuche auf dem Schlachtfeld sein.

Zweite Möglichkeit (östliches Schlachtfeld mit Fort und Tunnel von Tavannes sowie Fort Vaux usw.):
Wir fahren Richtung Porte Chaussée, überqueren die Maas, biegen nach links und kurz darauf nach rechts ab. Nun befinden wir uns auf der Nationalstraße 18 Richtung Etain, der wir folgen. Am Soldatenfriedhof Verdun-Pavé (links) erreichen wir »offenes« Gelände.

Auf dem Höhenkamm links stehen die Überreste der Forts Belleville (im Westen) und Saint Michel, die durch den Waldbewuchs allerdings von hier nicht mehr einzusehen sind. Direkt links neben der Straße liegen die Ruinen der ehemaligen Marceau-Kaserne und – etwa auf gleicher Höhe – rechts die Überreste der ebenfalls völlig zerstörten Chevert-Kaserne.

Die Straße steigt an. Hinter der jetzt auftauchenden Höhe begann während der Kämpfe im Jahr 1916 das rückwärtige Gebiet der französischen Stellungen. Dort standen unter anderem die Feldküchen, um die im Einsatz befindlichen Soldaten möglichst schnell und zuverlässig versorgen zu können. Die Essensträger hatten allerdings jede Nacht einen gefährlichen Weg zu gehen, der auch ihnen viele Opfer abverlangte.

Auf der Höhe angekommen – etwa sieben Kilometer von Verdun aus – biegt man an der Kreuzung in Richtung Fort Tavannes ab und gelangt so auf das östliche Schlachtfeld.

Dritte Möglichkeit (westliches Schlachtfeld mit Beaumont, Louvemont, Côte-du-Poivre, Kalte Erde):
Wir fahren von unserem Parkplatz die Avenue Garibaldi zurück, biegen nach rechts in die Avenue Colonel Driant ein, überqueren die Maas und halten uns hinter der Brücke nach links in Richtung Bras-sur-Meuse (D. 964). Dabei kommen wir durch den Vorort Belleville und gelangen etwa 1,5 km weiter auf die Landstraße D. 913b, die nach rechts abzweigt. Auf diesem Weg erreichen wir das Ouvrage de Froideterre und etwas weiter das Beinhaus und Fort Douaumont.
Folgen wir hingegen der D. 964, kommen wir nach Bras-sur-Meuse. Mitten im Ort nach rechts abbiegend, können wir zum Pfefferrücken, des weiteren nach Louvemont und Ornes gelangen (näheres siehe Kapitel »Rundfahrten – Zentrales Schlachtfeld«).
Die Anfahrten zum »Toten Mann«, »Höhe 304«, sowie »Les Eparges« sind direkt der Beschreibung dieser Rundwanderwege vorangestellt.

Tips für den Wanderer:
Nachfolgend werden die Wege im einzelnen dargestellt. Zuvor jedoch noch einige Hinweise, die für sämtliche Wanderwege im Raum Verdun zutreffen:

○ Auch wenn – wie schon erwähnt – die Kennzeichnung der Routen normalerweise ausreichend ist, sollte für alle Fälle eine gute Karte (Meßtischblatt-Größe) mitgeführt werden. Hier bietet sich die Karte des »Institut Géographique national et l'Office national des Forêts« im Maßstab 1:25.000 an. Sie ist mit dem Titel »Forêts de Verdun et du Mort-Homme – Champ de Bataille de Verdun« in den Buchhandlungen in Verdun, in den Kiosken auf dem Schlachtfeld oder im Office de Tourisme ohne Probleme erhältlich.

○ Die ausgeschilderten Wanderwege sollten – vor allem von »Neulingen« – immer in der angegebenen Richtung angegangen werden (entgegengesetzt sind Markierungen in der Regel nicht erkennbar). Der Besucher des Schlachtfeldes sollte stets daran denken, daß sich trotz vieler gleichbleibender Bezeichnungen das Gelände infolge der Kampfhandlungen des Jahres 1916 total verändert hat.

○ Die o.g. – sehr gute und 1995 neu herausgegebene – Karte ist für jede Wanderung ein unentbehrliches Hilfsmittel, obwohl das Mémorial auch sehr gute Faltblätter für jeden einzelnen der nachfolgend beschriebenen Wanderungen verkauft. Als nützlich erweisen sich ferner die Parzellen-Nummern im Gelände, die ausnahmslos identisch sind mit den entsprechenden Angaben in der vorgeschlagenen Karte.

○ Einzelne Wegmarkierungen können gelegentlich fehlen oder sind etwas »unglücklich« angebracht. Im Zweifelsfalle die Karte zu Rate ziehen oder nach der nächsten Markierung Ausschau halten.

○ Abkürzungen oder Abweichungen von den offiziellen Wanderrouten sollten möglichst vermieden werden. Ausnahmen lassen sich höchstens dann vertreten, wenn es sich um zusätzliche Wege handelt, die auf o.a. Karte und im Gelände einwandfrei erkennbar sind.

○ Verschiedene Geländepunkte, Bauwerke oder Überreste von ihnen sind nur im Spätherbst oder Winter gut zu sehen oder überhaupt wahrnehmbar, wenn die laubfreien Bäume den Blick freigeben. Mit anderen Worten: Kahle Laubbäume oder abgeholzte Wälder, wie beispielsweise bei Fleury (Herbst 1990), können Einblicke gewähren, die sonst in keiner Weise vorhanden sind. Die Beschreibungen gehen aber meist von den günstigsten Fällen aus. Lassen Sie sich daher durch diesen Umstand nicht täuschen und erst recht nicht dadurch verleiten, größere Nachforschungen abseits der Wege anzustellen.

○ Es ist ratsam, gebahnte Pfade nicht zu verlassen: Verborgene Aushöhlungen im Boden, Überreste alten Stacheldrahts oder von Stahl- bzw. Eisenstäben und vor allem die vielen immer noch herumliegenden Munitionsteile bergen überreichlich Gefahren in sich.

○ Auf Grund dieser geschilderten Umstände, aber auch wegen des – nicht nur bei Regen – besonders schmierigen Bodens im Raum Verdun, sollte man stets festes Schuhzeug anziehen. Auch ist es empfehlenswert, ständig einen kleinen Rucksack mit Verbandszeug, Regenkleidung, Verpflegung und Getränken dabeizuhaben.

○ Selbst auf markierten Wegen oder an deren Rändern findet sich bis heute scharfe Munition. Daß sie nicht angefaßt oder auch nur durch allzu große Annäherung erschüttert werden darf, sollte an sich selbstverständlich sein. Aus gegebenen Anlässen sei aber nochmal davor gewarnt. Besonders achtsam muß man sein,wenn Kinder mit dabei sind.

○ Schließlich gilt es auch, stets die Witterungslage zu berücksichtigen. Vor allem bei Nebel oder früh einsetzender Dunkelheit sollten zumindest abseits von geteerten Straßen auf keinen Fall irgendwelche Touren unternommen werden.

○ Apropos Wetter: Es gibt keine Jahreszeit, die für eine Reise nach Verdun besonders empfehlenswert wäre und umgekehrt. Hitze oder Mückenplagen stellen z.B. erhebliche Nachteile in den Sommermonaten dar, in denen man andererseits trockenen Boden vorfindet.
Der Winter kann vorteilhaft sein, weil Hochdrucklagen und unbelaubte Bäume einen guten Einblick auf das ehemalige Schlachtfeld zulassen. Schneefälle hingegen verdecken dann die Sicht auf Gräben und Krater. Frühjahr und Herbst zeichnen sich durch häufige Regenfälle und Nebel aus, bieten aber auch mitunter schönere – weil gemäßigtere – Tage als der Sommer.
○ Die nachfolgend beschriebenen Wanderwege sind seit kurzem z.T. neu strukturiert und ergänzt worden. Außerdem ist eine weitere Route (Tavannes, roter Punkt) hinzugekommen. Da die Arbeiten noch nicht als abgeschlossen anzusehen sind und die Wegeführungen sich nicht grundlegend geändert haben, wird im folgenden auf den Text und die Karten unserer Erstauflage zurückgegriffen. Die einzelnen Pläne für jeden Weg sind im Mémorial erhältlich. Ihre Neuauflage in französischer Sprache ist abgeschlossen, während die deutschsprachigen Fassungen noch nicht komplett vorliegen.

»Caures-Wald« – Bois de Caures

(Rundwanderweg mit blauem Punkt, Zeitbedarf ca. 1 ½ Std.)

Ausgangspunkt für unsere Autofahrt zum Caures-Wald ist der uns schon bekannte Parkplatz an der Porte Chaussée. Der Anfahrtsweg führt an der Porte St.-Paul vorbei, biegt etwa 250 Meter weiter an der Kreuzung nach rechts ab über die Maas-Brücke. Unmittelbar dahinter fahren wir auf der D. 964 über Bras-sur-Meuse nach Vacherauville. Hier zweigt die D. 905 nach rechts ab Richtung Chaumont/Damvillers. Wir bleiben auf dieser Straße und kommen nach etwa sieben Kilometern an einen Gedenkstein, der Oberstleutnant (Lieutenant Colonel) Driant und dem 56. und 59. Jägerbataillon – sie standen unter seinem Kommando – gewidmet ist.

Der nachfolgend beschriebene Weg – der an o.g. Gedenkstein beginnen soll – führt durch die Kampfzone der ersten Angriffsphase gegen Verdun vom 21. bis 23. Februar 1916.

Leider befindet sich eine Orientierungstafel mit Erklärungen am Endpunkt des Wanderweges, so daß wir uns zunächst nach links halten sollten. Sie ist 150 Meter weiter – am Unterstand R-2 (5) (Befehlsstelle Driants) – angebracht.

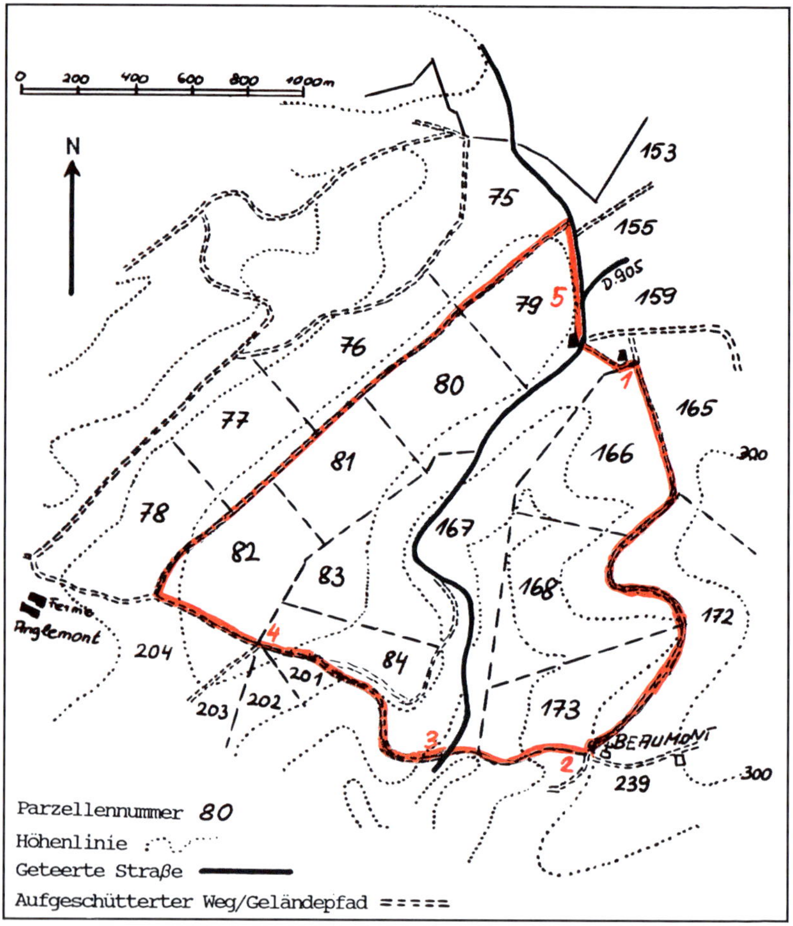

Um den eigentlichen Rundgang zu beginnen, müssen wir den Weg zurückgehen. Ca. 150 Meter weiter befindet sich eine Steinsäule, welche den Ort kennzeichnet (1), an der Oberstleutnant Driant am 22. Februar gefallen ist. Der in seinem Verlauf zunächst wenig ansteigende Weg wird dann allerdings über eine Strecke von rund 500 Metern steiler. Danach ist er bis zum »Zerstörten Ort« (»Village détruit«) Beaumont-en-Verdunois gut begehbar. Beaumont wurde am 24. Februar von den Deutschen genommen und kam erst bei Kriegsende wieder in französischen Besitz. An der Stelle (2), wo das Dorf früher gestanden hat, befinden sich eine Kapelle, ein Gefallenen-Ehrenmal sowie ein Friedhof.

Wir wenden uns nach rechts – zwischen den Parzellen 173 und 241 – und gelangen auf teilweise abschüssigem Jägerpfad zur Landstraße D.905. Diese überqueren wir und befinden uns nun auf dem ehemaligen Verbindungsweg zwischen Beaumont und Haumont-près-Samogneux, einem ebenfalls »Zerstörten Ort« (»Village détruit«). Der Weg führt durch das »Fay-Wäldchen« (»Bois le Fays«) (3), das besonders am 23. und 24. Februar heftig umkämpft war. Etwa 700 Meter weiter liegt eine »Jägerpfad«-Kreuzung, die von den Deutschen »Sternweg« (4) genannt wurde. Zwischen den Parzellen 82 und 78 biegt der Wanderweg nach Nordosten ab und stößt nach rund zwei Kilometern auf die Landstraße D. 125. Links führt diese Straße nach Flabas, einem der Ausgangspunkte für die Offensive am 21. Februar 1916. Wir halten uns rechts und erreichen – am Unterstand R-2 (5) vorbeigehend – wieder den Anfang unseres Rundganges.

»Douaumont«

(Rundwanderweg mit blauem Punkt, Zeitbedarf ca. 1 ½ Std.)

Der Wanderweg »Douaumont« führt uns durch einen zentralen Abschnitt des Kampfgeländes, der besonders im Sommer 1916 unzählige Opfer forderte.
Wir beginnen ihn am Mémorial de Fleury, welches an der Stelle des ehemaligen Bahnhofs von Fleury steht. Hier hielt die kleine Maas-Eisenbahn (»Tacot« = »Bimmelbahn«), die Verdun mit Montmédy verband. Einen Parkplatz zu finden ist kein Problem.
Der »Einstieg« für unseren Rundgang liegt etwa hundert Meter in Richtung Ossuaire (Beinhaus). Hier befinden wir uns auf dem Bahndamm der früheren Eisenbahnlinie. Wir folgen der Trasse und gelangen nach ca. 1.200 Metern zum Bunker 320 (»Abris 320«) (1). Dieser Bunker wurde beim deutschen Vorstoß am 23. Juni 1916 genommen und das hier verteidigende französische Infanterie-Regiment fast völlig aufgerieben (mehr als 1.000 Gefallene).
Wir gelangen auf die Asphaltstraße, welche den Friedhof am Beinhaus nach Südwesten begrenzt und folgen ihr in Richtung Fort Douaumont. Hier, am Südrand des Forts (2), fanden vom 22. bis 25. Mai und bei der kurzfristigen Wiedereinnahme eines Teils des Forts durch die Franzosen äußerst blutige Kämpfe statt. Der Weg verläuft jetzt in östlicher Richtung, zusammen mit dem Rundwanderweg »Hardaumont«. Nach einem Kilo-

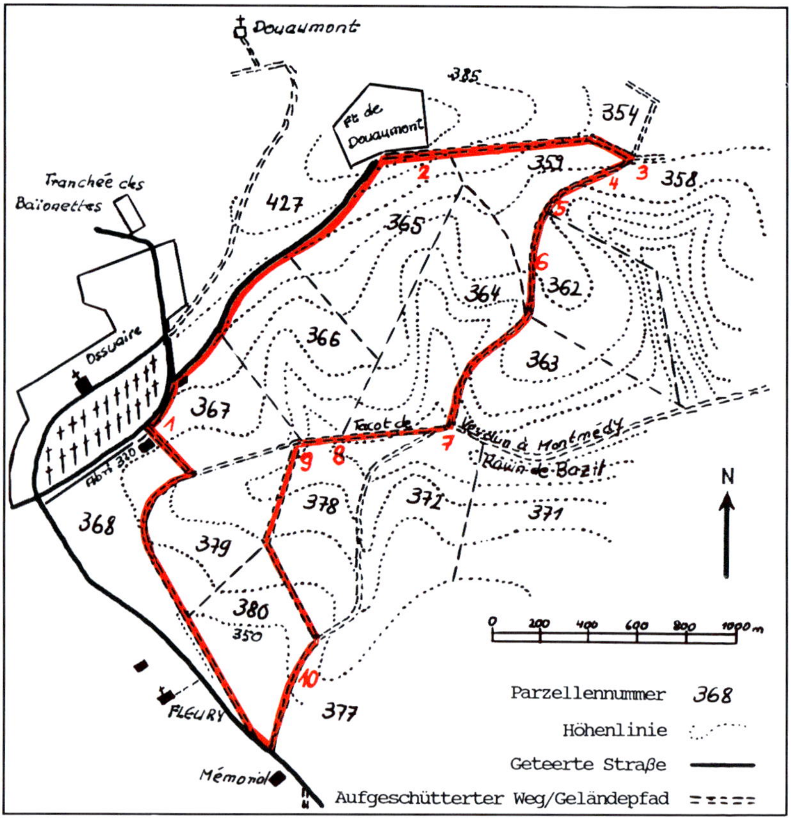

meter ist die »Vier-Wege-Kreuzung« erreicht, der Westrand des ehemaligen Waldes von Hardaumont (3). Nun folgen wir dem Weg zwischen den Parzellen 359 und 358 (»Chemin d'Hardaumont«), kommen nach wenigen Metern an einem Bunkereingang (4) vorbei und kurz darauf an das obere Ende der »Kasematten-Schlucht« (»nordwestliches Ende der Ravin de la Fausse Côte«) (5). Nur wenige Meter weiter ist die Stelle, wo vor der Schlacht von Verdun der Caillette-Wald (6) stand. Er war von Februar bis Oktober 1916 Schauplatz heftigster Kämpfe. Rund 600 Meter weiter abwärts liegt wieder die ehemalige Trasse der Maas-Eisenbahn. Hier stößt die »Caillette-Schlucht« (»Russen-Schlucht«) auf die »Bazil-Schlucht« (»Vaux-Schlucht«) (7).

Wir folgen der Trasse, finden beim Punkt (8) deutsche Unterstände, und ein paar Meter weiter erinnert Punkt (9) an den ehemaligen »Dreieckswald« (»Bois Triangulaire«). Der Weg führt nun zwischen den Parzellen 378 und 379 immer aufwärts Richtung Mémorial. Am letzten Knick, als Punkt (10) gekennzeichnet, erkennen wir links die »Chambitoux-Schlucht«« (»Ravin Chambitoux«), durch welche die deutschen Angreifer am 23. Juni 1916 vorgingen. Von hier aus sind es noch 500 Meter bis zur Straße, von wo aus das Mémorial de Fleury in nächster Nähe zu sehen ist.

»Fleury, Pulverkammer von F.«

(Rundwanderweg mit rotem Punkt, Zeitbedarf ca. 1½ Std.)

Vom Denkmal »Löwe von Souville« (s.a. »Allgemeine Vorbemerkungen« zu diesem Kapitel) ist das Mémorial de Fleury gut zu erkennen. Es wird Ausgangspunkt für diesen Rundwanderweg sein.
Fleury selbst befindet sich in einem Geländeabschnitt, den man »die französische Seite« des Schlachtfeldes auf dem rechten Maas-Ufer nennen kann. Die Höhenlinie, die von Thiaumont nach Souville über diesen Ort verläuft, versperrt die Sicht nach Nordosten. Dort lag die »deutsche Seite«, welche durch die Forts Douaumont und Vaux begrenzt wird.

Das Mémorial von Fleury steht an der Stelle, an welcher der Bahnhof von Fleury, Station für die Maas-Kleinbahn (»Tacot« = »Bimmelbahn«) stand. (Siehe auch die Wanderwege »Vaux« und »Douaumont«).

Der Rundweg beginnt nach wenigen Metern auf der Straße Richtung »Löwe von Souville«. Rechts abbiegend, gelangt man in das Gelände, welches nach der letzten deutschen Großoffensive vom 23. Juni 1916 bis in den August hinein Schauplatz erbitterter Kämpfe war. Hier ist der sogenannte »Pulverkammer-Weg«, der durch die Pulverkammer-Schlucht (»Ravin de la Poudrière«) führt.
Einige hundert Meter weiter sind links des Weges Spuren einer Feldbahn (1) zu sehen, welche die »Pulverkammer« und andere Befestigungen südlich von Fleury versorgte. Das Depot »Pulverkammer« (2) war im Juni und Juli Brigade-Befehlsstand und Feldlazarett. Die Deutschen eroberten es am 11. Juli. Hier fiel der Brigade-Kommandeur Oberst Coquelin-de-Lisle. In der Nähe hat der Obergefreite Rachel (3), welcher hier am 12. Juli tödlich verwundet wurde, seine letzte Ruhestätte gefunden.
Nach ca. 700 Metern auf der Trasse der Feldbahn befindet sich das »Ouvrage D« (4). Von den Deutschen erhielt dieser Geländeabschnitt die Bezeichnung »Filzlaus«, weil er auf Luftaufnahmen diesem Insekt, welches vor Verdun weitverbreitet war, sehr ähnlich sah.

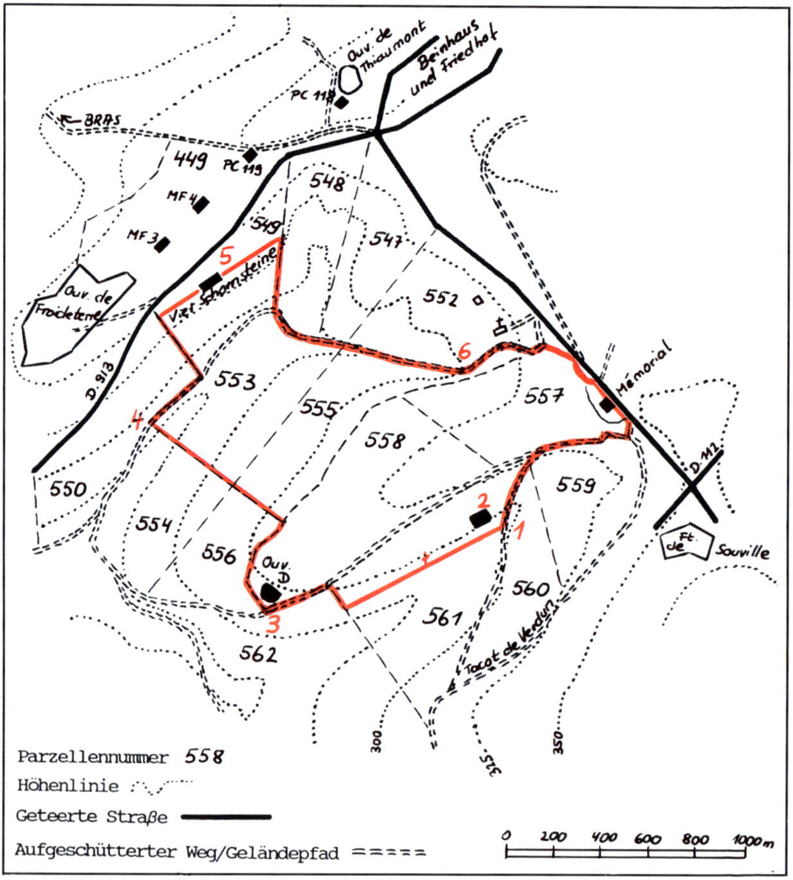

Verdun lag für die Deutschen von hier aus in greifbarer Nähe (s. a. Wanderweg »Souville«), aber schließlich waren auch hier, wie bei Souville, die angesetzten Kräfte viel zu schwach.

Der Rundwanderweg führt jetzt etwa 1.000 Meter abwärtsgehend in die »Weinberg-Schlucht« (»Ravin des Vignes«) und nach 500 Metern zum »Abri de quatre Cheminées« (5) (»Unterstand Vier Schornsteine«). Einzelheiten dazu sind in der Beschreibung des Wanderweges »Froideterre« – »Kalte Erde« zu finden.

Von hier aus steigt der Weg durch die Weinberg-Schlucht wieder an. Am Punkt (6) liegt ein Bunker und ein wenig weiter die Überreste des Dorfes Fleury.

Als Symbol der Versöhnung wurde hier eine Kapelle errichtet, welche an der Stirnseite die Figur »Unsere Liebe Frau von Europa« trägt. Ein nachdenkliches Verweilen erscheint hier angebracht.

Durch das ehemalige Dorf Fleury – Schilder weisen auf Straßen und Häuser hin, deren Grundrisse zum Teil rekonstruiert worden sind – erreichen wir den Ausgangspunkt, das Mémorial.

»Hardaumont«

(Rundwanderweg mit gelbem Punkt, Zeitbedarf ca. 2 ½ Std.)

Dieser Rundwanderweg gehört zwar mit zu den längsten, aber auch zu den interessantesten. Bei ihm ist es ausnahmsweise zu empfehlen, ihn »verkehrt herum« zu gehen. Das erfordert allerdings größere Aufmerksamkeit, weil alle Hinweisschilder nur in der angegebenen Wanderrichtung angebracht sind.

Wir beginnen auf dem Parkplatz vor Fort Douaumont, gehen ein paar Meter die asphaltierte Straße zurück und finden auf der linken Seite den »Einstieg« zum Rundweg. Nach ca. 1.800 Metern zweigt die eigentliche Route nach rechts ab (zwischen den Parzellen 354 und 352).
Geradeaus gehend, kommen wir nach etwa 700 Metern zum oberen Teil der Fausse-Côte-Schlucht (11). 200 Meter weiter geht ein Weg nach links (10), der eine Abkürzung wäre. An ihm liegen die Werke »Lorient« (links) und »Muguet« (rechts) und 500 Meter weiter das Werk »Josiamont«. Alle drei sind völlig zerstört und bis auf »Josiamont« nur über nicht gebahnte Wege zu erreichen. Diese Befestigungen wurden bis zum 3. März 1916 erstürmt und gelangten am 15. Dezember 1916 wieder in französische Hand.

Doch zurück zum Hauptwanderweg: Wir kommen an den oberen Teil der Nord-Süd-Schlucht (Ravin des Grands Houyers) (9) und finden linker Hand – etwa 200 Meter später – die Ruinen des Zwischenwerks Hardaumont (8). Der Pfad wendet sich nach Südosten und ca. 400 Meter weiter nach Norden. Während der nächsten 2 ½ Kilometer eröffnet sich immer wieder ein Blick auf die Woëvre-Ebene, und wir kommen am ehemaligen Südost-Rand des Waldes von Hardaumont (7) vorbei, an den oberen Teilen der »Süd-Schlucht« (»Ravin de la Plume«) (6), der

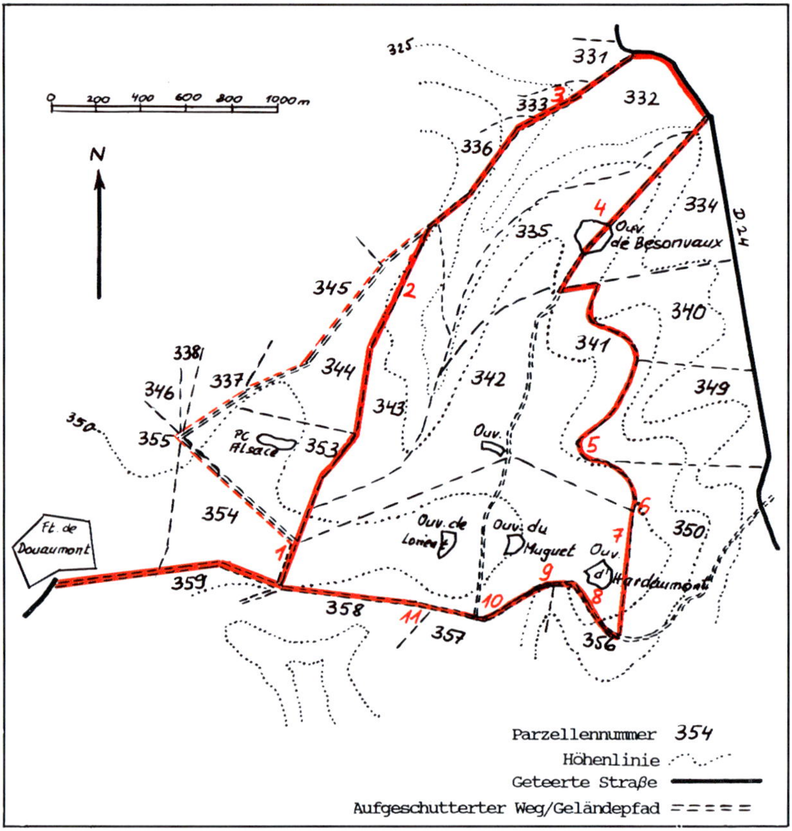

»Mittel-Schlucht« (»Ravin du Muguet«) (5) sowie der »Küchen-Schlucht« (»Ravin du Pré Sud«).

Zwischen den Parzellen 335 und 334 gelangen wir an die Verlängerung der oben erwähnten Abkürzung, halten uns nach rechts und gehen mitten durch das ehemalige Zwischenwerk Bezonvaux (4). Von hier haben wir eine besonders gute Sicht in die Woëvre-Ebene. Der Weg führt jetzt etwa einen Kilometer abwärts bis zur D. 24 (von Damloup nach Bezonvaux). Ihr nach links folgend, kommen wir zu den Überresten des Dorfes Bezonvaux, welches ebenfalls zu den »Zerstörten Orten« (»Villages détruits«) gehört.
Ein Denkmal am Beginn des links abzweigenden »Chemin du Loup« (»Wolfsweg«) sowie eine kleine Kapelle, etwa hundert Meter weiter, erinnern an diesen Ort.

Am Denkmal steigen wir den Wolfsweg empor (langsam, aber stetig) und haben dabei fast die gesamte Strecke, den berüchtigten »Wolfsgrund« (»Fond du Loup«), den die Deutschen zumeist »Bezonvaux-Schlucht« nannten, auf der linken Seite (3). Etwa am Knotenpunkt der Parzellen 336/34 halten wir uns halblinks und gelangen an den Nordrand des Waldes von Hardaumont (2).

Etwas verlängern können wir unsere Route, indem wir dem Wolfsweg geradeaus folgen und zwischen den Parzellen 346 und 355 nach Südosten abbiegen. Bei »352« (Parzelle) stoßen wir wieder auf den ursprünglichen Rundwanderweg (1).
Rund 400 Meter nördlich befindet sich der ehemalige »P.C. (Poste Commandement) Alsace« (»Befehlsstand Elsaß«).

Südlich von Punkt (1) kommen wir ca. 200 Meter später auf unseren Ausgangsweg und dann in westlicher Richtung zurück zum Fort Douaumont.

»Höhe 304« – Côte 304

(Rundwanderweg mit blauem Punkt, Zeitbedarf ca. 1 ½ Std.)

Die Höhe 304 liegt wie das Kampfgelände am Toten Mann auf dem westlichen Maas-Ufer. Unsere Anfahrt – von Verdun kommend – ist bis Chattancourt identisch mit dem Weg zum Toten Mann. Von Chattancourt führt diese Route jetzt über Esnes-en-Argonne. Kurz hinter diesem Ort liegt ein französischer Soldatenfriedhof, vor dem wir nach rechts abbiegen. Einen Kilometer weiter gelangen wir auf einer befestigten Straße nach rechts zur Höhe 304. Die schwer umkämpfte Bergkuppe wurde am 25. Mai 1916 von den Deutschen genommen und 15 Monate später – am 20. August 1917 – von den Franzosen zurückerobert.

Die Höhe 304 war der höchstgelegene Punkt auf dem Schlachtfeld am linken Maas-Ufer. Auf ihr beginnen wir den Rundweg. Wir halten uns an den Jägerpfad, der die Parzellen 221 und 222 voneinander trennt. Nur etwa 200 Meter weiter – am Punkt (1) – kommen wir zur vordersten deutschen Linie vom Juni 1916. Sie ist im Gelände nur undeutlich zu erkennen.

Wenige Meter später biegt – vom Hauptweg nach rechts – ein Pfad ab, der zum Grab (2) des Unteroffiziers Louis Courrier führt.

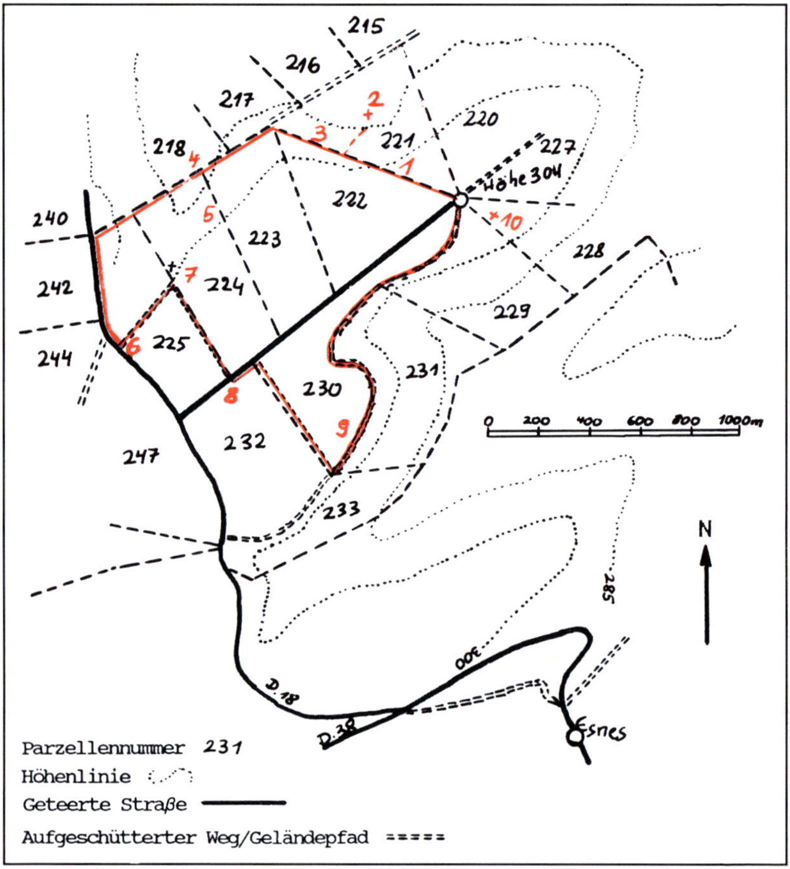

Wir bleiben auf unserer Route. An Punkt (3) sind rechts noch die Überreste eines kleinen Wasserlaufs erkennbar, der in den Forges-Bach mündete.
Zwischen den Parzellen 222/223 und 217 liegt der »Granatenweg« (»Chemin des Obus«), dem wir nach links folgen. Nach etwa 700 Metern ist die Straße nach Malancourt (D. 18) erreicht. Diese Strecke führt uns durch den »Plattnasen-Wald« (4). Zwischen den Parzellen 223 und 224 geht ein Weg nach links in den Wald. Wenige Meter weiter befindet sich das Einzelgrab des P. Lumret (5).

Auf der Straße angekommen, gehen wir in Richtung Esnes (nach links) und erreichen nach etwa 450 Metern einen Picknickplatz, der etwa 100 Meter links im Wald liegt (6).

Durch das ehemalige Stellungssystem, das noch sehr gut auszumachen ist, führt uns der Weg zum Denkmal (7) des Jacques Delépine, der in dieser Gegend 19jährig gefallen ist. Er geht rechts weiter und nach etwa 350 Metern ist die Straße, welche zur Höhe 304 (8) führt, erreicht. Wir folgen ihr ein Stück, biegen zwischen den Parzellen 230 und 232 nach rechts ab und gelangen nach ca. 500 Metern auf den »Chemin de la Côte 304« (9). Ihn gehen wir nach links durch ein Gebiet, welches nie von den Deutschen besetzt werden konnte und sind nach etwa 1.800 Metern wieder am Ausgangspunkt.

Wer diesen Rundweg »komplettieren« möchte, findet ca. 100 Meter rechts ein Einzelgrab, in dem Joseph Girard, gefallen am 14. Juni 1940, seine letzte Ruhe gefunden hat.

»Kalte Erde« – Froideterre

(Rundweg mit blauen Punkten, Zeitbedarf ca. 1 ½ Stunden)

Ausgangspunkt für diesen Rundwanderweg, der sicherlich einer der interessantesten ist, ist das Beinhaus (1) (Ossuaire). Das Auto parken wir – von Fleury kommend – auf dem großen Parkplatz, der sich dort befindet. Eine Beschreibung des Beinhauses ist auf S. 185 ff. nachzulesen. In südwestlicher Richtung gelangt man zum Wanderweg »Kalte Erde«. Der Name bezeichnet jene Art des lehmigen und kargen Bodens, der für Verdun typisch ist und sich auch in der Sonne nur schwer erwärmt. Zahlreiche Quellen führen bis heute dazu, daß hier eine Moorlandschaft das Bild prägt, wie es besonders deutlich vor den Resten »Werkes Thiaumont« (»Ouvrage de Thiaumont«) zu sehen ist. Die Ruinen (2) zeugen von der Härte der dortigen Kämpfe, besonders um die »Kasematte von Bourges« (»Casematte de Bourges«), welche buchstäblich pulverisiert wurde. Das Ausmaß der Gesamtzerstörung kann man gut ermessen, wenn man die im Westen befindlichen Befestigungen betrachtet, die weniger lange und weniger direkt unter deutschem Granatfeuer gelegen haben. Thiaumont wechselte im Jahre 1916 mehrere Male den »Besitzer«, denn es war eine der Schlüsselstellungen in der Schlacht um Verdun. Die weite Sicht (auf einem Steintisch sehr gut erklärend dargestellt) unterstreicht seine tatsächliche Bedeutung.

Auf einem Zick-Zack-Weg, mitten durch alte Granattrichter, erreichen wir den Befehlsstand 118 (3), welcher wie sein »Nachbar« Nr. 119 (4) ursprünglich dafür vorgesehen war, dem Artillerie-Personal als Deckung zu dienen. Die kriegerischen Ereignisse des Jahres 1916 führten jedoch

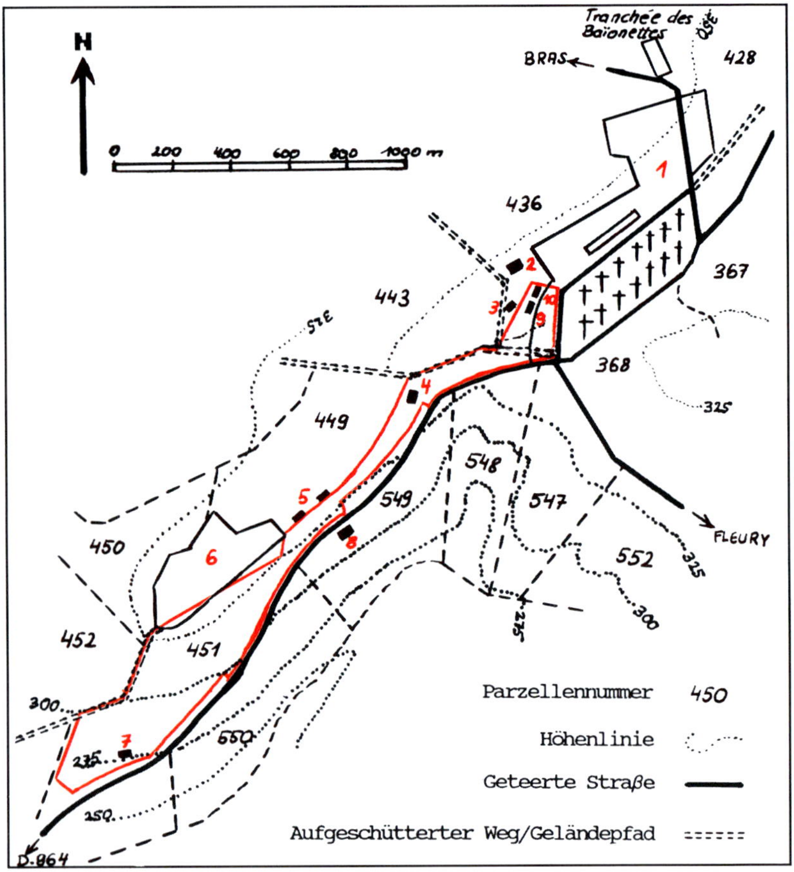

dazu, daß sie von Infanterie-Einheiten der vordersten Linie als Schutz- und Befehlsstände benutzt wurden.

Der Höhenrücken »Côte de Froideterre« – zwischen den Werken Thiaumont und Froideterre – war mit mehreren Batterien Artillerie gespickt, die durch eine Feldeisenbahn versorgt wurden. Einige Unterstände – wie MF-3 und MF-4 (5) – zeugen davon.

Hinter MF-4 gelangen wir auf eine geteerte Straße, die, leicht aufwärtssteigend, uns zum »Ouvrage de Froideterre« (6) führt. Bayerische Infanteristen griffen es am 23. Juni 1916 an und konnten es, wenn auch nur für wenige Stunden, besetzen.

Der Wanderweg führt nun teilweise über, teilweise am Festungswerk entlang, dann etwa 400 Meter über eine breitere Waldstraße, bis man auf einem Jägerpfad den Wendepunkt erreicht, an dem man bald darauf auf eine geteilte Straße stößt (D. 964). Dies ist die »Präsidentenstraße«, die anläßlich des 50. Jahrestages der Schlacht um Verdun erbaut wurde, damit Staatspräsident de Gaulle diesen Teil des Schlachtfeldes gut erreichen konnte. Parallel zu dieser Straße verläuft ein Pfad, der zu einer Reihe von betonierten Bunkern (7) führt. Sie waren Unterstände für die Artillerie-Soldaten, die auf diesen Hängen in Stellung lagen. Von hier aus wurde auch am 23. Juni die Gegenoffensive der französischen Alpenjäger angesetzt.

Weiter diesem Pfad folgend, gelangen wir auf die Landstraße, die zum Unterstand »Vier Schornsteine« (»Abri de quatre Cheminées«) führt. Bayerische Regimenter haben ihn vom »Ouvrage de Froideterre« aus am 23. Juni angegriffen, wurden aber auch dort am selben Tag von französischen Alpenjägern zurückgeworfen. Geht man denselben Weg zurück, kommt man wieder am Befehlsstand 119 vorbei auf die Landstraße und erreicht, am Ehrenmal für alle auf französischer Seite gefallenen jüdischen Soldaten (9) vorbei und etwas später für die des 4. Zuaven-Regiments (10), die Ausgangsposition.

Das »Monument« – Denkmal für die gefallenen ausländischen und französischen Freiwilligen und Soldaten mosaischen Glaubens im Ersten Weltkrieg – wurde wie gesagt auch während des Zweiten Weltkrieges, dank des Einsatzes des Kreiskommandanten der Wehrmacht und seiner Offiziere, nicht angetastet. Es wurde hinter einer Bretterverschalung »verborgen«.

Auf der gegenüberliegenden Anhöhe sieht man von hier aus eine Gruppe auffälliger Bäume. Sie wurden dort – symbolisch – von jungen Franzosen und Deutschen gepflanzt. Übrigens: Ganz in der Nähe pflanzten am 22. September 1984 Bundeskanzler Helmut Kohl und der französische Staatspräsident François Mitterrand ihren persönlichen »Friedensbaum«.

»Les Eparges«

(Rundwanderweg mit grünem Punkt – Zeitbedarf ca. 1½ Std.)

Les Eparges ist ein auf dem östlichen Maas-Ufer gelegener »abgesetzter« Kriegsschauplatz, obwohl hier nicht weniger und nicht heftiger gekämpft worden ist als auf dem »zentralen« Schlachtfeld. Mehr noch als das: Die Kämpfe auf diesem Höhenrücken, etwa 20 Kilometer südöstlich von

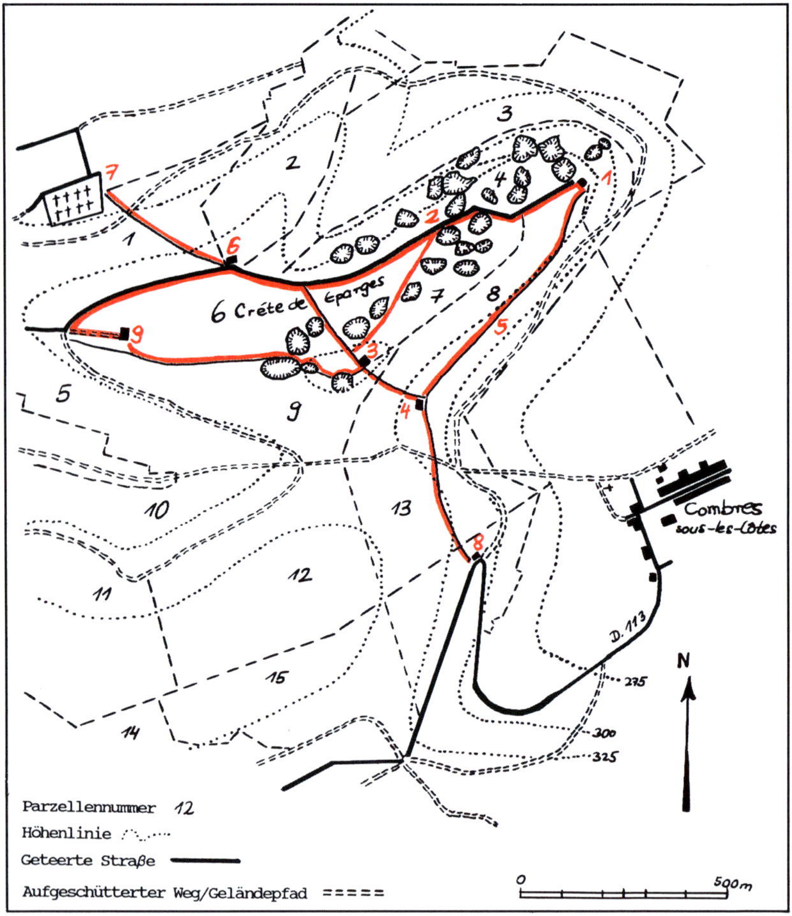

Verdun, begannen bereits 1914, als die Deutschen diesen Gebirgsvorsprung besetzten.
Les Eparges steht gleichzeitig für eine besondere Art der Kriegführung, den Krieg der Minen. Die ersten Sprengungen fanden schon im Februar 1915 statt und setzten sich mit unterschiedlicher Intensität bis Oktober 1918 fort, als die Höhe schließlich von amerikanischen Truppen eingenommen werden konnte.

Les Eparges ist von Verdun aus über die Nationalstraße 18, die nach Etain führt, zu erreichen. An der Kreuzung, die links nach Tavannes und Vaux führt, muß nach rechts Richtung Moulainville abgebogen werden. Hinter diesem Ort – auf der D. 24 – wiederum nach rechts, kommt man durch eine Reihe lothringischer Dörfer, überquert die Autobahn Metz – Paris und stößt kurz darauf auf die D. 21. Dieser nach rechts folgend, ist man wenig später in Mont-Villers. Von hier aus ist der Weg nach Les Eparges ausgeschildert.

Bald darauf liegt linker Hand ein Soldatenfriedhof (7). Von hier aus wurden die französischen Angriffe gegen den Punkt C (3) vorgetragen. Die Straße steigt nun ständig an. Von einer großen Wegekreuzung aus (mit Parkplatz) ist es möglich, das Denkmal für das 106. Infanterie-Regiment (9) zu besuchen und auf dem weiteren Weg zum Gipfel das Pionier-Denkmal (6).
Zur Höhe von Les Eparges ist es von hier nicht mehr weit.

Der Wanderweg führt, entgegen dem Uhrzeigersinn, zunächst etwa 400 Meter die Straße zurück. Riesige Minentrichter, vor allem auf der rechten Seite, säumen den Weg. Linksabbiegend, einem kleinen Fußpfad folgend, kommt man nach rund 400 Metern zum Punkt C. Die hier befindlichen Minentrichter sind Zeugen der französischen Sprengungen vom 17. Februar 1915. Das in der Nähe stehende sogenannte »Hahn«-Denkmal erinnert an die 12. französische Infanterie-Division.

Der Weg führt nun nach Combres hinab. Dieser Hang befand sich in deutschen Händen. Durch einen alten Verbindungsgraben wird ein Betonbunker erreicht, in dem ein Feldlazarett eingerichtet war (4). Von hier aus wendet sich der Weg nach rechts zum sogenannten »Kronprinzen-Bunker« (8). Er ist für Besucher allerdings nicht zugänglich.

Der Ausgangspunkt des Rundweges, der jetzt leicht ansteigt, ist bald erreicht. Unterwegs – auf halber Höhe – lohnt ein Blick auf das Dorf Combres (5).
Schließlich am Gipfel angelangt (1) (Punkt X), wird der Wanderer bei zwei kleinen Denkmälern mit einer herrlichen Aussicht in die Woëvre-Ebene belohnt. Leider ist dieser Blick des öfteren durch eine Dunstschicht beeinträchtigt.

Auf dem Weg zurück zum Auto kommt man durch eine kleine, aber hübsch angelegte Allee.

»Ornes«

(Rundwanderweg mit rotem Punkt – Zeitbedarf ca. 1½ Std.)

Drei Möglichkeiten gibt es, um zum ehemaligen Dorf Ornes zu gelangen: die erste führt über das »zentrale« Schlachtfeld – »Löwe von Souville« – Dorf Vaux – D. 24 und Bezonvaux;
die zweite über Bras-sur-Meuse und Louvemont;
die dritte an der Abzweigung zum Fort Tavannes vorbei auf der Nationalstraße 18, hinter dem Dorf Eix nach links abbiegend (D. 24), über Damloup und Bezonvaux.
Alle drei vorgeschlagenen Wege haben ihre historischen Reize. Letzterer zum Beispiel verläuft am Rand der Woëvre-Ebene fast genau nach Norden. Von hier aus sind die Höhen sehr gut erkennbar, auf denen »die Schlacht« geschlagen wurde.

Schon im ersten Kriegsjahr hatten die Deutschen die Erhebung nordöstlich von Ornes, die »Jumelles d'Ornes« (die »Zwillings-Hügel von Ornes«) erobern können. Von hier bestanden ausgezeichnete Beobachtungsmöglichkeiten auf das zentrale Schlachtfeld.
Als sie am 21. Februar 1916 ihre Offensive gegen Verdun eröffneten, befanden sich die vordersten französischen Linien am Nordrand des Dorfes Ornes. Ornes und Bezonvaux gehören zu den neun »Zerstörten Orten« (»Villages détruits«).

Der Rundweg beginnt an der Gedächtniskapelle von Ornes, die ca. 100 Meter entfernt von der Straßenkreuzung D. 24 und D. 115 in Richtung Westen liegt.
Etwa zwei Kilometer weiter sind die spärlichen Überreste des zweiten französischen Grabens zu sehen. Hier steht noch ein Bunker (1). Kurz darauf biegt ein Weg nach rechts ab zum Vaux-Kreuz (2). An der Grenze der Parzellen 313 und 322 lag die dritte französische Auffangstellung und gleichzeitig der Nordrand des Waldes von Caurrieres. Von hier sind es nur noch wenige Schritte bis zum Anfang des Chemin des Rousses (durch die »Brûle-Schlucht« nach Bezonvaux führend) (4). Vom Punkt (5) aus sind in fast südlicher Richtung Fort Douaumont und das Beinhaus zu erkennen.
Weitergehend ist bald die Landstraße D. 115 erreicht und somit die sogenannte »Kegelbahn« (»Chemin de St-André«).
Die Deutschen nannten diesen Weg so, weil er in Reichweite und Schußlinie des Forts Douaumont lag. Hier vorrückende Truppen erlitten entsprechende Verluste.

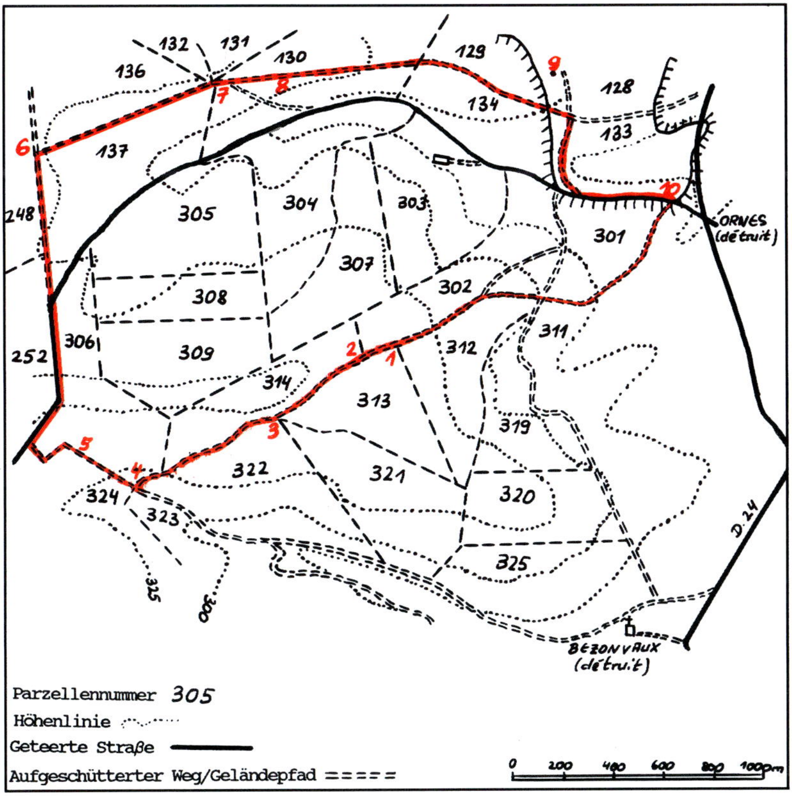

Nach einem Kilometer zweigt nach rechts der »Cuzemont-Weg« (»Chemin de Cuzemont«) (6) ab. Er führt an einem alten Steinbruch vorbei und an der Orne-Quelle (7), die allerdings etwa 300 Meter halbrechts vom Weg liegt. Einen guten Rundblick hat der Wanderer bei Punkt (8) vor allem nach Osten in Richtung Woëvre-Ebene. 1.200 Meter weiter, an der Schnittstelle der Parzellen 134 und 133, führt der »Jungfrauen-Weg« (»Chemin de la Vierge«) nach links auf die von den Deutschen so genannte »Marienhöhe«, auf der sich eine Statue der »Heiligen Jungfrau« (9) befindet. Der eigentliche Rundwanderweg zweigt allerdings nach rechts ab. Bald ist wieder die Landstraße D. 115 erreicht, welche vormals die Hauptstraße (10) des Dorfes Ornes war. An der Ruine der uralten Dorfkirche – sie lohnt eine nähere Besichtigung – vorbei, ist man am Ausgangspunkt angelangt.

»Souville«

(Rundwanderweg mit grünem Punkt, Zeitbedarf ca. 1 Std.)

Der »Souville-Wanderweg« führt uns in ein Gelände, welches nicht nur besonders schwer umkämpft war, sondern zusammen mit dem Fort Souville den letzten Sperriegel vor Verdun bildete.
Wir beginnen unseren Rundgang am Mémorial de Fleury, wo reichlich Parkplätze zur Verfügung stehen. Das Museum ist an der Stelle errichtet worden, an der ehemals der Bahnhof von Fleury (1) stand. Hier führte die kleine Maas-Eisenbahn (»Tacot« = »Bummelbahn«) vorbei, die Verdun mit Montmédy verband. Es war ein Ort härtester Gefechte, vor allem am 23. Juni 1916.
Der erste Teil des Weges verläuft rund einen Kilometer weit über den ehemaligen Damm dieser Eisenbahn, den »Tacot-Weg« (»Chemin le Tacot«). 100 Meter vom Ausgangspunkt entfernt, zweigt ein Weg nach rechts ab, der uns zur »Pulverkammer« von Fleury führt (2) (s.a. Rundwanderweg »Pulverkammer von Fleury«). Über einen Jägerpfad gelangen wir zur Landstraße, die rechts nach Verdun führt. Wir folgen ihr ein Stück und kommen zum Denkmal, welches an André Maginot erinnert. Ein wenig zurückgehend und nach rechts abbiegend, steigt jetzt unser Weg Richtung Fort Souville an. Nach gut 450 Metern erreichen wir einen Pfad, der nach links zur Kasematte »Pamard« (4) und etwas weiter zum 15,5-cm-Geschützturm (5) des Forts führt.
Kehren wir um, so stoßen wir nach rund 300 Metern auf den Weg von Souville (»Chemin de Souville«) (6) und folgen ihm nach links. Bald ist der Eingang des Forts erreicht, an dem sich in Sommermonaten ein erstaunliches Phänomen zeigt: Nähert man sich ihm, hat man nach wenigen Schritten das Gefühl, als wäre die Temperatur um mindestens zehn Grad kälter, so daß es einen frösteln kann. Vor einem Betreten des Forts muß dringend gewarnt werden. Kurz darauf zweigt unser Weg nach links ab, und wir befinden uns im »Steinbruch-Verbindungsgraben« (7), erreichen danach die Landstraße D. 913 und folgen ihr nach links. Nach 300 Metern kommen wir zu einer weiteren Kasematte »Pamard« (8), wo sich eine Orientierungstafel befindet.
An dieser Stelle kam es am 11. und 12. Juli 1916 zu besonders fürchterlichen Kämpfen.
Zurück zur Landstraße: Wir folgen ihr nach links und gelangen 500 Meter weiter an eine Kreuzung. Linker Hand ist das »Löwen-Denkmal« (»Monument du Lion Blessé«) (9) zu sehen, welches an die Frontkämpfer der 130. französischen Division sowie an die harten Kämpfe im Sommer 1916 erinnert.

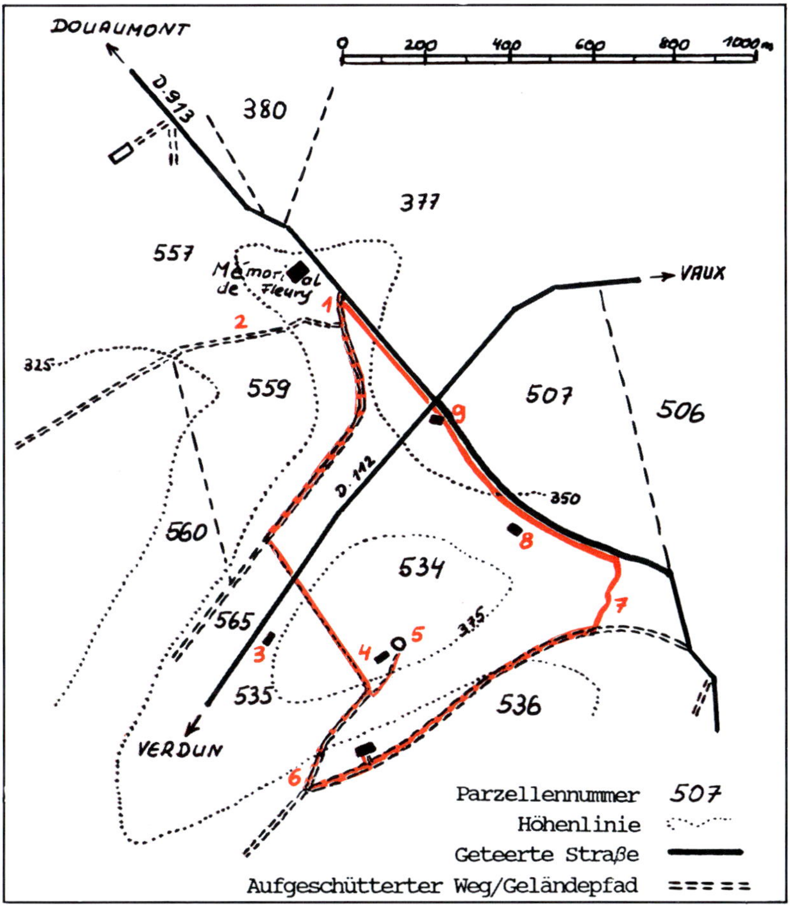

Vor allem aber bezeichnet es den Punkt, an dem der deutsche Angriff 1916 der Stadt Verdun am nächsten kam. Die Vorstöße zur »Filzlaus« und zu den »Vier Schornsteinen« gingen zwar noch weiter nach Süden, wurden jedoch beide nur wenig später wieder zurückgeschlagen.
An dieser Kreuzung stand früher die Kapelle von »St. Fine«.
Von hier bis zu unserem Ausgangspunkt sind es noch etwa 350 Meter.

»Toter Mann« – Mort-Homme

(Rundwanderweg mit rotem Punkt, Zeitbedarf ca. 1 Std.)

Ausgangspunkt für unsere Autofahrt zum Toten Mann ist wieder der uns schon bekannte große Parkplatz an der Porte Chaussée. Wir fahren am Bahnhof vorbei (auf der D. 38) in Richtung Thierville, einem heutigen Vorort von Verdun. Etwa zwei Kilometer hinter dem Ortsausgang erkennen wir an einer scharfen Rechtskurve auf der linken Seite eine Reihe gut sichtbarer Hügel. Auf ihren Anhöhen liegen u. a. die Forts Bois Bourus, Marre und Vacherauville, die den westlichen Teil des Festungsgürtels der Stadt bildeten. Nach knapp drei Kilometern erreicht man die ersten Häuser von Charny und gleichzeitig eine Kreuzung. Der D. 38 folgend, biegen wir nach links ab, Richtung Marre. Erwähnenswert ist dieses kleine, vier Kilometer entfernt liegende lothringische Bauerndorf eigentlich nur auf Grund eines exzellenten Speiserestaurants und Hotels, welches sich am Ortsausgang auf der linken Seite befindet.
Nach weiteren zwei Kilometern gelangen wir wieder an eine Kreuzung, folgen jetzt der D. 123 und sehen nach etwa 1.500 Metern auf der rechten Seite die Überreste des Dorfes Cumières. Es gehört ebenfalls zu den »Villages détruits«, den zerstörten, nicht wieder besiedelten Orten. Ein Denkmal erinnert an dieser Stelle auch an erschossene Kämpfer der Résistance.
250 Meter weiter befindet sich ein Parkplatz (1), der Ausgangspunkt für unsere Fußwanderung zum Mort-Homme sein soll. Der Hauptwanderweg ist neu angelegt und gut zu begehen. Wir befinden uns auf dem alten Weg, der Cumières mit Béthincourt verband (s. a. »Verdun von A-Z – Toter Mann«). 1916 befanden sich hier teilweise bebaute Äcker.
Unsere Route führt beständig aufwärts. Rechts liegt der berühmt-berüchtigte »Raben-Wald« (Bois des Corbeaux«) (2) und der etwas weniger bekannte »Hohe Gänse-Rücken« (»Côte de l'Oie«). Beide sind mit den Kämpfen am »Toten Mann« untrennbar verbunden. Unzählige Granattrichter und verfallene Schützengräben zeugen noch heute von der unglaublichen Härte der Kämpfe, die hier ab März 1916 bis weit ins Jahr 1917 geführt wurden. Schilder mit der Aufschrift »Ne pas piétiner« (»Betreten verboten«), die an den Wegrändern angebracht sind, sollten sehr ernst genommen werden.

Wir kommen – wie häufig im Raum Verdun – an einem Einzelgrab (hier des Lucien Sabatier) vorbei (3). Kurz darauf verlassen wir den Weg nach Béthincourt auf dem »Jägerpfad« – zwischen den Parzellen 151 und 152 – und gelangen nach etwa 600 Metern auf den sogenannten »Toten Mann-

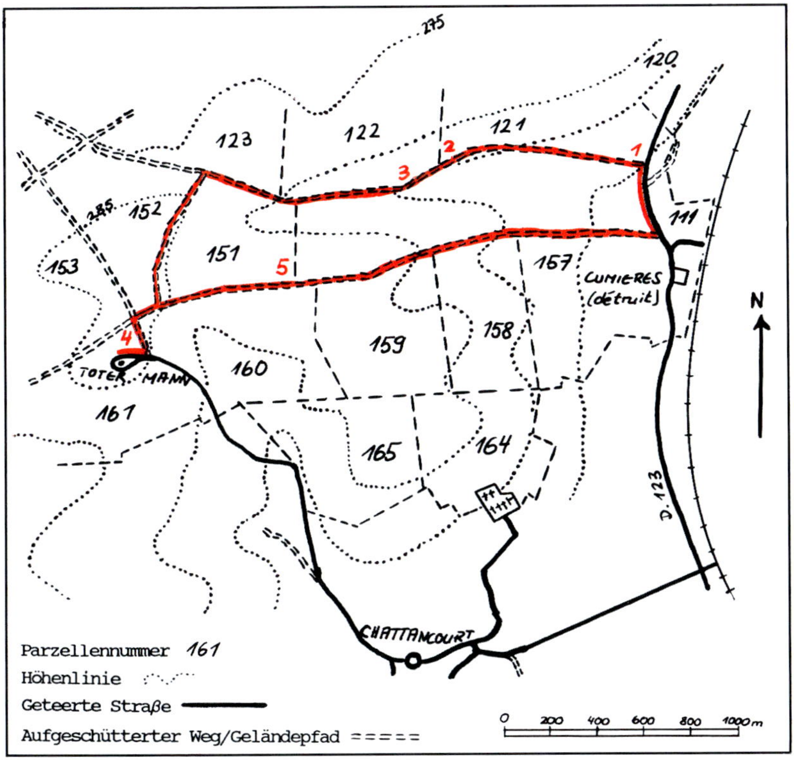

Weg« (»Chemin du Mort-Homme«). Er führt erst ca. 100 Meter nach rechts, dann 100 Meter nach links; jetzt stehen wir fast auf der Höhe des Toten Mannes. Zunächst sehen wir ein Denkmal für die Gefallenen der 40. französischen Infanterie-Division und dann das wohl ergreifendste Denkmal im Raum Verdun: den »Toten Mann« (4).

Wie exponiert dieser Hügel und damit militärisch wichtig als Beobachtungs- und Feuerstellung war, zeigt ein Rundblick. So ist z. B. trotz üppigem Grün im Sommer die Höhe am Douaumont gut auszumachen (heute durch den Turm des Beinhauses besonders kenntlich).

Wir kehren auf demselben Weg zurück, bis wir auf den »Toten-Mann-Weg« gelangen. Diesem folgen wir abwärts; dabei sind alte Stellungen vor allem auf der linken Seite zu sehen (5). Nach etwa zwei Kilometern kommen wir in Cumières wieder auf die D. 123.

»Vaux«

(Rundwanderweg mit grünem Punkt, Zeitbedarf ca. 1 ½ Std.)

Um zum Fort Vaux zu gelangen, sollten wir den »Zweiten Vorschlag« der »Allgemeinen Vorbemerkungen« aufgreifen.

Am Fort Tavannes vorbei (von der Straße aus nicht sichtbar) kommen wir nach etwa 2½ Kilometern zum Fort Vaux, das am 7. Juni 1916 nach tapferster Gegenwehr die Waffen streckte. Dort gibt es ausreichende Parkmöglichkeiten.

Zunächst müssen wir die Straße rund 400 Meter zurückgehen und dann nach rechts in den »Berg-Wald« (»Bois la Vau Régnier«) (1). Nach etwa 1.000 Metern kommen wir an die Landstraße D. 112 (2), welche nach rechts durch die »Quellen- oder Souville-Schlucht« (»Ravin des Fontai-

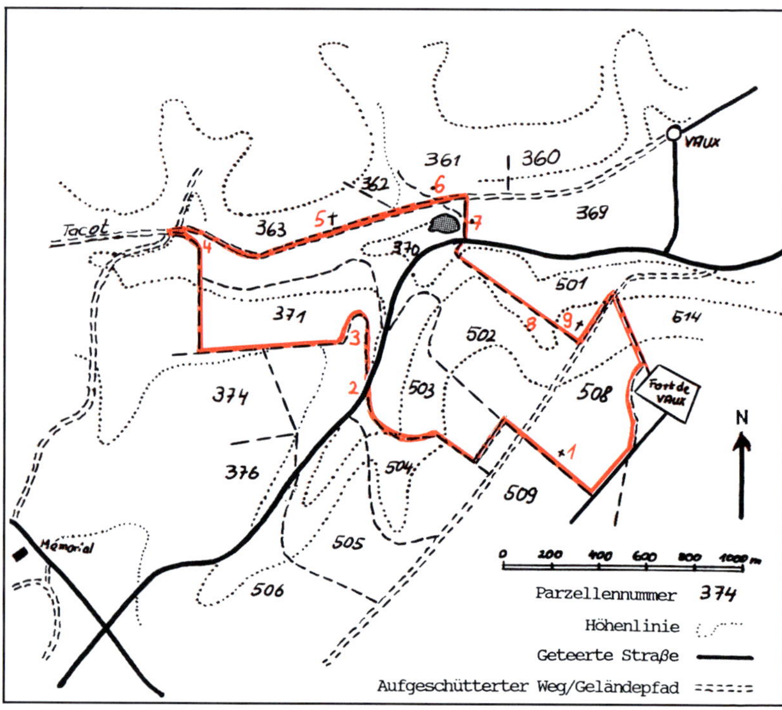

nes«) zum Teich und Dorf Vaux führt. Die Straße überquerend, treten wir in den Wald von Vaux-Chapitre (3) ein. Der Weg macht bald eine lange Linkskurve und führt dann in westlicher Richtung. Zwischen den Parzellen 371 und 372 geht es dann weiter nach Norden. Etwa 500 Meter weiter liegt die »Vaux-Schlucht« (»Ravin de Bazil«) und kurz dahinter das Grab des Leutnant Lyon (4), wo wir auf einen Damm stoßen, über den die einstige kleine Maas-Eisenbahn – der »Tacot« – fuhr. Diese Bezeichnung hat dem heutigen Weg ihren Namen gegeben: »Chemin le Tacot«.

Wir folgen dem ehemaligen Bahndamm und kommen am Grab des Oberleutnants Dubuc (5) vorbei. Bevor wir zum Denkmal für das 1. Bataillon der Jäger zu Fuß (6) (links) und dem Vaux-Teich (rechts) gelangen, zweigt nach links die berüchtigte »Ravin de la Fausse Côte« (von den Deutschen hier »Briten-Schlucht« genannt) ab. Sie führt, im hinteren Teil steil ansteigend und dort deutscherseits als »Kasematten-Schlucht« bezeichnet, in nordwestlicher Richtung zum Fort Douaumont. Am Denkmal des 1. Jägerbataillons ist eine Orientierungstafel angebracht, die über einige Brennpunkte der Schlacht informiert. Der Weg zweigt nach rechts ab und führt am Ostufer des Teiches von Vaux (erobert am 31. März 1916) entlang. Hier befindet sich das Grab des Fliegers Dussumier-Latour (7), der in einem Luftkampf gefallen ist. Wir überqueren die D. 112 ein zweites Mal und folgen dem ansteigenden Weg zum Fort Vaux. Nach etwa 500 Metern führt uns ein Pfad rechter Hand zur »Stellung R-1« (8), wo man sich vom Mai bis Juni 1916 schwerste Kämpfe geliefert hat. Auf der anderen Seite des Weges liegt ein weiteres Einzelgrab (9). Rund 500 Meter weiter erreichen wir die Gräben von Fort Vaux und sind bald darauf wieder an unserer Ausgangsstelle.

Munitions-Depot und Unterstand gegenüber »Vier Schornsteine«.

V. Kurzbiographien

Vorbemerkung

Es erscheint notwendig, zu den Kurzbiographien militärischer Führer des Ersten Weltkrieges einige einführende Bemerkungen zu machen:
Die Lebensbeschreibungen dienen hauptsächlich dem Zweck, die in diesem Reiseführer wiederholt genannten, wichtigsten Persönlichkeiten in aller Kürze vorzustellen, und sind daher auf das Nachzeichnen soldatischer Entwicklung, Karriere, Funktionen und Aufgaben im Kriege sowie in der Nachkriegszeit beschränkt. Ein vollständiges Bild des Charakters der jeweiligen Persönlichkeit wiederzugeben, ist hier allerdings allein schon aus Platzgründen nicht möglich. Wir halten eine solche Methode der bruchstückhaften biographischen Beschreibung im Rahmen dieser Reihe trotzdem für angebracht und berechtigt, ja sogar für unverzichtbar, weil die Kriegführung der Jahre 1914–1918 in großem Maße von den jeweiligen militärischen Führern bestimmt wurde.

Dabei ist jeweils zu berücksichtigen, daß für das individuelle Denken und Handeln nicht ausschließlich das Naturell der betreffenden Person entscheidend war, sondern daß in gleichem Maße auch gesellschaftliches Herkommen, Werte und Normen der jeweiligen Zeit eine wichtige Rolle spielten. Dies gilt besonders für den militärischen Bereich: Das Verharren in Traditionen und der Rückgriff auf Bewährtes kann – ohne Aufgeschlossenheit für neue Entwicklungen – im Moment der kriegerischen Auseinandersetzung zur Bürde werden und dann den Blick für Auswege verstellen. Es scheint dies einer der maßgeblichen Fehler vieler militärischer Führer des Ersten Weltkrieges gewesen zu sein.

Im bibliographischen Anhang finden Sie weiterführende Literatur zu den beschriebenen und zu anderen relevanten Persönlichkeiten.

»Falkenhayn«

Erich von Falkenhayn
geb.: 11. September 1861
gest.: 8. April 1922

Falkenhayn trat 1880 in die preußische Armee ein und wurde 1893 nach Ausbildung an der Kriegsakademie Hauptmann im Generalstab. 1896 verließ er Deutschland, um für sechs Jahre in chinesische Dienste zu treten. Während des dortigen »Boxeraufstandes« wurde er Angehöriger des Generalstabes der Internationalen Ostasiatischen Brigade.
Nach seiner Rückkehr ins Deutsche Reich 1913 fand er erneut im Generalstab Verwendung, wo er hauptsächlich mit Nachschubfragen betraut wurde.

Am 8. Juli 1913 wurde Falkenhayn, in den Augen des Kaisers eine energische und rational abwägende Persönlichkeit, zum preußischen Kriegsminister ernannt und nach dem unglücklichen Verlauf der Marneschlacht am 14. September zum Nachfolger Helmuth von Moltkes als Chef des Generalstabes des deutschen Feldheeres bestimmt.

Die weitere Kriegsführung im Westen war für Falkenhayn durch die unbedingte Notwendigkeit einer Verteidigung erreichter Linien bestimmt. Dagegen trat er im Osten schon Mitte November 1914 für einen Sonderfrieden mit Rußland ein, um Truppen für die Westfront freizumachen, da für ihn nur dort die Entscheidung des Krieges fallen konnte. Er hielt die Kräfte des Deutschen Reiches, auch zusammen mit denen seiner Verbündeten, für nicht ausreichend, um den Zweifrontenkrieg führen zu können. Diese Überlegungen vermochte er jedoch mit Rücksicht auf Österreich-Ungarn nicht durchzusetzen.

Im Verlauf des Jahres 1915 konzentrierte Falkenhayn in zunehmendem Maße die Kriegsführung in seinen Händen, so daß auch die Planungen für das Jahr 1916 vollständig seiner eigenen Verantwortung unterlagen. Dabei hatte er offensive Erfolge an der Ostfront und konnte die Front im Westen trotz heftigster Durchbruchversuche des Gegners halten.
Der Krieg wurde immer mehr eine ausschließlich militärische Angelegenheit, der sich die Politik anpassen sollte. Die Forderung Falkenhayns nach Wiederaufnahme des uneingeschränkten Uboot-Krieges zur Entlastung der Westfront entwickelte sich daher zu einem folgenschweren Konflikt mit der politischen Führung des Reiches.

Seinen Planungen für den Landkrieg lagen begrenzte Ziele zugrunde, die ihm den eigenen Kräfteverhältnissen angemessen erschienen. Im Fehlschlagen seines theoretischen Konzeptes von der Unterwerfung menschlichen Handelns und der tatsächlichen Verhältnisse auf dem Schlachtfeld unter die Diktatur des Planes während des ersten Halbjahrs 1916 liegt die eigentliche Ursache für den tragischen Verlauf der Schlacht von Verdun.

Das Beinhaus mit dem Friedhof von Douaumont.

Einzelgrab des Jacques Delépine auf der Höhe 304.

Soldatenfriedhof im Vorort Pavé.

Deutscher Soldatenfriedhof in Consenvoye.

Amerikanisches Denkmal auf dem Hügel von Montfaucon. Auf der Spitze befindet sich eine Freiheitsstatue.

Ruine der Kirche von Montfaucon.

Denkmal im »zerstörten Ort« Fleury.

Gedenkstein für den »zerstörten Ort« Ornes, unten die Ruine der Kirche von Ornes.

Denkmäler auf dem »Toten Mann« (links) und der »Höhe 304«.

Der Rundwanderweg »Höhe 304« führt streckenweise durch das ehemalige Stellungssystem.

Tiefe Trichter
auf dem Hügel von
Les Eparges zeugen
vom Minenkrieg.

Les Eparges:
Blick über
die Woëvre-Ebene.

Minentrichter
und Denkmal
in Vauqois.

Granattrichter auf dem Zwischenwerk Thiaumont, im Hintergrund das Beinhaus.

Gesprengte Panzerkuppel am Zwischenwerk Thiaumont.

Der Unterstand MF 4.

Das Zwischenwerk Froideterre (»Kalte Erde«)

Blick von »Kalte Erde« zu den Vier-Schornsteinen und in die Weinberg-Schlucht.

Pamard-Bunker des Forts Souville.

Im Innern des Forts Souville.

Eingang zum Fort Souville.

Im Gehölz verschwunden: das Fort Tavannes.

Eingang zum Tunnel von Tavannes. Die vordere Tunnelröhre wurde erst in den 30er Jahren erbaut.

Beobachtungsstand und gesprengte Geschützkuppel am Fort Vaux.

Blick vom Fort Douaumont nach Norden auf die »Kegelbahn«.

Nach deren Fehlschlag, unter dem Eindruck der ungebrochenen gegnerischen Offensivkraft Mitte 1916, des Kriegseintritts Rumäniens sowie des Vertrauensverlustes in der politischen und militärischen Führung der Mittelmächte, trat General von Falkenhayn am 11. Juli 1916 als Chef des Generalstabes des deutschen Feldheeres zurück.

Im September übernahm er das Kommando der gegen Rumänien eingesetzten 9. Armee und führte mir ihr einen erfolgreichen Feldzug.

Im April 1917 ging er zur türkischen Heeresgruppe in Palästina, ohne aber den Zusammenbruch des Osmanischen Reiches aufhalten zu können. Seinen letzten Einsatz hatte er mit der 10. Armee in Litauen. Erich von Falkenhayn wurde im Februar 1919 aus dem Dienst verabschiedet.

»Gallwitz«

Max von Gallwitz
geb.: 2. Mai 1852
gest.: 18. April 1937

Als Freiwilliger nahm Gallwitz am Deutsch-Französischen Krieg von 1870/71 teil. Nach verschiedenen Verwendungen, u.a. im Kriegsministerium, im Generalstab und in der Truppe, wurde er 1905 als Generalleutnant Divisionskommandeur. 1911 erhielt er seine Ernennung zum Inspekteur der Feld-Artillerie. Zwei Jahre später erhob ihn der Kaiser in den Adelsstand.
Bei Kriegsbeginn war Gallwitz Kommandeur des Garde-Reserve-Korps in der 2. Armee (Bülow), mit der er an der Eroberung Namurs teilnahm. Mit seinem Korps nach Osten verlegt, war er an den Kämpfen an den Masurischen Seen beteiligt. Bis zum Frühjahr blieb er im Osten und wurde am 29. März Kommandeur der »Angriffsgruppe West« in der Schlacht um Verdun. Zur Abwehr der alliierten Offensive an der Somme von Falkenhayn dorthin versetzt, übernahm er im Juli 1916 zuerst die 2. Armee und dann eine neugebildete Armeegruppe seines Namens.
Im Dezember 1916 wurde Gallwitz von der inzwischen eingesetzten 3. Obersten Heeresleitung nach Verdun zurückbeordert, um mit der 5. Armee die Lage nach der Rückeroberung von Fort Douaumont durch die Franzosen zu stabilisieren. Er verblieb in diesem Frontabschnitt, und nach Bildung einer neuen Armeegruppe Gallwitz leitete er die Abwehr der amerikanischen Angriffe auf den Frontbogen von St. Mihiel. Dieser konnte zwar nicht gehalten, der entscheidende Durchbruch jedoch verhindert werden.
Im November 1918 sprach Gallwitz sich gegen die Beendigung des Krieges und für die Ausrufung eines Volkskrieges zur Verteidigung des Reiches aus. Am 6. Dezember quittierte er den Dienst. Von 1920 bis 1924 war er Abgeordneter der Deutschnationalen Volkspartei im Reichstag.
Gallwitz galt als gebildeter, selbst- und pflichtbewußter Soldat. Er starb in Neapel.

»Joffre«

Joseph Joffre
geb.: 12. Januar 1852
gest.: 3. Januar 1931

Geboren in Rivesaltes, Pyrenäen, war Joseph Joffre bürgerlicher Herkunft.

An der Ecole Polytechnique durchlief er eine Ausbildung als Offizieranwärter der Pioniertruppe. Bereits nach einem Jahr kam er 1870/71 zum praktischen Truppeneinsatz. Nach dem Krieg wirkte er an der Befestigung der französischen Ostgrenze mit.

Ausgedehnte Reisen durch das französische Kolonialgebiet in Afrika und Indochina schlossen sich an, wo er am Bau militärischer Anlagen wie auch an der Niederwerfung von Aufständen der einheimischen Bevölkerung teilnahm.
In Anwendung überraschender Überfälle und Angriffe lernte er dort die Macht kraftvoll geführter Offensiven kennen.

Nach Frankreich zurückgerufen, übernahm er 1906 als Generalmajor das Kommando über die in Paris stationierte 6. Division, wechselte dann über an die Spitze des XXVII. Korps und wurde 1909 Leiter des Nachschubwesens im Obersten Kriegsrat.

Es reifte in jener Generation junger Offiziere ein starker Glaube an die Unwiderstehlichkeit einer direkt geführten Offensive heran, der bald auch in allen strategischen und operativen Überlegungen vorzuherrschen begann. Bezeichnend für diesen neuen Geist in der französischen Armee ist nach Joffres Ernennung zum Chef des Generalstabes im Jahre 1911 die Ablehnung des defensiven, mit Schwerpunkt an der belgischen Grenze entworfenen Konzepts seines Vorgängers. Er ersetzte es daher sofort durch einen »zeitgemäßeren« und offensiv angelegten Plan.

Joffre war von massiger, Ruhe und Selbstsicherheit ausstrahlender Gestalt. Er verfügte über die Gabe des Zuhörens und entzog sich nicht konträren Ansichten, was ihm die Zusammenarbeit mit den unterschiedlichsten Charakteren vor allem in kritischen Situationen erleichterte.
Durch sein bürgerlich-unaffektiertes Auftreten genoß er großes Vertrauen bei seinen Soldaten.

Die erfolgreiche Abwehr des deutschen Angriffs an der Marne im September 1914 brachte Joffre auf den Höhepunkt seiner Popularität. Im folgenden Jahr versuchte er das offensive Denken im französischen Heer doch noch in die Tat umzusetzen. Da sich jedoch ein Erfolg nicht einstellte, plante Joffre zusammen mit den Engländern für Mitte 1916 an der Somme den entscheidenden Durchbruch, wovon er sich auch durch den deutschen Angriff auf Verdun nicht abbringen ließ. Verlauf und Ergebnis beider Schlachten ließen Unzufriedenheit mit Joffres Führungsstil entstehen.

Im Oktober 1916 eroberte General Nivelle das Fort Douaumont mit seiner neuen Methode der »Feuerwalze« zurück und erschien somit als Garant des Sieges und als geeigneter Nachfolger Joffres.

Am 14. Dezember 1916 trat Joffre ab, wurde zum Marschall von Frankreich ernannt und verlor alle verantwortlichen Funktionen.

Joffres Beharrlichkeit ermöglichte den Sieg an der Marne, reduzierte jedoch gleichzeitig seine strategische Anpassungsfähigkeit an den veränderten Charakter des Krieges.

»Mangin«

Charles Mangin
geb.: 6. Juli 1866
gest.: 12. Mai 1925

Mangin, Absolvent der Kriegsakademie von St. Cyr, sammelte erste militärische Erfahrungen als Infanterieoffizier der Kolonialtruppe im Sudan und in Indochina. Außerdem nahm er an mehreren Expeditionen in Afrika teil und zeichnete sich 1912 durch militärische Erfolge in Marokko aus.
Im Generalsrang führte er zu Beginn des Ersten Weltkrieges eine Brigade der 5. Armee und wurde Ende 1914 Divisionskommandeur. Anfang 1916 hatte Mangin sich den Ruf eines mutigen, aber auch risikofreudigen und hohe Verluste hinnehmenden Offiziers erworben: ein Verfechter des unbedingten Offensivglaubens.

In der Schlacht von Verdun kommandierte er die 5. Infanterie-Division, mit der er im Abschnitt Douaumont verlustreiche Gegenangriffe durchführte. Im Mai gelang zwar kurzfristig eine teilweise Rückeroberung des Forts, aber ein nachhaltiger Erfolg stellte sich nicht ein. Daraufhin wurde er seines Amtes enthoben, übernahm aber schon im Juni wieder ein Korps am Westufer der Maas. Seine dort angesetzten, frontal und ohne ausreichende Artillerieunterstützung vorgetragenen Angriffe verfehlten ihr Ziel und brachten ihn in Gegensatz zu General Pétain.

Mit Unterstützung General Nivelles aus dieser Krise gerettet, konnte er im Dezember 1916 das Fort Douaumont endgültig zurückerobern. Er übernahm das Kommando der 6. Armee, der Nivelle als neuer französischer Oberbefehlshaber eine entscheidende Rolle für die geplante Frühjahrsoffensive zugedacht hatte. Deren politische Durchsetzung, auch gegen Zweifel aus militärischen Kreisen, wurde von Mangin tatkräftig mitbetrieben. Ihr katastrophaler Verlauf im April 1917 forderte von Mangins Armee extrem hohe Verluste, was zur Folge hatte, daß sie zum Zentrum der darauffolgenden Meutereien im französischen Heer wurde. Bis Ende 1917 wurde Mangin in den einstweiligen Ruhestand versetzt. Auf Betreiben General Fochs, ebenso ein Vertreter des Offensivgedankens und im Gegensatz zu Pétain stehend, wurde Mangin rehabilitiert und nahm im Sommer 1918 als Befehlshaber der 10. Armee an der alliierten Gegenoffensive teil. Er plante für das Frühjahr 1919 einen Angriff auf Lothringen, der aber auf Grund des Kriegsendes nicht mehr ausgeführt wurde.

Mangin genoß am Ende des Krieges hohes Ansehen in Frankreich. Seine 10. Armee war ein Teil der Besatzungstruppen im Rheinland. Im Oktober 1919 wurde er von Ministerpräsident Clemenceau seiner Funktion enthoben, leistete jedoch anschließend Dienst in Nordafrika.

»Nivelle«

Robert Nivelle
geb.: 15. Oktober 1856
gest.: 23. April 1924

Robert Nivelle trat nach einer Ausbildung an der Ecole Polytechnique im Jahre 1878 in eine Artillerieeinheit ein. Praktische Erfahrungen sammelte er in China und Nordafrika.

Zu Beginn des Ersten Weltkrieges kommandierte er ein Artillerie-Regiment, mit dem er bei Mülhausen (Mulhouse) und in der Marne-Schlacht eingesetzt wurde. Durch unorthodoxen Einsatz seiner Waffengattung sorgte er für Aufsehen. Bereits im Oktober 1914 wurde er zum Brigadegeneral befördert und erhielt im Februar 1915 ein Divisionskommando sowie Ende 1915 den Befehl über das III. Korps.

Die Schlacht von Verdun sollte Nivelle zum entscheidenden Durchbruch in seiner Karriere verhelfen; denn bereits im April wurde er zum Kommandeur der 2. Armee ernannt. In diesem Oberbefehl entwickelte er das Prinzip der »Feuerwalze«, die angesichts der offensichtlichen Verteidigervorteile eine erfolgversprechende und kräftesparende Offensivmethode verhieß und in Verdun erstmals praktiziert wurde. Es ging dabei in erster Linie um eine äußerst genaue und enge Abstimmung zwischen Artillerie und Infanterie bei einem Angriff. Der Schlüssel zum schnellen Sieg schien damit gefunden zu sein – der Fall von Fort Douaumont am 24. Oktober schien hierfür den Beweis zu liefern.

Am 12. Dezember 1916 löste dieser Optimismus verbreitende Offizier General Joffre vom Amt des französischen Oberkommandierenden ab.

Auf der Grundlage seiner besonderen Methode konnte Nivelle die Hoffnung auf den entscheidenden Durchbruch der gegnerischen Front und den unweigerlich damit verbundenen Sieg also erneut beleben. Dabei sollte bald auch der Versuch von Verdun in größerem Ausmaß wiederholt werden.

Für diesen Angriff wurde der Abschnitt zwischen Arras und Reims ausgewählt. Jedoch beschränkte der strategische Rückzug der Deutschen auf die gut ausgebaute Siegfried-Stellung die französische Offensive hauptsächlich auf den Chemin des Dames.

Hatte Nivelle die Feuerwalze auf dem begrenzten Gelände von Verdun auch mit Erfolg eingesetzt, hier sollte sie – ähnlich wie die deutsche Artillerie im Februar 1916 vor Verdun – völlig versagen: Der Angriff vom 16. April kam oftmals über die ersten deutschen Linien nicht hinaus und mußte unter großen Verlusten abgebrochen werden.

Diese Katastrophe besiegelte Nivelles Karriere; er wurde am 15. Mai von Pétain abgelöst. Doch nicht nur für Nivelle sollte der Fehlschlag Konsequenzen haben; die hochgesteckten Erwartungen im französischen Heer führten angesichts der Erfolglosigkeit in die Krise des Mai 1917.

Robert Nivelle mußte sich vor einem Militärgericht verantworten und wurde für den Rest des Krieges nach Nordafrika abgeschoben.

»Pétain«

Philippe Pétain
geb.: 24. April 1856
gest.: 23. Juli 1951

Ausgebildet in St. Cyr und am Collège de Guerre, fiel der Infanterieoffizier Pétain frühzeitig durch unkonventionelle und eigenwillige Auffassungen von der jeweils geltenden Militärstrategie auf. Die Verzögerung seiner Karriere zeigt, daß seine Vorschläge nicht nur auf Zustimmung stießen, denn mit 44 Jahren war er immer noch Major.

In der Diskussion um die beste Infanterie-Taktik, vertrat Pétain angesichts der hohen Feuerkraft moderner Waffen – entgegen der gültigen Lehrmeinung – die Meinung, daß nicht der Angriff um jeden Preis, sondern die Schwächung des Gegners durch defensive Maßnahmen und den Einsatz schwerer Artillerie die Voraussetzungen offensiven Erfolges seien.

Pétain sollte sich auf Grundlage seiner Studien als einer der wenigen Offiziere erweisen, die dem kommenden Krieg intellektuell gewachsen waren: Die letztlich doch erfolgreiche Umsetzung seiner taktischen Ideen der Vorkriegszeit ließen ihn daher bis Oktober 1914 dann doch noch schnell bis zum Kommandierenden General eines Korps aufsteigen. Schon in diesem frühen Stadium des Krieges bestand er auf massiver Artillerievorbereitung, um den Weg für die Infanterie freizumachen. Er wollte damit die Verluste auf ein unvermeidliches Minimum reduzieren. Im Mai 1915 wurde er Oberbefehlshaber der 2. Armee. Doch noch immer waren seine Prinzipien nicht allgemein anerkannt und standen im Gegensatz zu denen des Oberkommandierenden Joffre.

Am 25. Februar übernahm Pétain die Front von Verdun, und hier konnte er endlich sein organisatorisches und taktisches Geschick unter Beweis stellen: Persönliche Verfügungsgewalt über die schwere Artillerie, die ununterbrochene Versorgung über die Voie Sacrée sowie das rotierende Einsatzverfahren der verschiedenen Truppenteile in der Schlacht waren seine Ideen.

Doch nicht immer sollte seine Vorgehensweise die gebührende Anerkennung finden. Nicht er, sondern der offensiv-optimistische Nivelle wurde zum Nachfolger Joffres bestellt.

Als Nivelles Siegeszuversicht im April 1917 ihr jähes Ende fand, übernahm Pétain am 15. Mai 1917 das Oberkommando über das geschwächte, von Meutereien und Disziplinlosigkeit heimgesuchte Heer. Mit einer Mischung aus dienstlichen Verbesserungen, praktischen Engagements bei der Truppe, aber auch durchgreifender Härte, konnte er der Situation Herr werden.
Gleichzeitig galt es, strategische Neuerungen für die kommenden Schlachten zu entwickeln und einzuüben: die elastische Verteidigung in der Tiefe sowie der Einsatz von Tanks im großen Stil zur Wiedererlangung der Beweglichkeit. Obwohl sich seine Taktik angesichts der deutschen Frühjahrs- und Sommeroffensive bewähren sollte, ernannte man statt seiner General Foch zum Alliierten Oberkommandierenden. Pétain wurde am 18. Dezember 1918 zum Marschall von Frankreich befördert.

Er blieb im aktiven Dienst und übernahm 1934 das Amt des Kriegsministers sowie 1939 das des Botschafters in Spanien. Am 18. Mai 1940 trat er wiederum in die Regierung ein und forderte angesichts der militärischen Lage die Einstellung der Kämpfe gegen die siegreiche Wehrmacht. Als Ministerpräsident unterzeichnete er den Waffenstillstand mit Deutschland und wurde am 11. Juli Staatschef des unbesetzten Frankreichs. Bis zum November 1942 regierte er in autoritärem Stil, verlor jedoch nach der vollständigen Besetzung jede politische Handlungsfreiheit.

Am 5. August 1945 wurde er von einem französischen Gericht wegen Kollaboration zum Tode verurteilt, begnadigt und lebenslang verbannt.
Die von Pétain gewünschte Beisetzung in Verdun wird ihm bis auf den heutigen Tag verweigert.

»Schmidt von Knobelsdorf«

Konstantin Schmidt von Knobelsdorf
geb.: 13. Dezember 1860
gest.: 1. September 1936

Schmidt von Knobelsdorf trat 1878 in die preußische Armee ein. Er war auf der Kriegsakademie und diente im Generalstab. 1901 wurde er Bataillonskommandeur und drei Jahre später Stabschef des X. Korps. 1908 übernahm er als Kommandeur das 4. Garderegiment und wechselte 1911, im Rang eines Generalmajors als Stabschef zum Garde-Korps. Schon ein Jahr später wurde er stellvertretender Chef des Generalstabes und im Januar 1914 zum Generalleutnant befördert.

Bei Kriegsbeginn der 5. Armee unter dem Oberbefehl des Kronprinzen Wilhelm als Stabschef zugeteilt, nahm er an den Kämpfen von Longwy – Longuyon und Varennes – Montfaucon teil. Nach dem anfänglichen Vormarsch auf Verdun mußte man sich auf Grund der Marne-Schlacht (»Wunder an der Marne«) dem allgemeinen Rückzug anschließen. Die 5. Armee umfaßte Verdun nunmehr westlich und östlich der Maas in einem Bogen. Für sein maßgebliches Mitwirken an den Schlachten in den ersten Monaten erhielt er den Orden Pour le mérite.

General Schmidt von Knobelsdorf war ein guter Bekannter des Chefs des Generalstabes des Feldheeres und hatte dadurch gewisse Anteile am Zustandekommen des Angriffsbefehls auf Verdun. Ebenfalls in Übereinstimmung mit Generalstabschef Falkenhayn und gegen die Bedenken des Kronprinzen war er für ein Weiterführen der Schlacht, auch nach dem unerwartet schwierigen und verlustreichen Verlauf. Zwischen beiden kam es zu schweren Zerwürfnissen über die Verantwortung für die Schlacht. Am 21. August wurde der Generalstabschef deshalb entlassen und übernahm als Kommandierender General das X. Armeekorps. Mit diesem kämpfte er bei der Abwehr der Brussilow-Offensive im Raum Kowel.

Den Rest des Krieges verbrachte Schmidt von Knobelsdorf mit seinem Korps an einem ruhigen Frontabschnitt im Elsaß. Im Dezember 1918 leitete er dessen Demobilisierung in Hannover und schied im September 1919 aus dem aktiven Dienst aus.

»Wilhelm, Kronprinz von Preußen«

Wilhelm, Kronprinz von Preußen und Deutschland
geb.: 6. Mai 1882
gest.: 20. Juli 1951

Kronprinz Wilhelm, ältester Sohn Kaiser Wilhelms II., übernahm im Jahre 1911 das 1. Garde-Kavallerie-Regiment in Danzig. Obwohl ohne entsprechende Qualifikationen wurde er am 1. August 1914 zum Oberkommandierenden der 5. Armee ernannt, deren Aufgabe es sein sollte, »innerer Drehpunkt« des Heeres für den Vormarsch durch Belgien und Nordfrankreich zu sein. Sein Stabschef wurde General Konstantin Schmidt von Knobelsdorf. Entgegen der ursprünglichen Planung drang die 5. Armee bis nach Verdun vor, schloß sich danach aber dem allgemeinen Rückzug an und begnügte sich zunächst mit der Umfassung der Maasstadt von drei Seiten. Die Armee des Kronprinzen war dazu bestimmt, die Hauptlast des dortigen deutschen Angriffs zu tragen.

Schon vor Ausbruch des Ersten Weltkriegs hatte sich Wilhelm in hochmütiger und gleichzeitig dilletantischer Weise in die Politik des Reiches einzumischen versucht. Er war von wankelmütigem Charakter und in seinen Urteilen sehr von der unmittelbaren Umgebung abhängig. Im Kriege nahm er gegenüber Fragen der innenpolitischen Reform, der Informationspolitik und den Kriegszielen wechselnde Standpunkte ein, vertrat jedoch überwiegend die Forderung nach einem Sieg-Frieden mit umfangreichen territorialen Ansprüchen. Zu Reichskanzler Bethmann Hollweg hatte er ein gespanntes Verhältnis, so daß dessen spätere Absetzung von ihm gebilligt und unterstützt wurde.

Auch auf militärischem Gebiet waren seiner tatsächlichen Kenntnis und Verfügungsgewalt enge Grenzen gezogen; er hatte sich in maßgeblichen Entscheidungen seinem Generalstabschef zu unterwerfen. So akzeptierte er wohl zunächst auch das Angriffsvorhaben gegen Verdun im Jahre 1916. Als er später dann aber erkannte, daß ein Erfolg nicht möglich war, distanzierte er sich zusehends. So ging denn auch die Versetzung Schmidt von Knobelsdorfs ebenso auf sein Konto wie die kurz darauffolgende Einstellung der Angriffe im Raum Verdun. Beides kam jedoch viel zu spät und beendete auch die dortigen Kämpfe noch lange nicht.

Wilhelm war seit August 1915 in Personalunion Oberbefehlshaber der damals neu aufgestellten Heeresgruppe »Deutscher Kronprinz« und der 5. Armee. Im November 1916 wurden beide Kommandos getrennt. Der Kronprinz blieb aber weiterhin Führer »seiner« Heeresgruppe. Mit ihr war er vor allem an den Abwehrkämpfen des Jahres 1917, aber auch an der Offensive von 1918 beteiligt.

Nach dem Waffenstillstand versuchte er erneut, in die Politik des Reiches einzugreifen, indem er der Regierung die Rückführung der Truppen unter seinem Kommando anbot, um so die Revolution zu beenden und die Monarchie zu retten.

Prinz Max von Baden lehnte ab, da er die wahren Absichten dieses Angebots durchschaute, und Wilhelm folgte seinem Vater am 15. November ins holländische Exil, wo er am 1. Januar 1919 auf alle Thronansprüche verzichtete. 1923 kehrte er nach Deutschland zurück.

Im Juli 1932 mußte er eine von Hitler angetragene Kandidatur zum Reichspräsidenten auf Anordnung seines Vaters ablehnen, aber nicht ohne seine Sympathie für die Nationalsozialisten bekundet zu haben. Eine Parteimitgliedschaft hat er jedoch vermieden.

Fort Belleville

VI. Zeitgenössische Zeugnisse

Brief des Medizinstudenten Walter Roy, geboren am 1. Juni 1894, gefallen am 24. April 1915 beim Sturm auf die Combreshöhe bei Les Eparges:

Vor dem Sturm am 24. April 1915. – Ihr Lieben!
Hoffentlich wird Euch kein treuer Kamerad diesen Brief senden brauchen, denn es ist ein Abschiedsbrief. Solltet Ihr ihn in den Händen halten, so wisset denn: ich bin gefallen für meinen Kaiser, für mein Vaterland und für Euch alle. Es gilt jetzt einen schweren Kampf, und es ist leuchtender, lockender Frühling. Ich habe Euch nichts weiter zu sagen, denn ich habe keine Geheimnisse gehabt. Und wie Euch danke für das, was Ihr alle drei mir im Leben Gutes getan habt, wie ich Euch allen für den Sonnenschein und das Glück danke, in dem ich lebte, wißt Ihr. Freudig, dankbar und glücklich werde ich sterben, wenn es sein muß! Dieses aber soll noch ein Gruß der heiligsten Liebe sein für Euch alle und für alle, die mich liebten. Ich trage diesen letzten Gruß bei mir bis zum letzten Augenblick. Dann sei er durch treue Kameraden Euch gesandt und mein Geist wird bei Euch sein. Der gnädige Gott behüte und segne Euch und mein deutsches Vaterland! In inniger Liebe

Euer treuer Walter.

(Kriegsbriefe gefallener Studenten, S. 53)

*

Brief des Philosophiestudenten Heinz Pohlmann, geboren am 14. Februar 1896, gefallen am 1. Juni 1916 auf dem »Toten Mann«:

Im Felde geschrieben am 25. Mai 1916. – Innigste geliebte Eltern!
Wenn Ihr diese Nachricht von mir erhaltet, dann ist wohl herbes Leid über Euch gekommen, denn dann bin ich nicht mehr in dieser Welt. Ich kann es verstehen, aber um eins bitte ich Euch: beklagt mich nicht. Trauert um mich, aber seid ruhig und gefaßt; zeigt, daß Ihr Deutsche seid, die das Leid tragen können. Deutsche Eltern, die das Wertvollste, was sie besitzen, hingeben für das Wertvollste, unser herrliches Vaterland. Denn trotz aller trüben Erfahrungen und Nachrichten glaube ich doch an eine Zukunft. Für das neue, größere, bessere Vaterland gebe ich gern mein junges Leben.

Ich gehe ganz gefaßt in den Kampf und zittere nicht, dem Tod ins Angesicht zu blicken, denn ich fühle mich geborgen in Gottes Hand. . . . Noch eins: Wenn ich Euch früher kränkte und wehe tat, so verzeiht es mir. Ich war eigensinnig oft und habe oft einen unrechten Weg eingeschlagen, aber ich habe es bereut, glaubt es mir, und verzeiht mir. Und nun bleibt mir nichts mehr als Euch trotz allem zuzurufen: Auf Wiedersehen! . . .
Euer Heinz.

(Kriegsbriefe gefallener Studenten, S. 153f.)

*

Briefe des Theologiestudenten Johannes Haas, geboren am 12. März 1892, gefallen am 1. Juni 1916 vor Verdun:

Vor Verdun, 13. Mai 1916.
Meine lieben guten Eltern!
Hier ist Krieg, Krieg in seiner allerschrecklichsten Form – und Gottesnähe in höchster Spannung. Es wird nun Ernst. Aber ich bin so innerlich frei und froh. »Laßt mich gehen – daß ich Jesum möge sehen.« Es muß doch schön sein, Gott zu schauen, seine Herrlichkeit und alles, wonach ich mich mit menschlichem Unverstand sehnte und plagte, seinen Frieden. O, ich denke viel ans Jenseits, mit Freude. Vor dem Gericht bangt mir nicht. Ich bin zwar ein armes, elendsündiges Menschenkind, aber wie groß ist Gottes Gnade und des Heilands Liebe! Darum tu ich getrost und ohne Zittern meine Pflicht fürs Vaterland, für mein liebes deutsches Volk. – Dank Euch, liebe Eltern, daß Ihr mich zum Heiland geführt. Das war Euer Größtes! Ich liebe Euch innig!
Behüt Gott
Hans.

1. Juni 1916.
Liebe Eltern!
Ich liege auf dem Schlachtfeld mit Bauchschuß. Ich glaube, ich muß sterben. Bin froh, noch einige Zeit zu haben, mich auf die himmlische Heimkehr vorzubereiten.
Dank Euch, Ihr lieben Eltern! Gott befohlen. Hans.

(Kriegsbriefe gefallener Studenten, S. 163 f.)

*

Brief des Obersten Coquelin de Lisle (Kommandeur der 255. Infanterie-Brigade) an seine Frau. Der Absender fiel am 11. Juni 1916 bei Fleury:

Meine sehr teuere und sehr geliebte Marie,
Gott hat es so gewollt; dieser Brief ist der letzte, den Sie von mir lesen werden!
Ich schreibe ihn, nachdem ich den Befehl bekommen habe, einen Angriff anzuführen, welcher die größten Opfer mit sich bringen wird – meines insbesondere.
Ich vertraue ihn (den Brief) einem Offizier der 232. (Brigade), Leutnant Ruez, an, der ihn Ihnen überbringen wird, wenn mein Opfer vollbracht sein wird.
Ich gebe gern mein Leben für Frankreich, für dessen Größe ich immer gearbeitet und gelebt habe.
Ich werde als Christ scheiden, nachdem ich meine religiösen Pflichten erfüllt habe. . . .

(Verdun 1916. Aspekte zum Thema »Krieg und Frieden«, S. 16)

*

Brief des Philosophiestudenten Otto Heinebach, geboren am 14. August 1892, gestorben am 14. September 1916 im Lazarett an den Folgen einer vor Verdun am 19. Februar 1916 erlittenen Verwundung:

18. Februar 1916
Im Sanitätsunterstand, wo wir für einen Tag in Reserve liegen, herrscht eine erstickende Hitze. Der Raum ist gestopft von Menschen; draußen Regen wie immer. Vorhin kam die Nachricht, daß der Angriff weiter um 24 Stunden verschoben, und bald darauf die Parole, daß er nunmehr auf den 20. festgesetzt sei. Das scheint definitiv zu sein, trotzdem keine Aussicht auf eine Besserung des Wetters besteht. Übrigens soll es mit Tornister gehen, unter Zurücklassung alles Entbehrlichen. –
Ich nehme Abschied von Euch, Ihr geliebten Eltern und Bruder, aus tiefstem, übervollem Herzen; Dank, innigen Dank für alles, was Ihr an mir getan. – Sollte ich bleiben, so tragt es, ich bitte Euch herzlich, mit Fassung; – bedenkt, daß ich doch wohl nie zu einem vollen Glück und Zufriedenheit gelangt wäre, vielleicht wäre bis zum Ende ein klaffender Riß durch mein Leben hindurchgegangen: Der Widerspruch zwischen Wollen und Können, Streben und Gelingen, Sehnen und Wirklichkeit, die Tragik halbbegabter Naturen, die sich durch ewige Selbstkritik, da ihnen der Weg zum schöpferischen Gestalten für immer verschlossen bleibt, im langen Zersetzungsprozeß zugrunde richten. . . .
Lebt wohl. Ihr wißt und kennt die, die meinem Herzen nahestanden, und Ihr werdet auch ihnen meine Abschiedsgrüße sagen. – Und so lösche ich denn mein Dasein aus in Gedanken am Vorabend der furchtbaren Schlacht und denke mein Selbst hinweg aus dem teuren Kreise, dem es als

geliebtes Glied angehören durfte. – Auch die Lücke, die ich hinterlassen würde, muß sich schließen – der unendliche Reigen der Geschöpfe läßt sich nimmer beirren –, ich segne ihn, ein winziges Glied, das ihm angehörte, in alle Zukunft! Und bis in Eure letzten Tage gedenkt mein, ich bitte Euch, in milder Liebe, ehrt mein Gedächtnis, ohne es zu übergolden, und bewahrt mich in treuen, zärtlichen Herzen.

(Kriegsbriefe gefallener Studenten, S. 209 ff.)

*

Brief des Mathematikstudenten Hans Foerster, geboren am 6. Oktober 1890, gefallen am 29. November 1916 bei St. Mihiel:

Vor Verdun, 1. Juli 1916
Am 20. abends 9 Uhr geht's in die Stellung vor. Rasendes Granatfeuer. In einen früheren Hohlweg hinein. . . . Ihr dürft Euch da nicht etwa was Grünes darunter vorstellen. Es gibt keine Farbe außer braun, grau und schwarz – es gibt keine Form außer Granatlöchern. Die Leute werden in Löcher verteilt, immer 2 oder 3, ein Loch vom anderen 30-50 Meter entfernt. Ich bin am linken Flügel mit einem Mann in einem Loch. . . .Das Loch ist 1,40 Meter tief, 1,60 Meter lang, 1 Meter breit. Die ganze Nacht gespannte Aufmerksamkeit nach vorn. Der Aufsichtsbereich ist groß. Die Augen angestrengt – Handgranaten und Gewehr bereit; Revolver geladen. – Wir können ja am Tage schlafen! – Um ½ 6 Uhr kochen wir uns etwas Kaffee auf einem Kocher. Legen uns dann schlafen. Um 8 Uhr morgens beginnt Trommelfeuer bis 4 Uhr nachmittags. Von Essen oder Aufrichten keine Spur, da die Splitter nur so fliegen. Um 5 Uhr mit großem Kaliber bis 7 Uhr. Neben uns wird alles aufgewühlt, und da kommt Verborgenes, was nach menschlichem Recht Ruhe haben sollte, zutage. Der Gestank wird sehr arg. Wir dürfen keine Bewegung machen, da ein feindlicher Flieger kreist. Mit Zeltdecken verbergen wir uns, die Gewehre und alles Auffällige. Wir sehnen die Nacht herbei. – Die zweite Nacht. . . Der Sturm. Vorbereitung. Um 4.15 Uhr begann mit kleinen Kalibern die Beschießung der feindlichen Linien. Gasgranaten. Große Wolken. Einige zu kurz gegangene zwingen uns zur Benützung der Gasmasken. Wir geben Signalzeichen. . .: »Feuer vorlegen«. Um 4.45 Uhr ist der Dampf über den feindlichen Stellungen dicht. Das Feuer der kleinen Batterien uns gegenüber verstummt. Bis 5 Uhr kommen gewöhnliche Granaten. Der Rauch verteilt sich. Die Franzosen schießen wieder. Von 5 bis 5.30 Uhr Gas, 5.30 bis 6 Uhr gewöhnliche Granaten, 6 bis 6.30 Uhr Gas, 6.30 bis 7 Uhr gewöhnliche Granaten. Wir stehen oben und schauen trotz der Splitter zu. Das Kaliber unserer Artillerie wird größer. Die

feindlichen Batterien beschießen unsere rückwärtigen Linien; Sperrfeuer! Wir erhalten fast keinen Schuß. 7.30 Uhr Gas mit den größten Kalibern. 7.30 bis 8 Uhr 38,5- bis 42-cm-Granaten. Ein furchtbares, gewaltiges Schauspiel. Erde bis zum Himmel. Die Schlucht eine riesige Dampfwolke, turmhoch flogen die Trümmer. Dorf Fl. auf der Höhe, 3 Kilometer entfernt, ist eine Rauchwolke. Gegenüber unserer Stellung scheint die Welt unterzugehen. Und wir? Wir stehen mit begeisterten Augen und schauen und schauen! – Dann essen wir unsere Vorräte auf bis auf den eisernen Bestand, denn Kraft tut uns not in den nächsten Stunden. Für manchen der letzte Bissen! 8 Uhr rechts und links Leuchtkugeln bestimmter Farbe. Raus aus den Gräben! Rasch geht es vorwärts über 1–2 Meter tiefe Löcher und Trichter. Kein Quadratmeter, der nicht verwühlt ist. Der Feind hat sich tapfer gehalten. . . . Rast in einem Granatloch. Näher heran. Die Granatlöcher werden tiefer; manche bis zu 15 Meter tief – steile Schächte. . . .Unsere 42er! Dort – da »Blaugraue«. Sie bleiben und schießen. Auch wir. Heraus aus dem Loch! Vorwärts. Rechts ein Loch mit 4 Franzosen; den Kolben hoch – sie heben die Hände. »Retour!« rufen wir, und gehorsam springen sie, soweit sie nicht verwundet sind, heraus und laufen ohne Waffen hinter unsere Front, wo die Reserven sie auffangen. . . . Die Franzosen fluten zurück; auf Befehl eines Offiziers nehmen sie wieder Stellung. – »Handgranaten!« gellt bei uns der Ruf. Überall stürzen Verteidiger – andere ergeben sich. . . . Weiter geht es durch den Grund der Mulde. Vor uns ein Bahndamm, rechts eine Kurve des Dammes. An ihr 40–50 Franzosen, heben die Hände. Ein Gefreiter schießt noch auf sie – ich reiße ihn zurück. Ein alter Franzose hebt die nur wenig verletzte linke Hand und lächelt und dankt mir. Dem Bahndamm gilt es nun. Der Hang gegenüber speit Maschinengewehrfeuer. Wir legen uns hin und schießen. Unsere Artillerie setzt drüben mit Gas hinein. Gewaltige Detonationen. Auf Signal von uns »Feuer vorverlegen« geht es weiter den Berg hinan. . . Fast sind wir auf der Höhe – aber wir müssen warten, bis unser Feuer verlegt wird. Wir warten in einem Granatloch. 10 Meter links von mir steht in einem Loch Leutnant A., unser derzeitiger Kompagnieführer. Leutnant A. ruft herüber: »Schön ist es gegangen« und lacht; dann wird er ernst, da er sieht, daß einige Leute weiter vorgehen und Gefahr laufen, ins eigene Feuer zu kommen. Er steht auf und will rufen – da – spritzen Fetzen seiner Generalstabskarte, er krampft die Hände vor die Brust und fällt vornüber. Einige Leute springen hinzu – doch schon nach wenigen Minuten ist er tot. Weiter geht es. Kein Aufenthalt. . . .
Sieht man den Bergrücken von Fl. aus westwärts, so erblickt man ein Tal, dessen Ausgang rechts sich wendend – Verdun, bzw. seine Vorstädte sehen läßt. Oh, Verdun, welche Begeisterung! – Man drückt sich mit strahlendem Blicke die Hand. . . .

Um 12 Uhr mittags raffte sich der Feind zu einem Gegenstoß auf, wir überrannten ihn und besetzten einen Schützengraben 1½ Kilometer vor Dorf Fl. Das Artilleriefeuer steigert sich. Wir können uns nicht mehr im offenen Graben halten und suchen die Unterstände. . . .
Als wir abends (23.) aus unseren Löchern krochen, merkten wir, zu unserem Schrecken, daß die Stellung um 8 Uhr geräumt war und nur mehr wir 24er und die paar 10er die Stellung von 500 Metern hielten. Das war unmöglich. Leutnant E. gab Befehl, bei Einbruch der Dunkelheit zurückzugehen, da wir vergessen worden seien. Doch schon um 8.30 Uhr schoß unsere Artillerie in den Graben – so hieß es noch am hellichten Tage: zurück. Das Gelände bot – durch die vielen Granattrichter verändert, große Schwierigkeiten beim Zurechtfinden. Leutnant E. ging voraus und befahl auf 100 Meter zu folgen. So verloren wir ihn. Ich nahm die übrigbleibenden 12 Mann unter mein Kommando: ein Mann, am Oberschenkel verwundet, wurde mitgenommen. So ging es unter Granatenhagel zurück. Der Durst war riesig. Jede, auch durch Gas gelbgefärbte Pfütze mußte herhalten. Nach 2 Stunden hatten wir 500 Meter zurückgelegt. Von Loch zu Loch. – Es wurde Nacht. . . Gottseidank hatte ich den Leuchtkompaß, sonst wären wir bestimmt in Gefangenschaft geraten. Bis morgens um 4 Uhr lagen wir dann in einem Loch und konnten nicht vorwärts, da die Mulde vor uns stark beschossen wurde. Durst riesig. Endlich regnete es, da leckten wir die Überzüge am Helm und die Rockärmel ab. Die Kehle war wie ausgetrocknet. – Um ½5 Uhr kamen wir an unsere frühere 1. Stellung, wo uns Major M. . . . nach Fort D. zurückschickte. Der Weg dorthin lag stets im Sperrfeuer. Ein Unteroffizier. . . bat mich, ihn dorthin zu bringen, er hatte Unterleibsschuß. Die Blase wollte springen; – also los. Er war einen Kopf größer als ich, und es war schwer für mich, ihn zu stützen. Wegen der schweren Verletzung und der aufgerissenen Wege konnten wir nur in kleinen Schritten vorwärtskommen und brauchten bis morgens 9 Uhr 4 Stunden. Es war ein schrecklicher Weg. Als es heller wurde, erkannte ich in ihm einen Kommilitonen. . . Er weinte und dankte mir bewegt in Fort D. für meine Hilfe. Von D. aus ging es weiter nach der B-Schlucht. Auf dem Wege dahin lag ich eine Weile ohne Besinnung – vor Entkräftung. Das Anschnuppern eines reiterlosen Pferdes brachte mich wieder zu mir. Endlich beim Regiment in der B-Schlucht, wo ich mich an Wasser und Kaffee erquickte, wusch und schlief. Die Strapazen hatten ein Ende.

(Kriegsbriefe gefallener Studenten, S. 261 ff.)

*

Briefe des Theologiestudenten Paul Boelicke, geboren am 17. März 1898, gefallen am 12. Oktober 1918 im Walde von Sivry vor Verdun.

16. März 1918, vor Verdun.
Es ist der letzte Abend meines zwanzigsten Lebensjahres. Ich nehme heut einen doppelten Abschied: nicht nur von meinem alten Lebensjahr, auch von dem Teil des französischen Landes, der eine so große Rolle in meinem Leben gespielt hat: von Verdun.
Verdun, ein furchtbares Wort! Unzählige Menschen, jung und hoffnungsvoll, haben hier ihr Leben lassen müssen – ihre Gebeine verwesen nun irgendwo, zwischen Stellungen, in Massengräbern, auf Friedhöfen. Kommt der Soldat morgens aus seinem Granatloch (viele sind ganz voll Wasser), so sieht er im hellen Sonnenschein die Türme des Douaumont- oder eines anderen Forts, die ihre Augen drohend ins Trichterland richten. Ein Schütteln packt ihn, wenn er seine Blicke rundum schickt: hier hat der Tod seine Knochensaat ausgesät. Die Front wankt, heute hat der Feind die Höhe, morgen wir, irgendwo ist hier immer verzweifelter Kampf. Mancher, der sich eben noch der warmen Sonne freute, hörte es schon irgendwo aufbrüllen und heulend herankommen. Dahin sind alle Träume von Frieden und Heimat, der Mensch wird zum Wurm und sucht sich das tiefste Loch. Trommelfeuer – Schlachtfelder, auf denen nichts zu sehen ist als erstickender Qualm – Gas – Erdklumpen – Fetzen in der Luft, die wild durcheinander wirbeln: das ist Verdun!

*

Oktober 1918. Wieder vor Verdun!
Als Schreckgespenst hat es mir in den letzten Tagen vorgeschwebt: Verdun – wir sind doch wieder hier, und nun wird's wohl nichts helfen: mein Verderben wird dieses Verdun doch noch werden.
22-Kilometer-Marsch: es war schwer heut nacht, und man wundert sich, daß die Leute noch durchhalten. Aber es ist ein Jammer, sie stöhnen zu hören, weil sie fast nicht mehr können. – Man darf nichts denken. Wenn man eine Zeitung liest, könnte man ohnmächtig werden. Man muß alle Seelenkräfte zusammennehmen, um bestehen zu können. Ich kann's nicht glauben, daß wir unterliegen sollen, ich kann's nicht!

(Kriegsbriefe gefallener Studenten, S. 344ff.)

*

Massenflucht der Bevölkerung aus der Maasgegend.

TU. Genf, 29. Februar. Seit Mittwoch findet eine andauernde Flucht der Bevölkerung aus der Maasgegend statt. Es handelt sich in der Hauptsache um die Bewohner der Ortschaften Menehould, Nevigny, Barleduc und Commercy. Senator Humbert ermahnte im »Petit-Journal« die Pariser, gegenüber den Flüchtlingen weitgehende Wohltätigkeit zu üben, weil sie bis zur letzten Minute ausharrten. Die Entfernung der Zivilisten gibt im übrigen einen Anhaltspunkt dafür, daß das Oberkommando mit der Möglichkeit rechnet, die Frontlinie des bedrohten Gebietes zurückzunehmen.

(Tauber- und Frankenbote, Tauberbischofsheimer Tageszeitung, Ausgabe vom 2. März 1916)

*

Verdun und Umgebung von der Bevölkerung verlassen.

WTB. Bern, 1. März. Aus einer Meldung des »Petit Parisien« geht hervor, daß zahlreiche Dörfer in der Umgebung von Verdun geräumt worden sind. Außer den bereits früher geflüchteten Einwohnern der Stadt verlassen weiter Scharen Verdun, die in Paris in angstvoller Erwartung neuer Nachrichten ankommen. Die Stadt hat schwer gelitten. Die Einwohner in den Kellern standen unter dem Eindruck, daß sie unter einem ununterbrochenen höllenmäßigen Eisen- und Feuerregen lebten, der über Verdun und die Nachbarschaft niederging. Vielfach mußten die Leute zum Verlassen der Stadt gezwungen werden. Jede Verpflegung wurde einfach unmöglich. Zurzeit ist die Stadt bis auf ein Dutzend Einwohner und einige Beamte geräumt.

(Tauber- und Frankenbote, Tauberbischofsheimer Tageszeitung, Ausgabe vom 3. März 1916)

*

Zur Räumung Verduns durch die Zivilbevölkerung.

... – Der Pariser »Eclair« stellt fest, daß sich in Verdun gegenwärtig kein Zivilbewohner mehr befindet. Am 20. Februar habe die Aktion gegen die Stadt begonnen, indem ein Flieger vier Bomben warf. Am Montag, also am 21. Februar, fielen die ersten deutschen Granaten zu 380 Millimeter auf die Stadt, immer in Salven zu vier Schüssen, es war offenbar eine

Haubitzenbatterie in der Nähe von Louvemont in Stellung gebracht worden. Am Dienstag abend schwiegen zwei der Geschütze, so daß die Bevölkerung an eine Zerstörung derselben glaubte. Aber am Mittwoch nachmittag feuerte wieder die ganze Batterie. Jetzt flüchteten alle Bewohner bis auf 500. Abends 8 Uhr forderte der Gouverneur auch die letzteren auf, mit einem Sonderzug nachts um 11 Uhr abzureisen, er könne weder für die Sicherheit, noch für Verpflegung garantieren. Ein weiterer Zug stehe wahrscheinlich nicht mehr zur Verfügung. Die Züge fuhren sieben Kilometer von Verdun entfernt aus Ballet-Court ab. Auch die Polizei und die Feuerwehr haben die Stadt verlassen. In der Nacht auf Freitag schwoll das Feuer in nie gekannter Heftigkeit an. Vier Batterien der Deutschen demolierten die ganze Stadt. Verwundete wurden mangels Personenwagen mit Plattformwagen abbefördert, auf denen Verstärkungen an Kanonen nach Verdun gebracht worden waren. Die Flucht der Bewohner erfolgte bei starkem Schneefall.

(Tauber- und Frankenbote, Tauberbischofsheimer Tageszeitung, Ausgabe vom 9. März 1916)

*

Kriegshumor.

Aus der Kriegszeitung des 15. Armeekorps:
In der Elektrischen sitzt ein Verwundeter mit verbundenem Kopf. Einer der Fahrgäste fragt, was er sich denn jetzt am liebsten wünsche.
»Eine Wurst, so lang von einem Ohr bis zum anderen.« »Na, das können Sie doch gleich haben!« »Nein, so leicht wird das nicht sein« meint der Soldat lachend, »mein linkes Ohr liegt nämlich irgendwo bei Verdun.«

(Tauber- und Frankenbote, Tauberbischofsheimer Tageszeitung, Ausgabe vom 13. Oktober 1916)

*

Vor Verdun, 3. Mai 1916
Habe recht herzlichen Dank für Deine Glückwünsche zu meinem Geburtstage, den ich hier sehr nett verlebte. Vormittags hatte ich drei sehr nervenkitzelnde Luftkämpfe, und abends saß ich mit Zeumer, meinem ersten Piloten, bis ein Uhr nachts bei einer Maibowle unter einem blühenden Apfelbaum. Ich fühlte mich in der neuen Beschäftigung als Kampfflieger (Pilot) sehr wohl; ich glaube, daß mich kein Posten im Kriege mehr reizen könnte als dieser. Ich fliege Fokker, das ist das

Flugzeug, mit dem Boelcke und Immelmann ihre riesigen Erfolge haben. Holcks Tod tut mir zu leid. Drei Tage bevor er fiel, hatte ich ihn noch besucht, und wir waren sehr lustig zusammen. . . . Man kann sich gar nicht denken, daß dieser von Gesundheit und Kraft strotzende Mensch nun nicht mehr ist. Bei seinem letzten Luftkampf bin ich Augenzeuge gewesen. Erst schoß er einen Franzosen in einem Geschwader herunter, hatte scheinbar Ladehemmung und wollte wieder zurückfliegen über unsere Linie. Da hängte sich ihm ein ganzer Schwarm von Franzosen an. Mit einem Kopfschuß sauste er aus dreitausend in die Tiefe. – Ein schöner Tod. – Holck mit einem Arm oder einem Bein wäre nicht auszudenken. Heute fliege ich zu seiner Beerdigung.

(Manfred Frhr. von Richthofen: Der rote Kampfflieger, S. 88f.)

*

Überreste eines Unterstandes in der Nähe der Batterie de l'Hôpital.

VII. Verdun in der Literatur

Ein Dragoner band die Divisionsstabflagge fest: »Halt, Du Luder!« Aber ein anderer riß sie im Vorbeilaufen um: »Generalstabsoffizier?« »Am Dorfausgang!« »Was ist los?« Und Neugierige drängten: »Der Kommandierende, es geht scharf her im Zimmer.« Mit Verwundeten strömten Gerüchte zurück: »Französische Artillerie ist verstärkt, wir kommen nicht weiter.« Plötzlich flogen Fenster und Türen auf, Soldaten, Offiziere, selbst der Kommandierende stürzten auf die Straße und blieben starr. An ihnen vorbei, wie eine Höllenvision, jagte von der Kirche her durchs Dorf ein Rudel tierwilder Gestalten. Abgerissene Menschenglieder schwangen sie wie Keulen, daß Blutfetzen wirbelten. Des Wahnsinns Gebell deckte bei allen das Zahnfleisch frei. Der General schrie sie an; sie lachten nur wilder; er stieß Leute seiner Stabswache vor: »Haltet sie auf! Unerhört! Unerhört!« Aber ehe einer sie packen konnte, waren sie schon den Abhang hinab und verschwunden. Aller Pupillen waren groß und öde, als sei die Erde vor ihnen geborsten und ein gähnendes Nichts risse sein Maul auf, sie zu verschlingen. »Woher kommen die Kerle?« »Aus der Schlacht, Euer Exzellenz.« »Unerhört! Unerhört!« Der General wollte gehen, da hielt ihn der Divisionär auf: »Exzellenz, wenn keine Reserven eintreffen, kann ich die Linie nicht halten.« »Es kommen keine!« – Der Divisionär wischte sich mit dem Finger im Auge und schwieg. »Zeigen Sie Ihre Verlustlisten«, sie gingen wieder ins Stabszimmer zurück. Der Generalstäbler, bleich wie die Wand, breitete die Karten aus. Der Kommandierende klemmte den Kneifer auf. »Was schießt da?« »Schwere Haubitzbatterien, Euer Exzellenz.« »Eigene?« »Jawohl. Es kann aber jeden Augenblick auch hier einschlagen!« »Natürlich kann's das, natürlich«, er setzte sich und zirkelte auf den Plänen herum. Ein Christusbild fiel bei einem Abschuß von der Wand, Mörtel rieselte nach. »Wie stark sind die Kompanien?« »50 bis 60 Mann, Exzellenz.« »Kommen die Feldküchen nach?« »Nein, Exzellenz.« Der Kommandierende sprang auf: »Reserven gibt es nicht!« Der Divisionär schwieg. Ein Windstoß schleuderte Hagelmassen prasselnd ins Zimmer und warf zwei Gläser Rotwein vom Tisch. Beide Generale standen sich gegenüber. Der eine übernächtig, unrasiert, der andere gepflegt. Beider Goldkragen glänzten. Der Divisionskommandeur trocknete den Wein von den Karten und warf den vollgesogenen Lappen vor die Tür. »Ist das Ihr letztes Wort, Exzellenz? Es gibt keine Reserven?« »Gar keine Rede!« »Aber es sind drei neue feindliche Korps im Douaumontabschnitt gemeldet! Unsere Leute stehen den fünften Tag ununterbrochen im Angriff.« – Da flüsterte der Kommandierende plötzlich, kopfwackelnd und verzweifelt: »Ich kriege keine! Der

Chef des Feldheeres gibt mir keine! Nichts! Gar nichts! Machen Sie, was Sie wollen! Ich habe keinen Mann zu vergeben.« Der Divisionär sah seinen Generalstabsoffizier an; der zuckte die Achseln. Das Feuer in den Wäldern wurde lauter, näher.

(Fritz von Unruh, Opfergang, S. 135-137)

Der Regen hat aufgehört. Die Sonnenscheibe hängt weiß hinter dünnen Wolken. Drüben über der Kalten Erde hängt sie. Bald wird die Sonne durch die Wolken stoßen. Schon färbt sich das graue Feld mit bräunlichen Tönen.
Hoch in der Luft reisen unsichtbar mit gemächlichem Schürfen die ganz schweren Kaliber, von denen man weder Abschuß noch Einschlag vernimmt. Sie reisen alle über den Berg dort hinten.
Hier und da liegen in einem Trichter ein paar Leichen. Hier sind es Deutsche, dort sind es Franzosen. In einem Trichter liegen zwei Deutsche und zwei Franzosen zusammen. Der erste Deutsche liegt Brust gegen Brust auf einem Franzosen. Der Franzose hat ein Seitengewehr in der Brust. Dem Deutschen ist der Schädel von einem Kolben zertrümmert. Der zweite Franzose hat einen Bajonettstich im Halse. Der zweite Deutsche hat eine Gewehrkugel in der Stirn. Ihre Beine liegen alle durcheinander.
Tack tack tack tack . . . macht es vor ihnen. Die Kugeln zischen dicht über ihre Köpfe. Wammsch springt in den nächsten Trichter. Siewers folgt ihm.
»Ist es noch weit?« fragt Wammsch.
»Es können nicht mehr als fünfzig Meter sein«, sagt Siewers.
»Hast du ein weißes Taschentuch?« »Ja.« Wammsch nimmt das Taschentuch und bindet es vorn an die Gewehrmündung.
»Was heißt auf französisch, wir suchen einen Verwundeten?« »Nous cherchons un blessé.« »Sag es noch einmal.« Siewers wiederholt.
»Jetzt voran.« Wammsch geht aufgerichtet über die Trichter und hält das Gewehr mit dem Taschentuch hoch. Siewers folgt.
Tack, tack, tack. . .sss sss sss. . .dann bricht es ab.
»Dort sind sie«, sagt Siewers. In vierzig Meter Entfernung sieht man einen Trupp von Franzosen.
»Scherschong blessee!« ruft Wammsch laut und bleibt stehen.
»Sie sind gerade an der Stelle«, sagt Siewers, »wir können nicht hin.« Einer der Franzosen steht ebenfalls auf und hebt den Arm hoch.
»Voilà. . .« ruft er.
Dann sieht man, daß die Franzosen miteinander sprechen. Dann gehen sie langsam zurück in andere Trichter.
Und jetzt finden sie Esser. Siewers zittert am ganzen Leibe. Essers Augen sind immer noch geöffnet. Es ist ein gläserner Blick ins Leere, entsetzlich

weit fort. Das Gesicht ist noch kleiner geworden. Wie ein Puppengesicht. Wammsch ist zu Esser hinabgestiegen. Er faßt behutsam den Kopf mit den blonden Haaren und hebt ihn ein wenig hoch. Dann legt er ihn wieder zurück. Er greift nach dem Handgelenk und hält die Hand eine Weile. Dann legt er die Hand wieder hin. Er kniet neben Esser und schiebt mit den Fingern die Augenlider über die Pupillen. Er läßt eine kleine Weile seine beiden Zeigefinger auf den Augen liegen. Dann schiebt er langsam seine beiden Hände unter den Rücken Essers. Dann hebt er ihn sacht in die Höhe und nimmt ihn auf die Schultern. Essers Arme hängen über Wammschs Nacken. Die blonden Haare sind über die Augen gefallen.
»Komm. . .« sagte Wammsch.
Siewers folgte ihm.
Als sie auf dem Trichterrand stehen, wendet sich Wammsch noch einmal um.
»Merci. . .« ruft er zu den Franzosen hinüber. Dann gehen sie.
Die Franzosen besetzen langsam den Trichter wieder. Kein Schuß fällt. Drüben auf der Kalten Erde scheint die Sonne.

(Werner Beumelburg: Die Gruppe Bosemüller, Seite 188–190)

*

Nein, die Erinnerung ist noch nicht verblaßt: Ich weiß noch gut, daß ich auf einem Baumstamm saß, als ich das Wort »Verdun« zusammenklaubte. Frische, glatte, duftende Baumstämme lagen neben dem Gleis, wo die Güterwagen hielten. Die Briefträgerin war vorübergekommen und hatte mir eine Feldpostkarte gegeben, die an meine Mutter gerichtet war. Von Mutter hatte ich erfahren, daß Vater, der nicht offen schreiben durfte, wo er sich befand, in seinen beruhigenden Zeilen (»Daß mir die Jungens bra<u>v</u> sind! Hi<u>er</u> ist <u>d</u>och alles froh <u>un</u>d munter!«) einzelne Buchstaben zu unterstreichen pflegte. Lesen konnte ich längst; ich war Sextaner. Und von den großen Kriegsschauplätzen hatten wir, wenn nicht daheim, in der Schule gehört.
Ich saß also auf dem dicksten Baumstamm vorm Gütergleis des rheinischen Dorfes, in dem wir lebten, und setzte die unterstrichenen Buchstaben zusammen:
v-er-d-un.
Jetzt wußte ich es. Mir war, als würde die Luft leer um mich, der sonnige Tag schwarz. Es mag sein, daß ich diesen Augenblick und diesen Ort auch deshalb nie vergaß, weil mir ein schlechtes Gewissen übrigblieb. Denn ich gab die Feldpostkarte meines Vaters nicht zu Hause ab. Ich trug sie lange mit mir herum und zerriß sie, als andere Karten eintrafen, auf denen keine Buchstaben unterstrichen waren.

Mein Vater ist übrigens nie nach Verdun gekommen, in die Stadt, die er vor sich wußte, Monate, viele Monate lang. Er hätte später einmal an einer Erinnerungsreise teilnehmen sollen – lauter ältere Herren im gemieteten Autobus. Er lehnte ab.
Mich aber, wenn ich später auf den Höhen um Verdun in das Maas-Tal blickte, zwang die Sextaner-Erinnerung, die Gegend mit den Augen meines Vaters anzusehen. . . Er haßte die Lüge. Auch die von Verdun. Die große Lüge von Verdun war, daß Deutsche und Franzosen einander bis auf den letzten Blutstropfen bekämpfen mußten. Über die Tatsache der Lüge ist man sich heute auf beiden Seiten einig. Und so ist die Wahrheit von Verdun die Warnung: Niemals wieder! Und als de Gaulle auf dem Hügel fünfzig Jahre nach der Schlacht, die mörderisch war wie keine andere in der Geschichte, zu den Verdun-Veteranen sprach, die sich noch einmal hier versammelt hatten, sagte er: »Aus dieser Schlacht können die Franzosen und die Deutschen nur den Schluß ziehen, daß die Früchte ihrer Kämpfe nichts als Schmerzen waren. Heute sehen die beiden großen Nachbarländer, die geschaffen sind, einander zu ergänzen, den Weg gemeinsamen Handelns vor sich.«

(Josef Müller-Marein: Auch mein Vater lag vor Verdun. Merian-Heft Nr. 9)

*

DAS IST DER SOLDAT VON VERDUN in seiner tiefsten Not. Erblindet durch Gas, geht er, die Arme ausgestreckt; aber der Schlamm, der den Schützengraben anfüllt, verlangsamt sein Vorwärtskommen. Gott helfe ihm, einem Samariter zu begegnen, der weniger verletzt ist als er, um ihn zu einer entfernten Ambulanz zu führen! Wenn er das Glück hat, den tödlichen Maschinengewehrsalven zu entkommen, wird ihn sein Leidensweg zum Hospital führen als letzte Station seines Opfergangs. Mit den verbrannten Augen und Lungen ist er zu einem qualvollen Sterben verurteilt. . . So werden sie zugrunde gehen, in Verdun und anderswo, so viele arme Männer, die von ihrem Sieg nichts als höllische Qual gekannt haben.
(Führer durch das »Mémorial de Verdun«, Fleury dt. Douaumont, S. 43, Übersetzt von Frédérique Möller)

(Jacques-Henri Lefebvre: L'Enfer de Verdun, S. 15)

*

Das junge Grün des Waldes schimmerte im Morgen. Wir wanden uns durch versteckte Wege nach einer engen Schlucht hinter der vorderen Linie. Es war bekanntgegeben, daß das Regiment 76 nach einer Feuervorbereitung von nur zwanzig Minuten stürmen werde und wir als Reserve bereitstehen sollten. Punkt zwölf Uhr eröffnete unsere Artillerie eine heftige Kanonade, die vielfach in den Waldschluchten widerhallte. Zum ersten Mal vernahmen wir hier das schwere Wort »Trommelfeuer«. Wir saßen auf den Tornistern, untätig und erregt. Ein Gefechtsläufer stürzte zum Kompanieführer. Hastige Worte. »Die drei ersten Gräben sind in unserer Hand, sechs Geschütze erbeutet!« Ein Hurra flammte auf. Draufgängerstimmung erwachte.
Endlich kam der ersehnte Befehl. Wir zogen in langer Reihe nach vorn, von wo verschwommenes Gewehrfeuer prasselte. Es wurde Ernst. Zur Seite des Waldpfades dröhnten in einem Tannendickicht dumpfe Stöße, Zweige und Erde rauschten nieder. Ein Ängstlicher warf sich unter erzwungenem Gelächter der Kameraden zu Boden. Dann glitt der Mahnruf des Todes durch die Reihen: »Sanitäter nach vorn!« Bald kamen wir an der Stelle vorbei, wo es eingeschlagen hatte. Die Getroffenen waren schon fortgeschafft. Blutige Zeug- und Fleischfetzen hingen rings um den Einschlag an den Gebüschen – ein sonderbarer, beklemmender Anblick, der mich an den rotrückigen Würger denken ließ, der seine Beute auf Dornensträucher spießt.
Auf der Grande Tranchée hasteten Truppen vor. Um Wasser flehende Verwundete kauerten am Straßenrand, bahrentragende Gefangene keuchten zurück, Protzen rasselten im Galopp durchs Feuer. Rechts und links stampften Granaten den weichen Boden, schweres Geäst brach nieder. Mitten im Weg lag ein totes Pferd mit riesigen Wunden, daneben dampfende Eingeweide. Zwischen den großen und blutigen Bildern herrschte eine wilde, ungeahnte Heiterkeit. An einem Baume lehnte ein bärtiger Landwehrmann: »Jungens, jetzt feste ran, der Franzmann ist im Laufen!« Wir gelangten in das kampfzerwühlte Reich der Infanterie. Der Umkreis der Sturmausgangsstellung war von Geschossen kahlgeholzt. Im zerrissenen Zwischenfelde lagen die Opfer des Sturmes, den Kopf feindwärts; die grauen Röcke hoben sich kaum vom Boden ab. Eine Riesengestalt mit rotem, blutbesudeltem Vollbart starrte zum Himmel, die Hände in die lockere Erde gekrallt. Ein junger Mensch wälzte sich in einem Trichter, die gelbliche Vorfarbe des Todes auf den Zügen. Unsere Blicke schienen ihm unangenehm; mit einer gleichgültigen Bewegung zog er sich den Mantel über den Kopf und wurde still.
Wir lösten uns aus der Marschkolonne. Fortwährend zischte es in langem, scharfem Bogen heran, Blitze wirbelten den Boden der Lichtung hoch. Das schrille Flöten der Feldgranaten hatte ich schon vor Orainville nicht selten gehört; es kam mir auch hier nicht sonderlich gefährlich vor. Die

Ordnung, in der unsere Kompanie sich nun mit ihren entfalteten Zügen über das beschossene Gelände bewegte, hatte im Gegenteil etwas Beruhigendes; ich dachte bei mir, daß eine solche Feuertaufe sich harmloser anließe, als ich erwartet hatte. In einer seltsamen Verkennung der Tatsachen sah ich mich aufmerksam nach den Zielen um, denen die Granaten wohl gelten könnten, ohne zu erraten, daß wir selbst es waren, auf die man bereits aus Leibeskräften schoß.
»Sanitäter!« Wir hatten den ersten Toten. Dem Füsilier Stölter hatte eine Schrapnellkugel die Halsschlagader zerrissen. Drei Verbandpäckchen waren im Nu vollgesogen. Er verblutete in Sekunden. Neben uns protzten zwei Geschütze ab, noch stärkeres Feuer anziehend. Ein Artillerieleutnant, der im Vorgelände nach Verwundeten suchte, wurde durch eine vor ihm hochfahrende Dampfsäule niedergeschleudert. Er erhob sich langsam und kam mit betonter Ruhe zurück. Unsere Augen glänzten ihn an.
Es dunkelte, als wir Befehl zu weiterem Vorrücken erhielten. Unser Weg führte durch dichtes, geschoßdurchklatschtes Unterholz in einen endlosen Laufgraben, den fliehende Franzosen mit Gepäck bestreut hatten. In der Nähe des Dorfes Les Eparges mußten wir, ohne Truppen vor uns zu haben, eine Stellung in festes Gestein hauen. Zuletzt sank ich in einen Busch und schlief ein. Manchmal sah ich im Halbschlummer hoch über mir die Granaten irgendeiner Artillerie mit funkenden Zündern ihre Bogen ziehen.
»Mensch, aufstehen, wir rücken ab!« Ich erwachte im taufeuchten Gras. Durch die sausende Garbe eines Maschinengewehrs stürzten wir in unseren Laufgraben zurück und besetzten eine verlassene französische Stellung am Waldsaume. Ein süßlicher Geruch und ein im Drahtverhau hängendes Bündel weckten meine Aufmerksamkeit. Ich sprang im Morgennebel aus dem Graben und stand vor einer zusammengeschrumpften französischen Leiche. Fischartiges, verwestes Fleisch leuchtete grünlichweiß aus der zerfetzten Uniform. Mich umwendend, prallte ich entsetzt zurück: neben mir kauerte eine Gestalt an einem Baum. Sie trug das glänzende französische Lederzeug und auf dem Rücken noch den hochgepackten Tornister, von einem runden Kochgeschirr gekrönt. Leere Augenhöhlen und wenige Büschel Haar auf dem schwarzbraunen Schädel verrieten, daß ich es mit keinem Lebenden zu tun hatte. Ein anderer saß, den Oberkörper nach vorn über die Beine geklappt, als ob er eben zusammengebrochen wäre. Ringsumher lagen noch Dutzende von Leichen, verwest, verkalkt, zu Mumien gedörrt, in unheimlichem Totentanz erstarrt. Die Franzosen mußten monatelang neben den gefallenen Kameraden ausgehalten haben, ohne sie zu bestatten.
In den Vormittagsstunden durchbrach die Sonne den Nebel und entsandte eine behagliche Wärme. Nachdem ich etwas auf der Grabensohle geschlafen hatte, trieb mich die Neugier, den vereinsamten, am Vortag

erstürmten Graben zu besehen. Sein Boden war mit Bergen von Proviant, Munition, Ausrüstungsstücken, Waffen, Briefen und Zeitungen bedeckt. Die Unterstände glichen geplünderten Trödelläden. Dazwischen lagen die Leichen tapferer Verteidiger, deren Gewehre noch in den Schießscharten steckten. Aus zerschossenem Gebälk ragte ein eingeklemmter Rumpf. Kopf und Hals waren abgeschlagen, weiße Knorpel glänzten aus rötlich-schwarzem Fleisch. Es wurde mir schwer zu verstehen. Daneben lag ein ganz junger Mensch auf dem Rücken, die glasigen Augen und die Fäuste im Zielen erstarrt. Ein seltsames Gefühl, in solche toten, fragenden Augen zu blicken – ein Schaudern, das ich im Kriege nie ganz verlor. Seine Taschen waren nach außen gedreht, und neben ihm lag seine ausgeplünderte Börse. . . .

Bei zunehmender Klarheit begann eine deutsche Batterie, aus einem dicht hinter dem Graben liegenden Waldstück zu feuern. Es dauerte nicht lange, bis der Feind die Antwort gab. Plötzlich wurde ich durch einen mächtigen Krach hinter mir aufgeschreckt und sah einen steilen Rauchkegel hochsteigen. Mit den Geräuschen des Krieges noch unvertraut, war ich nicht imstande, das Pfeifen und Zischen, das Knallen der eigenen Geschütze und das reißende Krachen der in immer kürzeren Pausen einschlagenden feindlichen Granaten zu entwirren und mir aus all dem ein Bild zu machen. Vor allem konnte ich mir nicht erklären, warum es denn von allen Seiten heranfuhr, so daß sich die sausenden Bahnen der Geschosse scheinbar planlos über dem Gewirr kleiner Grabenstücke kreuzten, in dem wir zerstreut lagen. Diese Wirkung, von der ich nicht die Ursache sah, beunruhigte mich und gab mir zu denken. Ich stand dem Mechanismus des Gefechtes noch als Unerfahrener, als Rekrut gegenüber – die Äußerungen des Kampfwillens erschienen mir seltsam und unzusammenhängend wie Vorgänge auf einem anderen Gestirn. Dabei hatte ich eigentlich keine Angst; im Gefühl, nicht gesehen zu werden, konnte ich auch nicht glauben, daß man auf mich zielte und daß ich getroffen werden könnte. So beobachtete ich, zu meiner Gruppe zurückgekehrt, mit großer Gleichgültigkeit das Vorgelände. Es war der Mut der Unerfahrenheit. Ich trug, wie ich das auch später an solchen Tagen zu tun pflegte, in mein Taschenbuch die Zeiten ein, zu denen die Beschießung abflaute oder sich steigerte.

Gegen Mittag schwoll das Artilleriefeuer zu wüstem Tanze an. Ununterbrochen flammte es um uns auf. Weißes, schwarzes und gelbes Gewölk mischte sich. Besonders die Granaten mit schwarzer Rauchentwicklung, von den alten Kriegern »amerikanische« oder »Kohlenkästen« genannt, zerrissen mit unheimlicher Brisanz. Dazwischen zwitscherten zu Dutzenden die Zünder mit eigenartigem, an Kanarienvögel erinnerndem Gesang. Mit ihren Ausschnitten, in denen die Luft sich mit trillerndem Flöten verfing, zogen sie wie kupferne Spieluhren oder wie eine Art von mechanischen Insekten über die lange Brandung der Einschläge dahin. Sonderbar war, daß die kleinen Waldvögel sich gar nicht um diesen hundertfältigen Lärm zu kümmern schienen; sie saßen friedlich über den Rauchschwaden im zerschlagenen Geäst. In den Pausen hörte man ihre werbenden Rufe und ihr unbekümmertes Jubilieren, ja es schien, als ob sie noch angeregt würden durch die Flut von Geräuschen, die sie umbrandete.

In den Augenblicken, in denen der Beschuß sich verdichtete, spornte sich die Besatzung durch kurze gegenseitige Zurufe zur Wachsamkeit an. In dem Grabenstück, das ich übersah und aus dessen Wänden bereits hier und da große Lehmklötze heruntergebrochen waren, herrschte völlige Bereitschaft. Die Gewehre lagen entsichert in den Schießscharten, und die Schützen prüften das rauchende Vorgelände mit Aufmerksamkeit. Zuweilen blickten sie nach rechts und links, um zu beobachten, ob der Anschluß noch vorhanden wäre, und lächelten, wenn ihr Blick einen Bekannten traf.

Ich saß mit einem Kameraden auf einer in den Lehm der Grabenwand gestochenen Bank. Einmal knallte das Brett der Schießscharte, durch die wir beobachteten, und ein Infanteriegeschoß schlug zwischen unseren Köpfen in den Lehm.

Allmählich gab es Verwundete. Die Vorgänge im Grabengewirr waren zwar nicht zu überblicken, doch der immer häufiger erschallende Ruf »Sanitäter« zeigte an, daß die Beschießung zu wirken begann. Zuweilen tauchte eine eilige Gestalt mit frischem, weithin schimmerndem Verband an Kopf, Hals oder Hand auf, um nach hinten zu verschwinden. Es galt, den Salon- oder Kavalierschuß in Sicherheit zu bringen, dem Kriegsaberglauben zufolge, nach dem der leichte Treffer oft nur der Vorbote eines schweren ist.

In diesem Augenblick tauchte ein Mann an der Ecke unseres Grabenstükkes auf: »Nach links folgen!« Wir gaben den Befehl weiter und schritten die rauchdurchschwelte Stellung entlang. Gerade waren die Essenholer zurückgekommen, und Hunderte von verlassenen Kochgeschirren dampften auf der Brustwehr. Wer mochte jetzt essen? Eine Menge Verwundeter mit blutdurchtränkten Verbänden preßte sich an uns vorüber, die Aufregung des Kampfes auf den bleichen Gesichtern. Oben wurde am Grabenrand entlang hastig Bahre auf Bahre nach hinten geschleppt. Die Ahnung einer schweren Stunde türmte sich vor uns auf.

»Vorsicht, Kameraden, mein Arm, mein Arm!« »Los, los, Mensch, halt Anschluß!« Ich erkannte den Leutnant Sandvoß, der geistesabwesend und mit aufgerissenen Augen neben dem Graben entlanghastete. Ein langer weißer Verband um den Hals teilte ihm eine seltsam unbeholfene Haltung mit, und so kam es wohl, daß er mich in diesem Augenblick an eine Ente erinnerte. Ich sah das wie in einem jener Träume, in denen das

Beängstigende in der Maske des Lächerlichen erscheint. Gleich darauf eilten wir an Oberst von Oppen vorbei, der eine Hand in der Rocktasche hielt und seinem Adjutanten Anweisungen gab. »Aha, die Sache hat doch wohl Sinn und Verstand«, schoß es mir durch den Kopf.
Der Graben endete in einem Waldstück. Unentschlossen standen wir unter gewaltigen Buchen. Aus dichtem Unterholz tauchte unser Zugführer, ein Leutnant, auf und rief dem ältesten Unteroffizier zu: »Lassen Sie ausschwärmen in Richtung auf die untergehende Sonne und Stellung nehmen. Meldungen erreichen mich im Unterstand an der Lichtung.« Fluchend übernahm jener das Kommando.
Wir schwärmten aus und legten uns erwartungsvoll in eine Reihe flacher Mulden, die irgendwelche Vorgänger in den Boden gescharrt hatten. Mitten in scherzende Zurufe schnitt ein markerschütterndes Geheul. Zwanzig Meter hinter uns wirbelten Erdklumpen aus einer weißen Wolke und klatschten hoch ins Geäst. Vielfach rollte der Schall durch den Wald. Beklommene Augen starrten sich an, die Körper schmiegten sich im niederdrückenden Gefühl völliger Ohnmacht an den Boden. Schuß folgte auf Schuß. Stickige Gase schwammen im Unterholz, Qualm verhüllte die Wipfel, Bäume und Zweige stürzten rauschend zu Boden, Schreie wurden laut. Wir sprangen hoch und rannten blindlings, von Blitzen und betäubendem Luftdruck gehetzt, von Baum zu Baum, Deckung suchend und wie gejagtes Wild riesige Stämme umkreisend. Ein Unterstand, in den viele liefen und auf den auch ich zusteuerte, erhielt einen Treffer, der den Balkenbelag hochriß, so daß die schweren Klötze in der Luft umherwirbelten.
Ich sprang mit dem Unteroffizier keuchend um eine mächtige Buche wie ein Eichörnchen, das man mit Steinen wirft. Automatisch und von immer neuen Einschlägen in Schwung gehalten, lief ich hinter meinem Vorgesetzten her, der sich zuweilen umwandte, mich mit wilden Augen anstierte und schrie: »Ja, was sind denn das für Dinger? Was sind denn das für Dinger?« Plötzlich blitzte es in dem weit ausgreifenden Wurzelwerk, und ein Schlag gegen den linken Oberschenkel warf mich zu Boden. Ich glaubte von einem Erdklumpen getroffen zu sein, doch belehrte mich die Wärme des reichlich strömenden Blutes bald, daß ich verwundet war. Es zeigte sich später, daß mir ein haarscharfer Splitter eine Fleischwunde geschlagen hatte, nachdem seine Wucht durch meine Geldbörse abgeschwächt war. Der feine Schnitt, der, ehe er den Muskel verletzte, nicht weniger als neun Blätter aus derbem Leder gespalten hatte, war wie mit einer Rasierklinge geführt.
Ich warf meinen Tornister fort und rannte dem Graben zu, aus dem wir gekommen waren. Von allen Seiten strebten Verwundete aus dem beschossenen Gehölz strahlenförmig darauf zu. Der Durchgang war entsetzlich, von Schwerverwundeten und Sterbenden versperrt. Eine bis

zum Gürtel entblößte Gestalt mit aufgerissenem Rücken lehnte an der Grabenwand. Ein anderer, dem ein dreieckiger Lappen vom Hinterschädel herabhing, stieß fortwährend schrille, erschütternde Schreie aus. Hier herrschte der große Schmerz, und zum ersten Male blickte ich wie durch einen dämonischen Spalt in die Tiefe seines Bereichs. Und immer neue Einschläge.

Meine Besinnung ließ mich völlig im Stich. Rücksichtslos rannte ich alles über den Haufen und kletterte endlich, in der Hast einige Male zurückstürzend, aus dem höllischen Gewühl des Grabens heraus, um freie Bahn zu bekommen. Ich raste wie ein durchgehendes Pferd durch dichtes Unterholz, über Wege und Lichtungen, bis ich in einem Waldstück nahe der Grande Tranchée zusammenbrach.

Es dunkelte bereits, als zwei Krankenträger, die das Gelände absuchten, vorbeikamen. Sie luden mich auf ihre Bahre und trugen mich in einen mit Stämmen gedeckten Sanitätsunterstand, in dem ich die Nacht verbrachte, eng zusammengedrängt mit vielen Verwundeten. Ein abgespannter Arzt stand im Gewühl stöhnender Menschen, verband, machte Einspritzungen und gab mit ruhiger Stimme Anweisungen. Ich zog mir den Mantel eines Gefallenen über den Leib und fiel in einen Schlaf, den das beginnende Fieber mit sonderbaren Träumen durchschoß. Einmal mitten in der Nacht wachte ich auf und sah den Arzt immer noch beim Schein einer Laterne an der Arbeit. Ein Franzose stieß alle Augenblicke ein gellendes Geschrei aus, und neben mir brummte jemand verdrießlich: »So'n Franzose. Na ja, wenn die nicht schreien können, sind sie nicht zufrieden.« Dann schlief ich wieder ein.

Als ich am nächsten Morgen fortgetragen wurde, durchbohrte ein Splitter das Segeltuch der Tragbahre zwischen meinen Knien.

Mit anderen Verwundeten wurde ich in einen der Krankenwagen geladen, die zwischen dem Gefechtsfeld und dem Hauptverbandplatz pendelten. Im Galopp ging es über die noch immer unter schwerem Feuer liegende Grande Tranchée. Hinter den grauen Zeltwänden fuhren wir blind durch die Gefahr, die uns mit stampfenden Riesenschritten begleitete.

Auf einer der Bahren, auf denen man uns in das Fahrzeug geschoben hatte wie Brote in den Backofen, lag auch ein Kamerad mit einem Bauchschuß, der ihm große Qualen bereitete. Er bat jeden einzelnen von uns, ihm mit der Pistole des Sanitäters, die im Wagen hing, ein Ende zu machen. Niemand antwortete. Ich sollte das Gefühl noch kennenlernen, das man empfindet, wenn jede Erschütterung der Fahrt wie ein Hammerschlag auf eine schwere Wunde fällt.

Der Hauptverbandplatz war auf einer Waldlichtung angelegt. Man hatte lange Zeilen von Stroh ausgebreitet und mit Laubhütten abgedeckt. Aus dem Zustrom von Verwundeten war leicht zu ersehen, daß ein bedeutendes Gefecht im Gange war. Beim Anblick eines Generalarztes, der inmitten des blutigen Trubels den Dienstbetrieb prüfte, hatte ich wieder jenen schwer zu beschreibenden Eindruck, den man empfängt, wenn man den Menschen, von den Schrecknissen und Erregungen der elementaren Zone umgeben, mit ameisenhafter Kaltblütigkeit am Ausbau seiner Ordnung beschäftigt sieht.

(Ernst Jünger: In Stahlgewittern, Seite 24ff.)

*

Schützengräben im Unterholz am »Toten Mann«.

»Auf den Schlachtfeldern von Verdun«

Auf den Schlachtfeldern von Verdun
finden die Toten keine Ruhe.
Täglich dringen dort aus der Erde
Helme und Schädel, Schenkel und Schuhe.

Über den Schlachtfeldern von Verdun
laufen mit Schaufeln bewaffnete Christen,
kehren Rippen und Köpfe zusammen
und verfrachten die Helden in Kisten.

Oben am Denkmal von Douaumont
liegen zwölftausend Tote im Berge.
Und in den Kisten warten achttausend
Männer vergeblich auf passende Särge.

Und die Bauern packt das Grauen.
Gegen die Toten ist nichts zu erreichen.
Auf den gestern gesäuberten Feldern
liegen morgen zehn neue Leichen.

Diese Gegend ist kein Garten,
und erst recht kein Garten Eden.
Auf den Schlachtfeldern von Verdun
stehn die Toten auf und reden.

Zwischen Ähren und gelben Blumen,
zwischen Unterholz und Farnen
wachsen Arme aus dem Boden,
um die Lebenden zu warnen.

Auf den Schlachtfeldern von Verdun
hinterließ der Krieg ein Vermächtnis.
Täglich sagt der Chor der Toten:
Habt ein besseres Gedächtnis!

(Erich Kästner in: Die Weltbühne, 27. Jhg., Nr. 9 vom 3. März 1931).

VIII. Museen und andere Sehenswürdigkeiten

Es wird keinen Besucher überraschen, daß sich an einem so geschichtsträchtigen Ort wie der Stadt Verdun mit ihrem Schlachtfeld eine große Anzahl von Museen befindet. Diese liegen sowohl in der Stadt als auch in ihrer unmittelbaren Umgebung, manchmal allerdings auch etwas weiter entfernt.
Den Soldatenfriedhöfen ist ein eigenes Kapitel gewidmet, so daß sie im folgenden keine Erwähnung finden.

Daneben gibt es aber eine Vielzahl anderer Gedenkstätten – vom Einzelgrab mit der Aufschrift »Un Héros«, über das mit einem Stein versehene und in der Regel blumengeschmückte Grab für »Notre enfant chéri Jacques Delépine« am Hang der Höhe 304 – bis hin zum amerikanischen Monument in Mountfaucon. Viele Denkmäler wurden auch von den Veteranen des Krieges 1914-18 errichtet, die damit an den Opfergang der Soldaten einzelner Regimenter erinnern wollten.

Natürlich fehlen auch (Freilicht-)Museen nicht, die häufig an heftig umkämpften Orten bzw. in schon damals bestehenden (zu »Berühmtheit« gelangten) Festungswerken eingerichtet wurden. Auch Zeugnisse, wie z.B. Kirchen aus der wechselvollen Geschichte Verduns, sind im nachfolgenden nicht vergessen (siehe die Kapitel »Verdun-Stadt« und »Geschichte bis zum Ersten Weltkrieg«).

Auf eine Beschreibung der einzelnen Museen und anderer Sehenswürdigkeiten kann im Rahmen dieses Führers leider nur in Stichworten eingegangen werden.

Um auch dem wenig oder gar nicht des Französischen Kundigen, aber am Geschehen Interessierten, weiterzuhelfen, wurde die nachfolgende Aufstellung zweisprachig überschrieben. Auf eine »Wertung« oder Gliederung nach Örtlichkeiten ist verzichtet worden; wir beschränken uns auf eine alphabetische Reihenfolge.

Infolge der komplizierten und sich häufig ändernden Öffnungszeiten werden bei der folgenden Einzelbeschreibung nur »Rahmendaten« angegeben. Der Verkehrsverein hält ein gesondertes Merkblatt (»Verdun-Découvertes«) bereit, das man sich besorgen sollte.

Bajonett-Graben (Tranchée des Baïonnettes)

Der Bajonett-Graben liegt ganz in der Nähe des Beinhauses (Ossuaire) und ist von dort aus nicht zu verfehlen.
Um diesen ehemaligen französischen Schützengraben rankt sich eine Reihe von Legenden. Am hartnäckigsten hat sich die gehalten, welche erzählt, daß dort immer noch französische Soldaten aufrecht stehen und nur die Spitzen ihrer Bajonette aus dem Erdreich ragen.
Tatsache ist, daß hier Angehörige des 137. Infanterie-Regiments am 12. Juni 1916 verschüttet wurden, was während der Schlacht um Verdun auf beiden Seiten wahrlich kein Einzelfall war.
Ob er das wirkliche Geschehen kannte, durch die Legende fasziniert oder durch seinen Besuch auf dem Schlachtfeld gerührt war, ist nicht zu klären: Jedenfalls finanzierte der amerikanische Bankier, George T. Rand, an der Stelle des Geschehens ein kleines, sehenswertes Mausoleum. Es wurde am 8. Dezember 1920 vom Präsidenten der französischen Republik, Alexandre Millerand, eingeweiht.
Der Tranchée des Baïonnettes zieht jedes Jahr unzählige Besucher an. Er ist ständig zu besichtigen.

Beinhaus von Douaumont (Ossuaire de Douaumont)

Das Beinhaus von Douaumont steht etwa an der Stelle, wo sich früher das Gehöft von Thiaumont (Ferme de Thiaumont) befand. Der Grundstein wurde am 22. August 1920 gelegt. Das Bauwerk besteht aus einem 46 Meter hohen Turm in der Form einer Granate mit einer Glocke und vier weißen bzw. roten Leuchtfeuern (dem »Totenlicht«) sowie einem 137 Meter langen Säulengang und einer Kapelle. Der Gesamtkomplex ist am 7. April 1932 eingeweiht worden.
In achtzehn Nischen des Säulenganges findet der Besucher jeweils zwei oder drei Granitgruften. Sie enthalten insgesamt die Gebeine von etwa 130.000 unbekannten französischen und deutschen Soldaten, die in den Kämpfen um Verdun während des Ersten Weltkrieges gefallen sind. Über jeder Gruft befindet sich der Name des Schlachtfeld-Abschnittes, in dem die jeweiligen Gebeine gesammelt wurden. An den beiden Enden des Säulenganges mußte jedoch noch eine weitere, viel größere Gruft hinzugefügt werden, um die Gebeine aufzunehmen, die in den anderen Bereichen schon bald keinen Platz mehr hatten.
An den Fassaden des Säulenganges sowie in seinem Inneren weisen Embleme oder Inschriften auf Spender (Städte, Organisationen, Einzelpersonen usw.) hin, die Beiträge zum Bau oder Erhalt des Beinhauses

geleistet haben. Unter ihnen entdeckt man in jüngster Zeit erstmals auch den einen oder anderen deutschen Namen.
Die Kapelle des Beinhauses beeindruckt vor allem durch ihre Schlichtheit. Ihre Glasfenster stellen Szenen der Schlacht um Verdun dar.
Bei guter Sicht sollte man die Mühe nicht scheuen und den Turm erklimmen. Ein beeindruckender Rundumblick belohnt in jedem Fall den »Schweiß« des Aufstiegs.
Im rückwärtigen Teil des Beinhauses sind verglaste Fenster angebracht, durch die man in die verschiedenen Gebeinhallen hineinsehen kann. In der Mitte (unterhalb des Turmes) ist ein Verkaufsstand zum Thema »Verdun« eingerichtet. Ein Kino-Vorführraum bietet dort Gelegenheit, einen bemerkenswerten Film (in mehreren Sprachen) zu sehen, der insbesondere der Frage nach dem »Sinn« moderner Kriege nachgeht.
Öffnungzeiten: Das Beinhaus ist in den Monaten Dezember bis Februar geschlossen, in der übrigen Zeit vormittags und nachmittags geöffnet; vom 11. April bis 9. September durchgehend.

Denkmal der »Heiligen Straße« (Mémorial de la Voie Sacrée)

Dieses Monument befindet sich ca. fünf Kilometer westlich von Verdun, wo die N. 35 (»Heilige Straße« / Voie Sacrée) nach Süden von der nach Paris führenden N. 3 abzweigt. Es soll sowohl an die Geschehnisse um diesen Lebensnerv Verduns im Jahre 1916 (siehe: »Verdun von A-Z, Heilige Straße«) als auch an die großen Leistungen der damals dort eingesetzten Menschen erinnern.

Fort Douaumont (Fort de Douaumont)

Obwohl das Fort Douaumont im Ersten Weltkrieg von beiden Seiten sehr stark beschossen worden ist, sind wesentliche Teile erhalten geblieben und auch heute noch zu besichtigen. Wenn auch unbegleitete Rundgänge möglich sind, sollte man sich tunlichst einer Führung anschließen, die es auch in deutscher Sprache gibt. Der Besucher erhält so wesentlich mehr Informationen und kann sich sicherer fühlen. Deutsche Besuchergruppen melden sich am besten schon vorher für eine entsprechende Begleitung entweder fernmündlich beim Verkehrsverein Verdun oder persönlich im Fort an.
Die für deutsche Interessenten sicherlich erschütterndste Stätte im Fort Douaumont ist die sogenannte »deutsche Kapelle«. Es handelt sich um den zugemauerten Teil der Westdurchfahrt der Rue du Rempart, hinter dem

mehr als 650 Explosionsopfer vom 8. Mai 1916 (siehe: »Verdun von A-Z, Douaumont«) notgedrungen in dieser Form bestattet werden mußten. Eine im Jahre 1979 von einer deutsch-französischen Delegation eingeweihte Gedenktafel erinnert an jenes tragische Ereignis. Wer auf dem zentralen Schlachtfeld der eigenen Toten mit einem Blumengebinde gedenken will, kann es hier an dieser Gedenktafel besonders sinnvoll tun.
Die übrigen Teile des Forts zeigen dem Besucher nicht nur die Beschaffenheit dieses auch heute noch imposanten Befestigungswerkes, sondern auch die gewaltige Zerstörungskraft der Geschosse, die darauf oder in die unmittelbare Umgebung niedergegangen sind. Am Eingang befindet sich ein kleiner Verkaufsstand.
Öffnungszeiten: Fort Douaumont ist zwischen dem 14. Dezember und 10. Februar geschlossen. Ganztägig ist es geöffnet vom 1. April bis 30. Juni, in der übrigen Zeit in der Regel vormittags von 10.00 bis 12.00 Uhr und nachmittags von 14.00 bis 16.00 Uhr. Montags ist Ruhetag.

Fort Vaux (Fort de Vaux)

Für eine Besichtigung von Fort Vaux gilt – mit Ausnahme der »deutschen Kapelle« – sinngemäß das gleiche wie für Fort Douaumont. Dieses trifft auch für die Öffnungszeiten zu. Ruhetag ist allerdings am Mittwoch.

Die Kathedrale von Verdun (La Cathédrale Notre-Dame de Verdun)

Die Kathedrale von Verdun gehört zu den ältesten Bauten Lothringens. Der Vorgängerbau wurde schon um 450 n. Chr. innerhalb der Mauern des römischen Castrums erbaut. Er stand an derselben Stelle wie der heutige Bau.
Man betritt die Kathedrale durch den Eingang am westlichen Turm. Links davon befindet sich das westliche Querschiff und rechts, zwischen den beiden Türmen, der durch seine quadratische Form bemerkenswerte »Alte Chor« (um 990 n. Chr. erbaut), in dem auch die große Orgel steht. Gegenüber vom Eingang liegen das östliche Querschiff und links die vieleckige Apsis des großen Chors mit einem Unterbau aus romanischer Zeit und gotischen Strebebögen. Der Kirchenbau wurde in ottonischer Zeit begonnen, im Zeitalter der Gotik zwischen dem 13. und 14. Jahrhundert umgebaut und dann noch einmal kurz vor Ausbruch der Französischen Revolution dem damaligen Kunstgefühl angepaßt.

Geht man vom »Alten Chor« in Richtung Hauptaltar, entdeckt man links und rechts mannigfache Seitenkapellen. Sie entstammen der Zeit zwischen dem 14. und 16. Jahrhundert. Am sehenswertesten von ihnen ist zweifellos diejenige, die in gotischem Strahlenstil ausgeführt und dem Heiligen Sakrament gewidmet ist (Chapelle du St. Sacrement). Sie liegt im östlichen Seitenschiff (vom »Alten Chor« kommend als erste).
Hinter dem Hauptaltar liegt der Hauptchor. Der Altar selber ist die genaueste Nachbildung des Bernini-Altars von St. Peter in Rom, die es in Frankreich gibt. Links neben ihm steigt man in die sehenswerte romanische Krypta hinab. Auf der rechten Seite des Hauptaltars kommt man wieder in das Kirchenschiff zurück, geht durch das östliche Seitenschiff bis zu einem Portal, welches gegenüber dem Eingang liegt. Durch dieses gelangt man in den Kreuzgang, der im 13. und 14. Jahrhundert gebaut wurde.
Die Kathedrale ist tagsüber durchgehend geöffnet. Eine recht ausführliche Beschreibung ist im übrigen für drei Francs am »Alten Chor« erhältlich.

Museum von Fleury (Musée Mémorial de Fleury)

Das Mémorial von Fleury ist das bei weitem sehenswerteste, weil umfangreichste und vielseitigste Museum im Raum Verdun. Es wurde an der Stelle des ehemaligen Bahnhofs von Fleury errichtet und ist am 17. September 1967 eingeweiht worden. In seinen großzügigen Ausstellungsräumen findet man Waffen, Gerätschaften, Uniformen, Bilder, Karten und vieles andere mehr aus der Zeit des Ersten Weltkrieges. Dies alles wird methodisch recht geschickt dargeboten, und auch die deutsche Seite hat ihren zufriedenstellenden Platz. Besonders eindrucksvoll ist die Nachbildung eines kleinen Teils des ehemaligen Schlachtfeldes in der Mitte des Museums.
Film- und Diavorführungen sowie eine große Wandkarte, auf der mit Hilfe von Licht und Ton (in verschiedenen Sprachen) die Schlacht um Verdun erklärt wird, bieten dem Besucher zusätzliche sinnvolle Informationen. Zu ihnen gehört schließlich auch eine sehenswerte Reliefkarte der Festungsregion Verdun sowie ein gutgelungenes Modell des Forts Douaumont.
Das Nationale Komitee zur Erinnerung an die Schlacht von Verdun (ANSBV) hat überdies im Mémorial seinen örtlichen Sitz und arbeitet von dort aus an der Erhaltung bestimmter Teile des Schlachtfeldes, an der Pflege der Wanderwege sowie an Veröffentlichungen. So ist es denn nicht verwunderlich, daß der Verkaufsstand dort der bestausgestattete ist.

Hier erhält man auch die verschiedenen Faltblätter für die beschriebenen elf Rundwanderwege gegen einen geringen Unkostenbeitrag.
Öffnungszeiten: Das Museum ist vom 16. Dezember bis 14. Januar geschlossen. Ganztägig geöffnet ist es vom 15. März bis 15. September (09.00 bis 18.00 Uhr), in der restlichen Zeit vormittags von 09.00 bis 12.00 Uhr und nachmittags von 14.00 bis 17.30 Uhr.

Princerie-Museum (Musée de la Princerie)

Das Princerie-Museum (Musée de la Princerie), das genau übersetzt eigentlich: »Museum der prinzlichen Manieren« heißen müßte, ist dem Besucher leider nur vom Frühjahr bis zum Herbst zugänglich.
Der Name »La Princerie« soll anderen Deutungen zufolge auf das Privathaus des Ratsältesten der Domversammlung, der zweitwichtigsten Persönlichkeit nach dem Bischof (franz. primicier), hinweisen. Dieses städtische Museum ist in einem Patrizierhaus aus dem 16. Jahrhundert untergebracht und enthält in 14 Sälen wertvolle galloromanische Funde, romanische und gotische Skulpturen, Lothringer Möbel, Argonner Keramiken, Kamingesimse, Münzen und Waffen sowie Gemälde aus verschiedenen Jahrhunderten.
Das Museum ist vom 31. Oktober bis 1. April geschlossen; Öffnungszeiten im Sommerhalbjahr: täglich von 09.30 bis 12.00 Uhr und von 14.00 bis 18.00 Uhr.

Zitadelle von Verdun (Citadelle de Verdun)

Die Zitadelle, als Teil der Stadtfestung, verfügt über mehr als sechs Kilometer lange Gänge und Räumlichkeiten, welche jedem damaligen Artilleriebeschuß standhalten konnten. Einige Abschnitte der Anlage kann man besichtigen. In dem Bereich, der sich auch »Kriegsmuseum der Stadt Verdun« nennt, wird der Besucher durch einen Kurzvortrag in die Ereignisse des Jahres 1916 eingeführt. Anschließend erfolgt eine Rundfahrt im Rahmen einer Ton- und Lichtschau (die französische Spezialität des »Son et Lumière«). Dabei wird man durch verschiedene Räume geführt, die mit Hilfe von altem Mobiliar und Gerätschaften sowie von lebensgroßen Puppen einen Eindruck vermitteln sollen, wie es in ihnen während des Ersten Weltkrieges aussah und wie man in diesen »Katakomben« gelebt hat. Man sieht u.a. eine Küche, eine Feldbäckerei, einen Speisesaal,

Schlafräume der Mannschaften und Offiziere, eine Nachrichtenzentrale und eine Sanitätsstation. Zum Abschluß der Rundfahrt gelangt man in den Historischen Saal, in dem am 10. November 1920 der »Unbekannte Soldat« ausgewählt und anschließend unter dem Triumphbogen von Paris beigesetzt worden ist. Auch diese Szene wird dem Besucher noch einmal eindrucksvoll nachgespielt.
Öffnungszeiten: Die Zitadelle ist vom 1. Januar bis 10. April geschlossen. Ganztägig (09.00 bis 20.00 Uhr) geöffnet ist sie vom 1. Juli bis 31. August, im übrigen Zeitraum vormittags und nachmittags (zwischen 12.00 und 14.00 Uhr in der Regel geschlossen).

IX. Kriegsgräberstätten

Der Friedensvertrag von Versailles entschied nicht nur die Kriegsschuldfrage hinsichtlich des Ersten Weltkrieges, sondern legte u.a. auch die vom Deutschen Reich zu zahlenden Reparationen und abzutretenden Gebiete fest. Er beschäftigte sich ferner auch mit einer traurigen Hinterlassenschaft des Krieges: den unzähligen Toten, indem er bestimmte, daß die deutschen Gräber grundsätzlich mit einem schwarzen Kreuz zu versehen seien, die französischen und alliierten mit einem weißen Kreuz.
Die Gefallenen wurden auf großen Friedhöfen »zusammengetragen«, streng getrennt nach nationaler Zugehörigkeit und – soweit identifizierbar – in Einzelgräbern, ansonsten in Massengräbern, unter Angabe der Anzahl der Gefallenen, bestattet. Beim Besuch der Kriegsgräberstätten, der französischen, aber besonders der deutschen, fällt auf, daß die unzähligen Reihen der schlichten Grabkreuze oft durch Steine, die an der Oberkante halbgerundet sind, unterbrochen werden. Hier ruhen jüdische Soldaten. Unter ähnlichen Steinen wurden auf Seite der Franzosen auch moslemische Gefallene bestattet.

Die Entsetzlichkeit des Stellungskrieges zeigt sich aber insbesondere an einer »dritten Art« von Gefallenen, bei denen es nur gelang, Fragmente ihres Körpers zu finden. Diese wurden im »Beinhaus von Douaumont« (Ossuaire) in riesigen Gewölben zur letzten Ruhe gebettet. Es sollen, nach französischen Angaben, etwa 130.000 Tote sein. Entgegen früheren Behauptungen ist selbstverständlich eine Unterscheidung hinsichtlich der Nationalität hier nicht möglich gewesen. Wie ungenau die Anzahl der hier Bestatteten sein muß, läßt sich aus der Tatsache ablesen, daß die offizielle Menge der Gebeine in den einzelnen Gruften mit 14 cbm, für die Gruften an beiden Enden des Säulenganges mit je 150 cbm angegeben wird.

Im Raum Verdun und der weiteren Umgebung befinden sich insgesamt 78 Kriegsgräberstätten: 42 französische mit 92.442, 34 deutsche mit 92.305 und zwei amerikanische mit 18.398 Gefallenen. Der Vollständigkeit halber seien alle Begräbnisstätten aufgeführt. 41 Friedhöfe liegen im Bereich der Karte, die im Kapitel »Fußwanderungen im Großraum Verdun/Allgemeine Vorbemerkungen« vorgeschlagen wird. Einen sehr guten Überblick über die Kriegsgräberstätten findet der interessierte Besucher auf dem Friedhof Verdun-Pavé. Von Etain kommend, ist er am Ortseingang nicht zu übersehen.

Bevor die Begräbnisstätten im einzelnen aufgeführt werden, noch ein wichtiger Hinweis. Die Zahlenangaben hinsichtlich der Bestattungen haben eines gemeinsam: Sie können sich ändern, denn noch immer gibt der Boden von Verdun Überreste Gefallener frei; in einigen Fällen wurden allerdings Tote auch umgebettet.
Wir haben uns hinsichtlich der deutschen Friedhöfe auf Angaben aus der Broschüre »Schicksal in Zahlen – Informationen aus und über die Arbeit des Volksbundes Deutscher Kriegsgräberfürsorge«, 3. Auflage 1991, gestützt. Die Zahlen für die französischen Friedhöfe sind teilweise den Angaben am Friedhof Verdun-Pavé entnommen, teilweise aber auch dem Merkblatt »Beispiele – Handreichungen für den Unterricht 1/1986 – Thema Verdun«. Es wurde ebenfalls vom Volksbund Deutsche Kriegsgräberfürsorge (1986) herausgegeben.
Wer die ehrenvolle Arbeit des Volksbundes unterstützen oder ihm als Mitglied beitreten möchte, wendet sich an folgende Anschrift:
Volksbund Deutsche Kriegsgräberfürsorge e.V., Werner-Hilpert-Straße 2, 34112 Kassel

Deutsche Friedhöfe

- Amel-sur-l'Etang (2.284)
- Azannes 1 und 2 (817 bzw. 4.750)
- Bouligny (1.439)
- Brieulles-sur-Meuse (11.281)
- Charency-Vezin (38)
- Cheppy (6.130)
- Consenvoye (11.146)
- Damvillers (1.113)
- Dannevoux (1.402)
- Dun-sur-Meuse (1.664)
- Epinonville (1.096)
- Harville (494)
- Hautecourt-lès-Broville (7.885)
- Liny-devant-Dun (449)
- Lissey (822)
- Longuyon (1.748)
- Maizeray (2.876)
- Mangiennes (3.589)
- Merles-sur-Loison (1.499)
- Montmédy (2.464)
- Montmédy (Basse-Ville) (329)
- Montmédy (Haute-Ville) (69)

- Nantillois (918)
- Peuvillers (967)
- Rembercourt-aux-Pots (4.978)
- Romagne-sous-les-Côtes (2.227)
- Romagne-sous-Montfaucon (1.412)
- Saint-Maurice-sous-les-Côtes (1.789)
- Saint-Mihiel (6.046)
- St.-Pierrevillers (39)
- Troyon/Vaux-lès-Palameix (5.590)
- Viéville-sous-les-Côtes (1.179)
- Ville-devant-Chaumont (1.766)
- Villette (10)

Französische Friedhöfe

- Ambly (363)
- Arrancy (219)
- Avocourt (1.895)
- Bar-le-Duc (3.094)
- Belleray (1.234)
- Bras (5.669)
- Brieulles (2.572)
- Brocourt (471)
- Buzy (1.326)
- Chattancourt (1.734)
- Commercy (2.120)
- Dieue-sur-Meuse (310)
- Dombasle-en-Argonne (1.095)
- Douaumont (16.123)
- Dugny (1.971)
- Eparges (Les) (Le Trottoir) (2.960)
- Esnes (8.661)
- Fromeréville (1.154)
- Haudainville (210)
- Islettes (Les) (2.230)
- Lachalade (La Forestière) (2.007)
- Lacroix-sur-Meuse (963)
- Landrecourt (Nord et Sud) (1.962)
- Marbotte (2.417)
- Mont-sous-les-Côtes (74)
- Mont-Villers (74)
- Rembercourt-aux-Pots (5.497)

– Revigny (1.241)
– Rupt-en-Woëvre (170)
– Saint-Mihiel (Vaux-Racine) (6.046)
– Saint-Rémy (184)
– Senoncourt (Maujouy) (531)
– Sommedieue (164)
– Souhesmes (Fontaine-Routhon) (1.068)
– Trésauvaux (655)
– Troyon (145)
– Vadelaincourt (1.727)
– Vauquois (4.368)
– Verdun (Bévaux) (3.592)
– Verdun (Faubourg-Pavé) (5.510)
– Verdun (Glorieux) (4.246)
– Ville-sur-Cousances (918)
– Vilette (88)

Amerikanische Friedhöfe

– Romagne-sous-Montfaucon (14.243)
– Thiaucourt (4.152)

X. Chronik der Ereignisse – Zeittafel

1914

September	Die deutsche Front vor Verdun kommt zum Stehen und wird als Folge der Marneschlacht zurückgenommen.
September bis 1918	Flügelkämpfe bei Les Eparges und Vauquois.

1915

Spätjahr	Falkenhayn gelangt zu dem Entschluß, die französische Armee vor Verdun zum »Ausbluten« zu bringen. Der Kaiser stimmt zu.
Dezember	Beginn der deutschen Angriffsvorbereitungen bei Verdun.

1916

Ende Januar	Weitgehender Abschluß der deutschen Bereitstellungen nördlich Verdun: u.a. sieben Armeekorps und 1.400 Geschütze.
12. 2.	Die deutsche Offensive wird wegen starker Niederschläge mehrmals verschoben.
21. 2.	Neunstündiges Trommelfeuer und erster Angriff deutscher Truppen östlich der Maas.
22. bis 24. 2.	Fortsetzung des Dauerfeuers und des nunmehr intensivierten Ansturms seitens der Deutschen. Die erste und zweite französische Linie gehen verloren.
25. 2.	Die deutschen Truppen besetzen Fort Douaumont. Pétain übernimmt den Oberbefehl vor Verdun, nachdem er am Tag zuvor mit seiner 2. Armee dorthin in Marsch gesetzt worden ist.
2. 3.	Die Deutschen erobern erstmals das Dorf Douaumont.
4. 3.	Das Dorf Douaumont gelangt fest in deutsche Hand.
6. 3.	Beginn des deutschen Angriffs auf dem linken Maas-Ufer.
8. 3.	Die Deutschen versuchen erstmals, Vaux zu nehmen.
28. 3. bis 8. 4.	Weitere deutsche Entlastungsangriffe auf dem Westufer der Maas.
31. 3. bis 8. 4.	Fortsetzung der Offensive der Deutschen östlich der Maas.

9. 4.	Deutsche Großoffensive auf beiden Seiten der Maas ohne wesentlichen Erfolg.
30. 4.	Pétain übernimmt die französische Heeresgruppe Mitte und Nivelle die 2. Armee vor Verdun.
4. 5.	Die Deutschen greifen die Höhe 304 wiederholt an.
8. 5.	Schweres Explosionsunglück im Fort Douaumont verursacht mindestens 650 Tote und unzählige Verletzte unter den deutschen Soldaten.
20. 5.	Die Deutschen können den eigentlichen Gipfel (Höhe 295) des Toten Mannes besetzen.
22. 5.	Ein französischer Gegenangriff gelangt bis zum Fort Douaumont, wird aber zurückgeschlagen.
31. 5. bis 7. 6.	Ununterbrochene Kämpfe um Fort Vaux, das am 7. Juni kapituliert.
21. bis 23. 6.	Neuerliche deutsche Großoffensive rechts der Maas. Das Dorf Fleury und das Zwischenwerk Thiaumont werden genommen, desgleichen das Zwischenwerk Kalte Erde, das jedoch sofort wieder verlorengeht.
1. 7.	Beginn der britisch-französischen Großoffensive an der Somme.
11./12. 7.	Letztmaliger deutscher Großangriff östlich der Maas unter Einsatz von mehr als 60.000 Gasgranaten. Das Hauptangriffsziel Souville wird erreicht, aber nicht erobert.
15. 7. bis 18. 8.	Hin- und herwogende Kämpfe, vor allem östlich der Maas. Fleury wechselt mehrmals den Besitzer, bleibt aber letztlich doch fest in französischer Hand.
28./29. 8.	Falkenhayn tritt als Chef des Generalstabes zurück. Hindenburg und Ludendorff übernehmen die 3. Oberste Heeresleitung.
2. 9.	Ludendorff läßt den Angriff auf Verdun einstellen.
4. 9.	Explosion im Tunnel von Tavannes tötet und verletzt zahlreiche französische Soldaten.
22. 10. bis 4. 11.	Erste französische Gegenoffensive. Douaumont (24. 10.) und Vaux (2. 11.) werden zurückerobert.
15. 12.	Der zweite Großangriff der Franzosen wirft die Deutschen fast auf die Ausgangsstellung vom Februar zurück. Pétain verkündet, das sei »das Ende der Schlacht um Verdun«.

1917

20. bis 22. 8.	Die Höhen 304 und Toter Mann gelangen ebenfalls wieder in französische Hand.

1918

12. bis 14. 9.	Der »Keil von St. Mihiel« wird durch amerikanische Truppen beseitigt.

1919

28. 6.	Unterzeichnung des Versailler Vertrages.

1920

ab Sommer	Betreuung deutscher Friedhöfe (z.B. Azannes oder Ville) bzw. Neuanlage durch Frankreich.
22. 8.	Pétain legt den Grundstein für das Beinhaus von Douaumont.
1921	Das Denkmal »Bajonettgraben« wird errichtet.
1928	Der Volksbund Deutsche Kriegsgräberfürsorge übernimmt Anlage und Pflege der deutschen Soldatenfriedhöfe im Raum Verdun.

1929

23. 6.	Das Siegesdenkmal der Stadt Verdun wird eingeweiht.

1932

7. 4.	Feierliche Einweihung des Beinhauses (Ossuaire).

1936

12./13. 4.	Internationale Feier anläßlich des 20. Jahrestages der Schlacht von Verdun. – »Friedensschwur« am Douaumont.

1940

10. 5.	Beginn des deutschen Angriffs gegen Frankreich.
14. 6.	Besetzung von Paris.
15. 6.	Einnahme von Verdun.
22. 6.	Kapitulation Frankreichs. Pétain wird Staatschef des unbesetzten Teils Frankreichs und muß in dieser Funktion eng mit den Nationalsozialisten zusammenarbeiten.

1944

21. 7.	Der deutsche Militärbefehlshaber von Frankreich, General Karl-Heinrich von Stülpnagel, begeht in der Nähe von Verdun einen Selbstmordversuch.
30. 8.	Verdun wird durch amerikanische Truppen befreit.

1966

28./29. 5.	Feier der 50. Wiederkehr der Schlacht von Verdun mit Staatspräsident de Gaulle.

1967

17. 9.	Einweihung des Mémorials von Fleury.

1984

22. 9.	Begegnung von Bundeskanzler Helmut Kohl und Staatspräsident François Mitterrand auf dem Schlachtfeld von Verdun.

XI. Geländebezeichnungen

Viele Geländebezeichnungen des Schlachtfeldes von Verdun haben sich heute gegenüber der Zeit vor dem Ersten Weltkrieg geändert oder sind gänzlich neu geschaffen worden. Auch entwickelte sich während oder infolge der Kämpfe eine Reihe zusätzlicher oder anderer Namensgebungen. Da manche von ihnen nur noch in Berichten über die damaligen Ereignisse auftauchen, andere gleichzeitig für ein und denselben Geländeabschnitt gebraucht werden sowie eine Reihe falscher Bezeichnungen in Umlauf sind, erscheint es angebracht, den etwas verworrenen Sachverhalt durch nachfolgende Übersicht der wichtigsten geographischen Bezeichnungen im Umfeld von Verdun ein wenig aufzuhellen.

Letztlich ist auch zu berücksichtigen, daß die deutschen Soldaten während des Krieges oft eigene Namensnennungen vornahmen, die teilweise keine oder nur ungenaue Übersetzungen darstellten (bis hin zu unterschiedlichen Schreibweisen, wie z.B. Chauf(f)our).

Im Text dieses Reiseführers wird so verfahren, daß die aus der Karte des »Institut Géographique national et l'office national des Forêts« im Maßstab 1 : 25.000 mit dem Titel »Forêts de Verdun et du Mort-Homme – Champ de Bataille de Verdun« ermittelten französischen Geländebezeichnungen in deutscher Übersetzung (sofern möglich) angegeben werden. Beim erstmaligen Auftreten eines solchen Begriffes wird jeweils das französische Original in Klammern hinzugefügt – ebenso wie ggf. zusätzlich vorhandene historische Namen.

Französisch-deutsch

Abri . . . . Befestigter Unterstand (auch: Tunnel, Werk)
Abri des 4 Cheminées . . . . Werk der Vier Schornsteine
Anc.n. Carr.e (Ancien Carrière) . . . . Alter Steinbruch
Anc.n. M.in (Ancien Moulin) . . . . Alte Mühle

Batterie de Damloup . . . . Hohe Batterie
Bois Albain . . . . Albain-Wald
Bois Chaufour . . . . Chauffour-Wald
Bois de Nawe . . . . Thiaumont-Wald
Bois de Caures . . . . Caures-Wald
Bois de Corbeaux . . . . Raben-Wald
Bois de Ville . . . . Wald von Ville
Bois d'Ormont . . . . Ormont-Wald

Bois la Vau Régnier	Berg-Wald
Bois le Douaire	Namenloser Wald
Bois le Fays	Fay-Wäldchen
Bois Triangulaire	Dreieckswald
Carrière (Carr.e.)	Steinbruch
Chemin	Weg
Chemin de Cuzemont	Cuzemont-Weg
Chemin de la Plume	Feder-/Süd-Schlucht-Weg
Chemin de la Vierge	Jungfrauen-Weg (Weg zur »Heiligen Jungfrau«)
Chemin de Louvemont	Louvemont-Weg
Chemin des Obus	Granatenweg
Chemin des Rousses	Rousses-Weg
Chemin de St. André	Kegelbahn
Chemin de Tavannes	Tavannes-Weg
Chemin du Helly	Helly-Weg
Chemin du Loup	Wolfs-/Bezonvaux-Schlucht-Weg
Côte de Froideterre	Die Kalte Höhe/Höhenrücken Kalte Erde
Côte de l'Oie	Gänserücken
Côte de Talou	Talou-Rücken
Côte du Poivre	Pfefferrücken
Côte 304	Höhe 304
Ferme (F.me)	Bauern-/Gutshof
Fond de Heurias	Louvemont-Schlucht
Fond de la Horgne	Damloup-Schlucht
Fond de Navau	Kleine-Schlucht
Fond des Rousses	Brûle-Schlucht
Fond du Loup	Wolfsgrund/Bezonvaux-Schlucht
Forêt de Forges	Wald von Forges
Jumelles d'Ornes	Zwillingshügel von Ornes
Le Cap de Bonne Espérance	Kap der guten Hoffnung
»Morpion«	»Filzlaus«
Mort-Homme	Toter Mann
Nez de Souville	Souville-Nase
Ouvrage	Zwischenwerk, Werk

Ravin . . . . Schlucht/Hohlweg
Ravin de Bazil . . . . Bazil-/Vaux-Schlucht
Ravin de la Caillette . . . . Russen-Schlucht
Ravin de la Couleuvre . . . . Albain-Schlucht
Ravin de la Fausse Côte . . . . Kasematten-/Briten-Schlucht
Ravin de la Mort/de la Dame . . Todes-/Damen-/Thiaumont-Schlucht
Ravin de la Plume . . . . Feder-/Süd-Schlucht
Ravin de la Poudrière . . . . Pulver-Schlucht
Ravin des Fontaines . . . . Brunnen-/Souville-Schlucht
Ravin des Grands Houyers . . . . Nord-Süd-Schlucht
Ravin des Vignes . . . . Weinberg-Schlucht
Ravin de Vacherauville . . . . Granaten-Tal
Ravin du Helly . . . . Minzen-Schlucht
Ravin du Muguet . . . . Maiglöckchen-/Mittel-Schlucht
Ravin du Pré Sud . . . . Küchen-Schlucht

Source (Sce), z.B. Sce de l'Orne . . . . Orne-Quelle

»Tacot« . . . . »Bimmelbahn«

Deutsch-französisch

Albain-Schlucht . . . . Ravin de la Couleuvre
Albain-Wald . . . . Bois Albain
Alte Mühle . . . . Anc.n. M.in (Ancien Moulin)
Alter Steinbruch . . . . Anc.n. Carr.e

Bauern-/Gutshof . . . . Ferme (F.me)
Bazil-Schlucht . . . . Ravin de Bazil
Befestigter Unterstand (auch Tunnel, Werk) . . . . Abri
Berg-Wald . . . . Bois la Vau Régnier
Bezonvaux-Schlucht . . . . Fond du Loup
Bezonvaux-Weg . . . . Chemin du Loup
»Bimmelbahn« . . . . »Tacot«
Briten-Schlucht . . . . Ravin de la Fausse Côte (unterer Teil)
Brûle-Schlucht . . . . Fond des Rousses
Brunnen-Schlucht . . . . Ravin des Fontaines

Die Kalte Höhe . . . . Côte de Froideterre
Dreieckswald . . . . Bois Triangulaire

Fay-Wäldchen . . . . Bois le Fays
Feder-Schlucht . . . . Ravin de la Plume
Feder-/Süd-Schlucht-Weg . . . . Chemin de la Plume
»Filzlaus« . . . . »Morpion«

Gänserücken . . . . Côte de l'Oie
Granatenweg . . . . Chemin des Obus
Granaten-Tal . . . . Ravin de Vacherauville

Höhe 304 . . . . Côte 304
Hohe Batterie . . . . Batterie de Damloup
Höhenrücken Kalte Erde . . . . Côte de Froideterre

Jungfrauen-Weg (Weg zur »Heiligen Jungfrau«) Chemin de la Vierge

Kap der guten Hoffnung . . . . Cap de Bonne Espérance
Kasematten-Schlucht . . . . Ravin de la Fausse Côte (oberer Teil)
Kegelbahn . . . . Chemin de St. André
Kleine-Schlucht . . . . Fond de Navau
Küchen-Schlucht . . . . Ravin du Pré Sud

Louvemont-Schlucht . . . . Fond de Heurias
Louvemont-Weg . . . . Chemin de Louvemont

Maiglöckchen-Schlucht . . . . Ravin du Muguet
Minzen-Schlucht . . . . Ravin du Helly
Mittel-Schlucht . . . . Ravin du Muguet

Namenloser Wald . . . . Bois le Douaire
Nord-Süd-Schlucht . . . . Ravin des Grands Houyers

Ormont-Wald . . . . Bois d'Ormont
Orne-Quelle . . . . Source (Sce), z.B. Sce de l'Orne
Orner Zwillingshügel . . . . Jumelles d'Ornes

Pfefferrücken . . . . Côte du Poivre
Pulver-Schlucht . . . . Ravin de la Poudrière

Raben-Wald . . . . Bois des Corbeaux
Russen-Schlucht . . . . Ravin de la Caillette

Souville-Nase . . . . Nez de Souville
Souville-Schlucht . . . . Ravin des Fontaines
Steinbruch . . . . Carrière (Carr.e)
Süd-Schlucht . . . . Ravin de la Plume

Talou-Rücken . . . . Côte de Talou
Tavannes-Weg . . . . Chemin de Tavannes
Thiaumont-Schlucht . . . . Ravin de la Mort/de la Dame
Thiaumont-Wald . . . . Bois de Nawe
Toter Mann . . . . Mort-Homme
Todes-Schlucht . . . . Ravin de la Mort/de la Dame

Vaux-Schlucht . . . . Ravin de Bazil
Vier Schornsteine . . . . Abri des 4 Cheminées

Wald von Forges . . . . Forêt de Forges
Wald von Ville . . . . Bois de Ville
Weinberg-Schlucht . . . . Ravin des Vignes
Wolfsgrund . . . . Fond du Loup
Wolfsweg . . . . Chemin du Loup

Zwischenwerk . . . . Ouvrage

XII. Praktische Hinweise

Verdun bietet mehr als historische und militärgeschichtliche Sehenswürdigkeiten. Der Reisende wird auch hinsichtlich Unterbringung (einschließlich Campingplätzen), Restauration und Einkaufsmöglichkeiten nicht enttäuscht werden.

Allgemeine Hinweise

– Wer zum ersten Mal die Stadt an der Maas besucht, sollte auf jeden Fall das »Office de Tourisme« (Fremdenverkehrsverein) aufsuchen. Es liegt in Sichtweite der Porte Chaussée vor der Maas-Brücke am »Platz der Nation« (Place de la Nation). Hier erhält man nicht nur Informationsmaterial verschiedenster Art (nicht alles ist kostenlos), sondern man ist auch bei Hotelreservierungen behilflich (Tel.: 29 86 14 18, Fax: 29 84 22 42). Leider – wie schon an anderer Stelle ausgeführt – kann es zu Verständigungsproblemen kommen. Eine Fremdsprache (z.B. Englisch) ist daher hilfreich.

– Wer von Verdun aus telefonieren will, muß eine Telefonkarte besitzen, da es so gut wie keine Münzfernsprecher mehr gibt. Man bekommt sie am Postamt, das zentral am Quai de Londres – gegenüber vom Hotel Coq Hardi – liegt sowie in jedem »tabac«-Laden.

– Im Regelfall wird der Verdun-Besucher mit dem Auto anreisen, da die Zugverbindungen hierher denkbar ungünstig sind. Ihm sei empfohlen, sich an die bestehenden Geschwindigkeitsbegrenzungen zu halten sowie möglichst konsequent mit Null Promille zu fahren. Kontrollen durch die Polizei sind rigoros, an keine Tages- oder Nachtzeit gebunden und werden in der Regel durch Abriegeln ganzer Straßen durchgeführt.

Hotels

In Verdun und seiner unmittelbaren Umgebung gibt es ausreichend und gute Hotelunterkünfte. Die Preise für eine Übernachtung liegen im Schnitt zwischen 150 und 210 Francs (50 bis 70 DM) für das Einzelzimmer und 240 bis 300 Francs (80 bis 100 DM) für das Doppelzimmer. Das »Petit déjeuner« (Frühstück) ist in diesem Preis allerdings nicht enthalten. Es kostet zwischen 20 und 40 Francs.
Leider ist in den Hotels selten ein Frühstück zu bekommen, das mehr bietet als Baguettes, Butter, Marmelade und café au lait. Fairerweise sei aber auf einen beginnenden Wandel, vor allem außerhalb Verduns, hingewiesen. Ein vielseitigeres Frühstück ist dann durchaus nicht teurer.

Restaurants

Frankreich ist bekannt für seine sprichwörtlich gute Küche. Wer hier in einem der Restaurants für seinen Geschmack nichts findet – dies gilt auch uneingeschränkt für Verdun –, dürfte auch in seinem Heimatland zu den »Außenseitern« zählen. Menüs sind ab etwa 70 Francs (23 DM) – nach oben hin offen – erhältlich. Es ist in jedem Fall preiswerter, ein Menü zu nehmen, als Einzelgerichte zu einem solchen zusammenzustellen. Für eine Mahlzeit ist in Frankreich immer eine Zeit von zwei bis drei Stunden einzuplanen.

Schnellimbiß

Die Entwicklung zum »Schnellimbiß« (»Fast food«) hat auch in Verdun ihre Spuren hinterlassen. Entsprechende Lokale sind zwar, wie Pizzerien, nach wie vor die Ausnahme, haben aber regen Zulauf und füllen außerdem eine »Marktlücke«, denn sehr häufig wird der Besucher auf Grund seines Programms erst am Abend zu einer richtigen Mahlzeit »kommen«.
Auch in den »Salons de Thé« – unseren Cafés vergleichbar – kann man Kuchen oder einen kleinen Imbiß erhalten.

Touristen-Führungen

Führungen in deutscher Sprache von Gruppen und Einzelpersonen vermittelt das Office de Tourisme. Empfehlenswert ist es aber auch, sich an das unabhängige Fremdenführungs-Unternehmen »Ingrid Ferrand«, Lempire aux Bois, F-55100 Verdun, Tel.: 0033 29 87 63 47, zu wenden.

XIII. Fachausdrücke

Alpenkorps
Deutsche Gebirgstruppe, die im Jahre 1915 aufgestellt wurde und etwa die Stärke einer Division hatte.

Armee
Siehe: Heeresgliederung.

Armeekorps
Siehe: Heeresgliederung.

Artillerie
Waffengattung für den Einsatz von Geschützen.

Atlantikwall
Deutsche Küstenbefestigungslinie im Zweiten Weltkrieg.

Bataillon
Siehe: Heeresgliederung.

Batterie
1. Einheit der Artillerie als Teil eines Bataillons; siehe: Heeresgliederung.
2. Befestigte französische Geschützstellung vor Verdun, auch »Hohe Batterie« genannt.

Brigade
Siehe: Heeresgliederung.

Chef des Generalstabes
In allen höheren deutschen militärischen Kommandobehörden der Leiter des Führungsstabes (Generalstabes), während der Kommandeur der eigentliche Truppenführer ist (auch Bezeichnung als »Chef« oder »Generalstabschef«).

Division
Siehe: Heeresgliederung.

Einheit
Allgemeine Bezeichnung für einen kleineren Truppenkörper.

Fort
Entweder in eine größere Festungsanlage eingegliedertes oder selbständiges Verteidigungssystem, das in der Lage ist, sich mit Hilfe entsprechender Bewaffnung und im Schutz einer angemessenen baulichen Ausstattung auf sich selbst gestellt behaupten zu können.

Generalstab
Siehe: Chef des Generalstabes.

Geschütz
Feuerwaffe mit Schießgerüst; Hauptwaffe der Artillerie. Nach dem Verwendungszweck unterscheidet man vor allem: Feld-, Gebirgs-, Festungs-, Schiffs- und Flug- bzw. Panzerabwehrgeschütze.

Gezogenes Rohr
Lauf mit gewundenen Rinnen, um dem Geschoß einen ruhigen Flug (Drall) zu geben.

Grabenstreiche
Anlage zur Beobachtung und Längsbeschießung von Gräben in ständigen Befestigungsanlagen (französisch: coffre).

Haubitze
Geschütz zwischen Flachfeuer- (Kanonen) und Steilfeuergeschützen (Mörsern).

Heeresgliederung
Vom größten zum kleinsten Truppenteil: Heeresgruppe – Armee – Armeekorps – Division – Brigade – Regiment – Bataillon – Kompanie/Batterie – Zug – Gruppe.

Heeresgruppe
Siehe: Heeresgliederung.

Hinterlader
Ältere Feuerwaffe, die durch die rückwärtige Öffnung des Rohres oder des Laufs geladen wird.

Infanterie
Fußtruppen; Hauptkampfeinheiten aller Heere.

Jäger
Infanteriesondertruppe, die sich vielfach aus Forstleuten und Jägern rekrutierte.

Kaliber
Innerer Durchmesser des Laufs oder Rohres bei Feuerwaffen; entsprechend auch der Durchmesser der verfeuerten Geschosse.

Kanone
Siehe: Haubitze.

Kasematte
Schuß- und meist auch bombensicherer Raum in befestigten Anlagen.

Kasematte von Bourges
In der Stadt Bourges, einem der französischen Festungsbauzentren entwickelte Form eines besonders geschützten Unterstandes für Geschütze und Maschinengewehre, der an extrem gefährdeten Stellen eines Forts zusätzlich flankierend wirken sollte (»Zwischenraumstreiche«).

Kasematte von Pamard
Von dem Festungsspezialisten Pamard konstruierter gepanzerter Stand für Maschinengewehre.

Katafalk
Gerüst für die Aufbahrung von Toten.

Kompanie
Siehe: Heeresgliederung.

Kehle
Rückwärtige Seite eines Forts.

Korps
Siehe: Heeresgliederung.

Minenwerfer
Schießgerät zum Verfeuern von Wurf- oder Luftminen (dünnwandige Geschosse mit großer Sprengladung und Aufschlag- oder Zeitzündern).

Mobilgarde
1870/71 in Frankreich erstmals aufgestellte bewegliche Nationalgarde (eine Art Bürgerwehr) aus ungedienten Wehrfähigen.

Mörser
Siehe: Haubitze.

Patrouille
Spähtrupp oder Streife.

Pioniere
Spezialtruppe, insbesondere verantwortlich für Brückenbau, Anlage von Befestigungen und Feldstellungen, Minenlegen und -sprengen, Wasserdienst.

Pyrrhus-Sieg
Der König Pyrrhus von Epirus besiegte im 3. Jahrhundert v. Chr. zweimal die Römer, allerdings mit so hohen eigenen Verlusten, daß er den Sieg nicht nutzen konnte. Daher die allgemeine Redensart für eine mit zu großen eigenen Opfern gewonnene Schlacht.

Regiment
Siehe: Heeresgliederung.

Nationalgarde
Siehe: Mobilgarde.

Operation
Militärische Führung (»operativ«) von der Divisions-Ebene an aufwärts.

Revolver-Kanone
Kanone älterer Bauart, bei der mehrere um eine Achse befindliche Rohre mit einer Handkurbel gedreht und jeweils abgefeuert werden konnten.

Sappe
Laufgraben an der Front, vor allem aus der vordersten Grabenlinie in das Vorfeld führend, um Horchposten einzusetzen.

Sturmgasse
In die eigenen Vorfeldhindernisse kurzfristig installierte Öffnungen, um den eigenen Truppen beim Angriff ein schnelleres Vorwärtsstürmen zu ermöglichen.

Toter Winkel
Raum hinter oder vor einer Deckung, der entweder vom Gegner oder von der eigenen Truppe nicht beobachtet oder nicht beschossen werden konnte.

Überreste
Geschichtswissenschaftlicher Fachausdruck für Zeugnisse der Vergangenheit, die sich ganz oder teilweise in Originalform erhalten haben.

Verband
Truppenkörper aus verschiedenen Waffengattungen bestehend.

Werk
Siehe: Zwischenwerk.

Zitadelle
Starkes Befestigungswerk, das von der Stadtumwallung zur Verbesserung des Beobachtungs- und Schußfeldes meist durch eine Esplanade getrennt wurde.

Zuaven
Französische Truppen, vor allem in Nordafrika, die im Gegensatz zu den Turkos später nur noch aus Weißen bestanden. Ursprünglich gehörten ihnen Soldaten der algerischen Kabylenstämme an.

Zwischenraumstreiche
Siehe: Kasematte von Bourges.

Zwischenwerk
Kleinere Befestigungsanlage, ursprünglich nur innerhalb der Hauptwerke einer Festung, später auch als kleinere Form der Feldbefestigungen zwischen den Forts und den Feldstellungen (französisch: Ouvrage).

XIV. Quellen- und Literaturverzeichnis

1. Allgemeine Darstellungen des Ersten Weltkrieges

Baumgart, Winfried: Unternehmen Schlußstein – Zur militärisch-politischen Geschichte des Ersten Weltkrieges, Frankfurt 1970

Cartier, Jean-Pierre: Der Erste Weltkrieg, München 1984

Eksteins, Modris: Tanz über Gräben – Die Geburt der Moderne und der Erste Weltkrieg, Reinbek bei Hamburg 1990

Der Erste Weltkrieg in Bildern und Dokumenten, Hrsg.: Dollinger, Hans, München/Wien/Basel 1969

Erster Weltkrieg, Ursachen, Entstehung und Kriegsziele, Hrsg.: Schieder, Wolfgang, Köln/Berlin 1969

Ferro, Marc: Der große Krieg 1914 – 1918, Frankfurt 1988

Geiss, Immanuel: Das Deutsche Reich und der Erste Weltkrieg, München 1978

Haffner, Sebastian: Die sieben Todsünden des Deutschen Reiches im Ersten Weltkrieg, Hamburg 1965

Hubatsch, Walther: Der Weltkrieg 1914 – 1918, Konstanz 1955

Ders.: Deutschland im Weltkrieg 1914 – 1918, Frankfurt/Berlin 1966

Herzfeld, Hans: Deutschland im Weltkrieg 1914 – 1918, Konstanz 1955

Illustrierte Geschichte des Ersten Weltkrieges, Hrsg.: Zentner, Christian, München 1980

Innenansicht eines Krieges, Bilder – Briefe – Dokumente 1914 – 1918, Hrsg.: Johann, Ernst, Frankfurt 1968

Kielmansegg, Peter Graf von: Deutschland und der Erste Weltkrieg, 2., durchgesehene Auflage, Stuttgart 1980

Piekalkiewicz, Janusz: Der Erste Weltkrieg, Düsseldorf 1988

Ploetz: Geschichte der Weltkriege, Mächte, Ereignisse, Entwicklungen 1900 – 1945, Freiburg/Würzburg 1981

Ritter, Gerhard: Staatskunst und Kriegshandwerk, 4 Bände, München/Oldenburg 1959 – 1968

Rürup, Reinhard: Der »Geist von 1914« in Deutschland: Kriegsbegeisterung und Ideologisierung des Krieges im 1. Weltkrieg, in: Hüppauf, Bernd (Hrsg.), Ansichten vom Krieg, Hochstein/Ts. 1984

Winter, Denis: Death's Men. Soldiers in the Great War, London 1978

Winter, Jay M.: The Experience of the First World War, Oxford 1988

2. Ursachen des Ersten Weltkrieges

Fischer, Fritz: Der Griff nach der Weltmacht, 3. Auflage, Düsseldorf 1964

Ders.: Krieg der Illusionen, Die deutsche Politik von 1911 – 1914, Düsseldorf 1964

Geiss, Immanuel: Das Deutsche Reich und die Vorgeschichte des Ersten Weltkrieges, München 1978

De Gaulle, Ch.; Vendroux, J.; Boud'hors, G.: La génération du feu 1914 – 1918, Hrsg.: Lafranc, Pierre, Paris 1982

Juli 1914, Die europäische Krise und der Ausbruch des Ersten Weltkrieges, Dokumente, Hrsg.: Geiss, Immanuel, München 1965

Die Julikrise und der Ausbruch des Ersten Weltkrieges 1914, Bearbeitet von Winfried Baumgart, Darmstadt 1983

Hillgruber, Andreas: Deutschlands Rolle in der Vorgeschichte der beiden Weltkriege, 2., ergänzte Auflage, Göttingen 1979

Langdon, John W.: July 1914: the long debate, 1918 – 90, New York 1991

Mommsen, Wolfgang: Das Zeitalter des Imperialismus, Fischer Weltgeschichte Bd. 28, Frankfurt 1969

Quellen zur Entstehung des Ersten Weltkrieges. Internationale Dokumente 1901–1914, Hrsg.: Hölzle, Erwin, Darmstadt 1978

Strandmann, Pogge von; Geiss, Immanuel: Die Erforderlichkeit des Unmöglichen. Deutschland am Vorabend des Ersten Weltkrieges, Frankfurt 1965

Tuchmann, Barbara: August 1914, München/Bern 1964

Zechlin, Egmont: Krieg und Kriegsrisiko. Zur deutschen Politik im Ersten Weltkrieg, Düsseldorf 1965

3. *Die Schlacht von Verdun in Forschung und Literatur*

Antal, Heidi: Verdun, Schlachtfeld und Festungsanlagen. Menschenopfer und Zerstörung der Landschaft. Ein Beitrag aus der Projektreihe: »Probleme der Völkerverständigung« des Oberschulamtes Karlsruhe in Zusammenarbeit mit dem Volksbund Deutsche Kriegsgräberfürsorge, Karlsruhe 1986

Blond, Georges: Verdun. Reinbek b. Hamburg 1965

Beumelburg, Werner: Die Gruppe Bosemüller, Oldenburg o.J.

Canini, Gérard: Combattre à Verdun. Vie et souffrance quotidienne du soldat 1916 – 1917, Nancy 1988

Castex, Henri: Verdun. La vie du soldat au front d'auôt 1914 à septembre 1916, Paris 1980

Douaumont. Unter Benutzung der amtlichen Quellen des Reichsarchivs bearbeitet von Werner Beumelburg, in: Schlachten des Weltkrieges. In Einzeldarstellungen bearbeitet und herausgegeben im Auftrage des Reichsarchivs, Band 1, 2. Auflage, Oldenburg i.O./Berlin 1925

Ettighoffer, Paul Coelestin: Verdun, Das Große Gericht, Düsseldorf 1969

Hein, Alfred: Eine Kompanie Soldaten in der Hölle von Verdun. Überarbeitet, gekürzt und neu herausgegeben, München 1978

Horne, Alistair: Des Ruhmes Lohn, Verdun 1916. Bergisch-Gladbach 1980

Jünger, Ernst: In Stahlgewittern, 32. Aufl., Stuttgart 1990

Kriegsbriefe gefallener Studenten. Hrsg.: Witkop, Philipp, München 1933

Lefebvre, Jacques-Henri: Die Hölle von Verdun. Nach den Berichten von Frontkämpfern, Verdun 1987

Marot, Jean: Die Schlacht von Verdun in Bildern. Französische und deutsche Dokumente, Verdun 1980

Müller-Marein, Josef: Auch mein Vater lag vor Verdun, Merian: Lothringen, Heft 9/XXI, Hamburg 1968, S. 14 – 20

Rohde, Horst: Vor 75 Jahren: Die große Schlacht um Verdun ist zu Ende, in: Truppenpraxis 1/1992, S. 89 – 93

Salewski, Michael: Verdun und die Folgen. Eine militär- und geistesgeschichtliche Betrachtung, in: Wehrwissenschaftliche Rundschau 25/1978, S. 89 – 96

Schicksal in Zahlen. Informationen aus und über die Arbeit des Volksbundes Deutsche Kriegsgräberfürsorge, 3. Auflage, Kassel 1991

Schlachten des Weltkrieges. In Einzeldarstellungen bearbeitet und herausgegeben im Auftrage des Reichsarchivs. Bearbeitet von Ludwig Gold und Martin Reymann, Band 13 – 15: Die Tragödie von Verdun, Oldenburg/Berlin 1926 – 1929

Unruh, Fritz von: Opfergang. Studienausgabe mit einem Vorwort von Kasimir Edschmid, Frankfurt 1966

Verdun. Die Explosionskatastrophe im Fort Douaumont. Originalbericht des Stabsarztes Dr. Hallauer, Hrsg.: Deutsches Erinnerungskomitee Argonnerwald 1914 – 1918, Idar-Oberstein 1991

Verdun. Handreichungen für den Unterricht 1/1986, Hrsg.: Volksbund Deutsche Kriegsgräberfürsorge, Kassel 1986

Verdun 1916. Aspekte zum Thema »Krieg und Frieden«, in: Politik und Unterricht 1/86, Hrsg.: Landeszentrale für politische Bildung Baden-Württemberg

Verdun 1916. Actes du Colloque International sur la Bataille de Verdun. Hrsg.: Association National du Souvenir de la Bataille de Verdun, Université de Nancy II, Verdun 1976

Wendt, Hermann: Verdun 1916. Die Angriffe Falkenhayns im Maasgebiet mit Richtung auf Verdun als strategisches Problem, Berlin 1931

Wehner, Josef Magnus: Sieben vor Verdun, München 1930

Werth, German: Verdun, Die Schlacht und der Mythos, Bergisch-Gladbach 1982

Zweig, Arnold: Erziehung vor Verdun, 5. Auflage, Frankfurt 1984

4. Biographien und Erinnerungen

Afflerbach, Holger: Falkenhayn. Politisches Denken und Handeln im Kaiserreich. München 1994.

Barnett, Correlli: Anatomie eines Krieges, München 1966

Biographisches Wörterbuch zur Deutschen Geschichte, Band 1 – 3, München 1973 – 1975

Documents secrets pour servir à la réhabilitation du Maréchal Pétain. Institut de Recherches Historiques sur le Maréchal Pétain. Ed.: Paillard, Monique et Jean, Paris 1989

Falkenhayn, Erich von: Die Oberste Heeresleitung 1914 – 1916 in ihren wichtigsten Entschlüssen, Berlin 1920

Ferro, Marc: Pétain, Paris 1987

Foch, Ferdinand: Meine Kriegserinnerungen 1914 – 1918, Leipzig 1931

Griffiths, Richard: Pétain, New York 1972

Herre, Paul: Kronprinz Wilhelm, München 1954

Herwig, Holger H.; Heyman, Neil M.: Biographical Dictionary of World War I, Westport/Co. 1982

Janssen, Karl Heinz: Der Kanzler und der General. Die Führungskrise um Bethmann Hollweg und Falkenhayn, Göttingen 1967

Joffre, Joseph: Mémoires du Maréchal Joffre, 2 Bände, Paris 1932

Klüfer, Kurt von: Seelenkräfte im Kampf um Douaumont. II./I. J.R. 24, seine Nachbarn und Gegner am 25. Februar 1916, Berlin 1938

Kronprinz Wilhelm: Meine Erinnerungen an Deutschlands Heldenkampf, Berlin 1923

Pedrocini, Guy: Pétain – le soldat et la gloire 1856 – 1918, Paris 1989

Richthofen, Manfred Frhr. von: Der rote Kampfflieger. Die Erinnerungen des legendären »Roten Barons«, Kiel 1988

Varillon, Pierre: Joffre, Paris 1956

Wegner, Günter: Stellenbesetzung der deutschen Heere 1815 – 1939, Band 1: Die höheren Kommandostellen 1815 – 1939, Osnabrück 1990

Zwehl, Hans von: Erich von Falkenhayn, General der Infanterie. Eine biographische Studie, Berlin 1926

5. *Reiseführer und Karten*

Am Rande der Straßen. Deutsche Kriegsgräber, Frankreich, Luxemburg und Niederlande [Atlaswerk], Kassel 1989

Forêts de Verdun et du Mort-Homme. Champ de bataille de Verdun [Karte 1:25.000], Hrsg.: Institut géographique national et l'Office national des forêts, Paris 1995

Kardel, Harboe: Der Westfront-Führer, Berlin 1932

Michelins illustrierte Führer durch die Schlachtfelder (1914 – 1918), Verdun und Argonnen (1914 – 1918), o.O. 1929

Rohde, Horst und Geiger, Karl Armin: Militärgeschichtlicher Reiseführer – Metz. Berlin, Bonn, Hamburg 1995

Verdun. Sehen und Verstehen. Die Schlachtfelder und Umgebung, 3. Ausgabe, Drancy 1982

XV. Register

Personenregister

Im nachfolgenden Register wurde bewußt auf die Wiederholung der in den Kapiteln »Kriegsgräberstätten« und »Geländebezeichnungen« genannten Stichworte verzichtet, da der Aufbau dieser Kapitel »register-ähnlich« ist. Eine nochmalige Nennung erscheint daher unzweckmäßig. Kursiv gesetzte Seitenangaben weisen auf Karten bzw. Abbildungen hin, fette Hervorhebungen auf Einzeldarstellungen. In diesem Fall wurde auf Mehrfachnennungen verzichtet.

Ortsregister